Livio Isaak Sirovich

Ihr Lieben, schreibt mir nicht alles

Livio Isaak Sirovich

Ihr Lieben, schreibt mir nicht alles

Ein jüdische Familie in Litauen 1935–1941

Aus dem Italienischen von
Friederike Hausmann

Verlag Antje Kunstmann

Inhalt

Für den kleinen Mopsik, für Raschinke, Noni und für den namenlosen Sohn von Norbert und Ulla, der nur sechs Tage alt wurde.

»Ich habe ja vielleicht eine besondere Harmlosigkeit gegenüber dem Problem Deutschtum und Judentum [...] wenn das Leben mich einmal auf die Folter spannen würde und mich in zwei Stücke reißen, so wüßte ich freilich, mit welcher der beiden Hälften das Herz, das ja unsymmetrisch gelagert sei, mitgehen würde; ich wüßte auch, daß ich diese Operation nicht lebendig überstehen würde.«
Franz Rosenzweig, Deutschland, Januar 1923

»Rächt Euch!«
Jiddische Aufschrift auf einer Mauer im Ghetto von Kaunas, die Akiva Puchert in der Nacht des 25. Juni 1941 mit seinem eigenen Blut schrieb, bevor er umgebracht wurde.

»Ich habe die Heimat verloren, darin ich, ich meine das Geschlecht, dem ich entstamme, seit Karl dem Großen im gleichen Rhein-Main-Eck ansaß. [...] Aber ich habe noch mehr Heimat verloren. Ich habe die Stätte verloren, wo ich gewirkt habe ein langes Menschenalter durch, die Stätte der Arbeit, der Freundschaft, der Liebe, des Überschwangs. Ich habe mir selber Welt werden müssen, Geistraum, Wiege des Wortes. Weißt Du, was all dies bedeutet in Ja und Nein?«
Karl Wolfskehl, Neuseeland, März 1947

Einleitung

Im Jahr 1992 habe ich durch Zufall die Briefe entdeckt, die meine Mutter Ruth von 1935 an, als sie aus Litauen geflohen war und sich dann in Triest niedergelassen hatte, bis 1941 von ihren im Distrikt Klaipėda (Memel) zurückgebliebenen Verwandten erhalten hatte. Es sind einfache Briefe, die das tägliche Leben einer Familie deutscher Juden beschreiben: die Enttäuschung einer Heranwachsenden über das veränderte Verhalten ihrer christlichen Freundin nach der Machtübernahme Hitlers; die Freude über die Geburt eines Enkels; die Sorge darüber, daß eine Tochter keinen Mann findet. In ihren Briefen an Ruth geben sich die Verwandten alle Mühe, die wachsenden Schwierigkeiten der Familie durch das Wiedererwachen des Antisemitismus eher zu verbergen als zu beschreiben, und Ruth ist ebenfalls bemüht, ihrer Mutter und ihren Schwestern die schlimmen Nachrichten aus Italien zu verheimlichen.

Um die Geschichte der Familie zu rekonstruieren, habe ich zwischen den Zeilen dieses sensiblen Briefwechsels gelesen und ihn mit der Geschichte des Memelgebiets verwoben: von der Entstehung der nationalsozialistischen Organisation »Eiserner Wolf« in Litauen und der überstürzten Flucht der Juden nach dem Anschluß des Memelgebiets an das Dritte Reich bis hin zum deutschen Angriff auf die Sowjetunion, durch den Ruths Familie endgültig in die Falle geriet. Auch auf die Erinnerungen der Verwandten, die überlebten, habe ich zurückgegriffen und sie in Israel, in Vancouver, in Toronto, New York und Florida aufgespürt. Dennoch wird der Leser in dieser Erzählung nicht die ganze Wahrheit finden. Nicht nur die Sprache – das Englische in den Gesprächen mit den Verwandten und das meist in Sütterlinschrift geschriebene Deutsch der Briefe – hat sich zwischen mich und die damalige Realität gestellt, sondern auch sechzig Jahre Geschichte. In den Briefen überlagern sich die deutsche, litauische und jiddische Kultur, es tauchen Situationen auf, die man sich zwar vorstellen, aber wohl kaum wirklich verstehen kann, und schließlich verstellen die jahrzehntelang verkündeten sowjetischen »Wahrheiten« und die Mauer des Schweigens den Blick. Dennoch glaube ich, das Leben und das Ende eines Teils der Familie Isaak im wesentlichen richtig beschrieben zu haben. Viele und auch schwere Fehler sind mir dagegen unweigerlich bei dem Versuch unterlaufen zu interpretieren, was die, die inzwischen tot sind, und auch manche der Überlebenden gedacht und gefühlt haben (z. B. ihre religiösen Vorstellungen). Ruth konnte sich nicht dazu durchringen, mit mir noch einmal die Briefe durchzulesen, die ihre Angehörigen bis wenige Wochen vor ihrem gewaltsamen Tod geschrieben hatten. Zu viele Erinnerungen, zu viel Leid, von dem sie hoffte, es endlich vergessen zu haben.

Für die begangenen Fehler bitte ich alle um Entschuldigung, vor allem aber Ida, Leo, Rosa, Putti und ihre Familie. Dieses Buch widme ich dem Gedenken an die Familie Isaak, insbesondere an die Kinder, an Hermann (»Mopsik«), der nur sieben Monate alt wurde, an die dreieinhalbjährige Raschele (»Raschinke«), den sechsjährigen Ralph (»Noni«) und das Neugeborene von Norbert und Ulla. Ich hatte immer gewußt, daß während des Kriegs auch einige Kinder meiner Onkel umgekommen waren, doch erst beim Lesen der Briefe der Ermordeten und im Gespräch mit den inzwischen hochbetagten überlebenden Eltern habe ich wirklich »verstanden«, daß diese Kinder meine Cousins waren.

Ich wollte die Geschichte der Familie Isaak auch deshalb erzählen, um die Judenverfolgung in den baltischen Staaten ins Licht zu rücken, wo die Juden lange vor der »Endlösung« in Auschwitz und den anderen Lagern ausgerottet wurden, und zwar nicht nur von den Nazis.

Beim Lesen und Ordnen des Materials, vor allem aber im Gespräch mit den Älteren wurde mir bald bewußt, daß es keine deutsche, polnische, tschechoslowakische, litauische, italienische oder israelische Familie jüdischer Herkunft gibt, hinter der nicht ähnliche Erfahrungen liegen wie die der Isaaks und die nicht ähnliche Fotos besitzt, wie ich sie in diesem Buch zusammengetragen habe. Dennoch weiß man von diesen Millionen Einzelschicksalen wenig oder nichts. Für diejenigen, die wie ich das Geschehene verstehen und im Gedächtnis behalten wollen, habe ich das Schicksal einer dieser Familien erzählt.

Erwähnen möchte ich auch, daß meine Mutter bis zum Jahr 1991 nie ausführlich über Litauen gesprochen hat, und wenn man sie nach besonderen Geschehnissen oder Einzelheiten fragte, verstummte sie ganz. Die Geschichten, die Ruth in diesem Buch erzählt, sind deshalb als eine Art Kollage aus meinen Aufzeichnungen hervorgegangen, die ich mir seit den achtziger Jahren immer dann machte, wenn sie sich aus den unterschiedlichsten Anlässen an bestimmte Ereignisse erinnerte. Die Augenzeugenberichte der anderen Überlebenden sind Ergebnis direkter Gespräche, die ich unmittelbar danach schriftlich festhielt. Brieflich konnte ich bestimmte Einzelheiten präzisieren und weitere Familiendokumente einsehen.

Im August 1992 schrieb mir Ruths Cousine Sonja Karpus aus den Vereinigten Staaten: »Wir Überlebenden der Shoah wollen das, was wir wissen, nicht mehr für uns behalten. Wir wollen, daß künftige Generationen wissen, was unserem Volk angetan worden ist. Es ist nicht leicht, darüber zu berichten, aber wir empfinden es als unsere Pflicht, weil wir die letzten Augenzeugen sind. Ich hoffe, daß meine Antworten ausreichen, und bitte Dich, ohne Zögern weitere Fragen zu stellen. Das ist der einzige Weg, um zu verstehen.« Im Oktober 1992 schrieb sie: »Es tut mir leid, daß mein Brief so durcheinander ist, aber mein Kopf ist so voller Erinnerungen, daß ich sie nur schwer zusammenfassen kann. [...] Ich habe angefangen, die Briefe an Dich zu kopieren, um sie meinen Kindern und Enkeln zu geben.«

DIE FAMILIE ISAAK

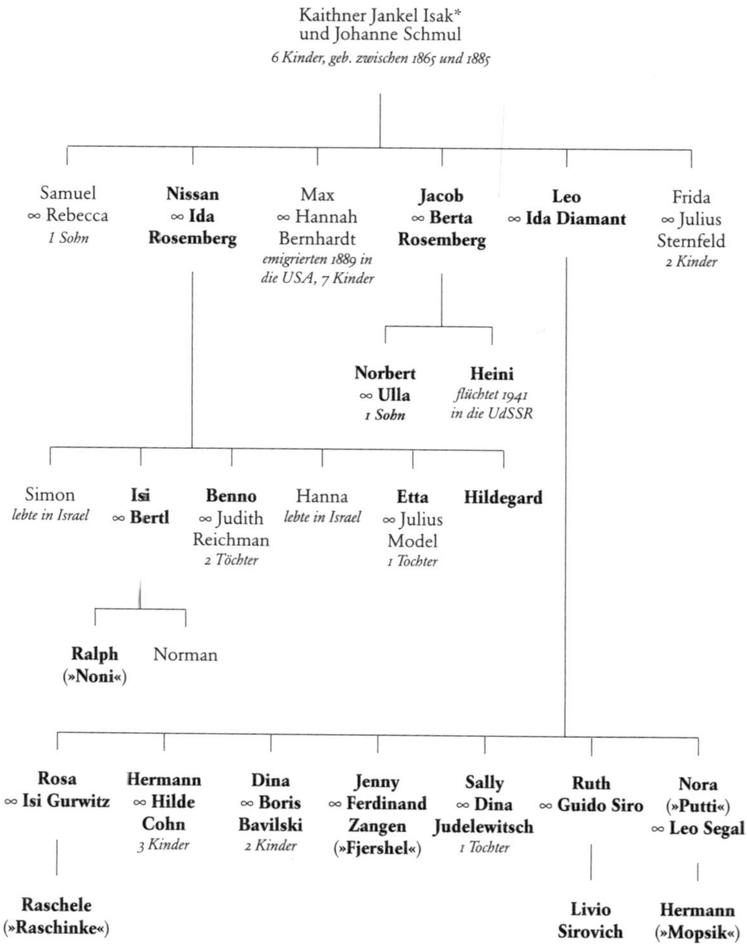

* *Der Familienname wurde erst ab dem Ende des 19. Jahrhunderts Isaak geschrieben. Der amerikanisch-kanadische Zweig der Familie nennt sich heute Isaac/Isaacs. In Litauen unter sowjetischer Herrschaft wurde Leos Nachname von Amts wegen in Isaakas geändert; der Sallys in Isokas. Namensänderungen auch bei den Sirovichs: 1928 wurde der Name zu Siro italianisiert, 1992 nahm der Autor den ursprünglichen Namen Sirovich wieder an. Alle im Buch vorkommenden Familienmitglieder erscheinen im Stammbaum in halbfett.*

Erster Teil

Die Jugend flieht aus Europa

I

In der Mitte sitzt meine Mutter Ruth; dem Aussehen nach könnte sie eine junge Frau aus dem Turin der zwanziger Jahre sein: schwarze, gelockte Haare, die sie kurz trägt wie bis heute, die Unterarme auf den Rand des gedeckten Tisches gestützt, mit aufrechtem Oberkörper. Sie lächelt. Vor ihr ein Blumensträußchen in einer kleinen Vase, einige Gläser, Besteck und eine merkwürdige kleine Pappschachtel; es könnte eine Schuhschachtel sein. Zu ihrer Linken sitzt, elegant mit Jackett und Weste bekleidet, an die gepolsterte Lehne der Bank gelehnt, die man ans Fenster gerückt hat, mein Vater und lacht auf die für ihn typische Art in sich hinein. Er scheint ihre Schultern zu umfassen, ohne sie zu berühren, während er mit der linken Hand in einer für ihn ungewohnten Geste Onkel Boris an sich zieht, der mit seiner massigen Gestalt und seinem offenen, in Unordnung geratenen Hemdkragen aussieht wie ein kroatischer Fischer aus Dalmatien an einem Festtag.

Rechts von Ruth ihre beiden Schwestern: Dina, die Boris geheiratet hat, sieht glücklich aus, auch wenn auf dem Foto ihre rötlich-braunen Haare grau wirken und die herrlichen grünen Augen die Schatten ihrer Augenhöhlen nicht aufzuhellen vermögen; und Jenny mit ihren Mandelaugen und ihrem hübschen, fröhlichen Gesicht, dessen Ebenmäßigkeit an hethitische oder ägyptische Bildnisse erinnert. Schließlich ist da noch ihr Mann, Onkel »Fjershel«, er trägt eine randlose Brille, ein Abzeichen am Revers, eine englische Krawatte, einen Buttondown-Kragen und die Haare sehr ordentlich gescheitelt. Anscheinend will er gerade einen Toast ausgeben. Über sich spricht er immer nur in der dritten Person. Ich meine ihn sagen zu hören: »Doktor Zangen…«

Nicht auf dem Foto ist Etta, Ruths blonde Cousine mit den so nordischen Zügen. Auch Ettas Mann ist nicht zu sehen, er hat vielleicht das Foto geschossen. Hinter ihm muß eine Lichtquelle gewesen sein, vielleicht ein Fenster oder eine Lampe. In den Augen einiger Anwesender ist ein Widerschein zu erkennen, aber nicht ein deutlich erkennbarer weißer Punkt, eher eine Art Zittern, entstanden durch die zu lange Belichtungszeit. Deshalb erscheinen auf dem leicht verwackelten Bild die lächelnden Gesichter unsicher, und der Lichtreflex legt einen Schleier von Traurigkeit über sie, als ob die Augen absurderweise feucht von Tränen wären.

Worauf stießen die vier Isaak-»Schwestern« und ihre Ehemänner damals vor vierzig Jahren an?

Auf der Rückseite steht in der Handschrift meines Vaters: »Haifa, Februar 1947«. Es war das erste Mal, daß sie sich nach dem Krieg wieder trafen, wie in den alten Zeiten, als sie sich 1935 unmittelbar nach der Flucht in Palästina kennengelernt hatten.

Die Schwestern Isaak kamen aus dem Märchenreich, von dem mir meine Mutter in den fünfziger Jahren erzählte an manchen Nachmittagen, wenn in Triest die Bora, der scharfe Nordwind, blies.

»Es war einmal ein Land mit sanften Hügeln, mit Tannen- und Birkenwäldern, bevölkert von Bibern und Elchen, auf die Rudel von Wölfen Jagd machten. In längst vergangenen Zeiten waren Land und Meer von Gletschern bedeckt, und als sie wegschmolzen, ließen sie am Strand riesige Hügel von feinstem weißen Sand zurück, der heller glitzerte als Schnee. Es waren Zauberberge, die Häuser und sogar ganze Dörfer verschwinden lassen konnten. Der Zauber dauerte manchmal einen Monat oder auch Jahre; erst wenn ein Heringsfischer sie aus dem vom Wind gepeitschten Sand auftauchen sah, erwachten die Häuser und Dörfer wieder aus dem Schlaf. Das Land war von Litauern, Letten, Esten, Russen, Deutschen, Polen und Schweden bewohnt. Sie lebten in Frieden miteinander, hatten vier Schriften, fünf Religionen und gingen gemeinsam in der Ostsee auf Fischfang. Ein merkwürdiges Meer, von dem die Litauer sagten, es sei vom Geist eines Flusses belebt; tatsächlich gab es eine Strömung von Osten nach Westen. Das Wasser konnte man trinken, und im Winter fror das Meer so fest zu, daß ein schwedischer König es einmal mit seinem ganzen Heer überquert hatte. Unter der Wirkung des Mondes aber wurde es schrecklich, und seine Wellen verschonten niemanden. Glücklicherweise hatten die Zauberberge meine Heimat mit ihrem Weiß umgeben und eigens für sie als eine Art Lagune das Kurische Haff geschaffen. Immer ruhig, war es der ideale Rastplatz für Schwärme von Wildgänsen und Wildenten auf ihrer langen Reise in den Süden. Wenn bei abnehmendem Mond in der ganzen Ostsee die Flut rauschend anstieg, hatten die Alten keine Angst, weil die strahlend weißen Dünen und das kleine Meer sie für immer schützten, sagten sie.

Wir wohnten in einem so winzigen Dorf, daß der Kopf eines Pferdes, wenn ein Bauer mit einem Wagen durchfuhr, schon wieder draußen war, bevor die Hinterräder ins Dorf kamen. Das Dorf lag an einem Fluß; ob er Mingus, Minge oder Minija hieß, war gleichgültig, denn sein Rauschen sprach alle Sprachen. Als einziger im Dorf wußte er immer, was er wollte, nämlich friedlich zwischen den Dünen zur Ruhe kommen. Auch wenn die Holzarbeiter ihn mit zu vielen Baumstämmen beluden, um sie in die Bucht treiben zu lassen, wurde er nicht zornig; er schwoll zwar an wie ein Truthahn, der die Federn aufplustert, und ließ die Stämme ›bum, bam‹ aneinanderkrachen, dann aber trug er sie doch zum Meer.

Wenn der Winter kam und der Schnee alles zudeckte, brachte uns dein Großvater Leo mit dem Schlitten in die Schule. Das Pferd atmete dampfend aus den Nüstern, schüttelte den Schweif und den Kopf, so daß die Glöckchen klingelten, und wir Kinder kuschelten uns glücklich unter die warmen Felldecken. Der Markttag war für uns ein großes Fest: Die Wiese vor dem Haus, auf der wir normalerweise hinter den Gänsen herrannten, füllte sich mit Bauern, die eine andere Sprache sprachen. Wie sausten wir dann zwischen den bunten Ständen hin und her! Wir rissen uns darum, den Bauern zu helfen und die Heringe zum Räuchern auf Stecken aufzuziehen, denn wir wußten, daß für die Schnellsten ein Stück abfiel, wenn die Heringe aus dem Behälter herausgezogen wurden, in dem die Holzkohle brannte. An den in Bottichen mit Zucker eingelegten Früchten durften wir nur riechen – das war ein Duft...

Die Bäuerinnen hatten ihr Geld in einer gewebten Umhängetasche, auf die ihr Hochzeitsdatum aufgestickt war; die reichsten trugen zehn Unterröcke. Sie kamen zu deinem Großvater, um den Stoff dafür zu kaufen, dann setzten sie sich vors Haus und begannen unter Mithilfe von Großmüttern und Nichten die Fältchen zu legen. Wenn sie fertig waren, wurde der Stoff zum Plätten auf einem Tisch mit dem Brot bedeckt, das gerade aus dem heißen Ofen kam.

In einigen Gegenden schien die Erde die Farbe des Himmels zu spiegeln; seit vielen Jahrhunderten holte man aus alten Minen dieser blauen Erde die versteinerten Tränen der Bäume, die zu Bernstein geworden waren. Dieses Kästchen kommt genau daher, dein Onkel Karpus hat es gemacht, siehst du? In einem der Bruchstücke der Einlegearbeit auf dem Deckel ist eine Stechmücke gefangen, die vor langer, langer Zeit am Harz hängengeblieben ist.

Das war meine Heimat: ein Stück Litauen, das einige Ostpreußen nannten, andere Kleinlitauen, aber wir nannten es nur das *Gebiet.*«

»Leben die Großeltern und der Onkel noch dort?« fragte ich einmal, aber meine Mutter antwortete nicht.

Auch wenn das Kästchen und das Insekt aus dem Märchen bis nach Triest gelangt waren, blieb ich verwirrt. Alles war so merkwürdig, so ganz anders als Italien, und dann war da etwas Beunruhigendes am Ende der Geschichte, wenn Ruth sagte: »Jetzt gibt es das alles nicht mehr...« Mir kamen die Wölfe jener Wälder in den Sinn, und ich fürchtete, daß Mama vor ihnen geflohen war, die Großeltern und der Onkel aber...

Ich mußte mir irgendwie ein Bild machen von diesem phantastischen Land, in dem die Märchen gleichermaßen von links nach rechts und von rechts nach links geschrieben wurden. Wenn mich in der Schule oder im Park an der Via Giulia jemand spöttisch fragte, wo meine Mutter denn herkomme und warum sie einen so komischen Namen und Akzent habe, wußte ich nie, was ich antworten sollte. Für mich hatte ihre Stimme keinen besonderen Einschlag, auch wenn ich zugeben mußte, daß der Name Ruth ziemlich ähnlich klang wie *rutto*, der Rülpser, den ich bei Tisch zurückhalten mußte. Lieber schwieg ich, denn wenn ich ihre Heimatstadt Memel erwähnt hätte, wäre alles nur noch viel schlimmer geworden. *Memele* heißt nämlich im Triestiner Dialekt soviel wie weiche Scheiße. Deshalb brachte mich meine exotische Herkunft in Schwierigkeiten, bis mir ein kleines Ölbild zu Hilfe kam, das schon immer im Wohnzimmer meiner Eltern hing. Es zeigte einen wolkenverschleierten Mond über einer einsamen Hütte am Waldrand und ein Bächlein, das sich durchs Schilf schlängelte. »Es war wie auf dem Bild«, antwortete Ruth einmal, als ich zum x-ten Male eine einfache Erklärung über das Land ihrer Herkunft haben wollte.

So bildete sich meine kindliche Vorstellung von Litauen um die Szene am Waldesrand. Hinter den beiden erleuchteten Fensterchen stellte ich mir die Familie Isaak vor, wie sie neben dem großen Ofen in der Küche um den gedeckten Tisch saß. Viel später, nachdem ich auf der Rückseite das Siegel eines Rahmenmachers aus Wien und den Stempel eines Kunsthändlers aus Düsseldorf entdeckt hatte, ging meiner Phantasie auch dieser einzige Anknüpfungspunkt verloren. Ich war jedoch schon groß genug, um die wahre Geschichte dieses Bildes zu erfahren.

»Es muß 1941 oder 1942 gewesen sein, als mir die Frau eines sehr guten Freundes deines Vaters und einer der wenigen Menschen, denen ich in Triest trauen konnte, vorschlug, sie in die Stadt zu begleiten, um für ihren Sohn ein günstiges gebrauchtes Klavier zu kaufen. Wir gingen in ein schönes Gebäude in der Nähe der Via D'Annunzio und benutzten dort den Aufzug. Auf dem Treppenabsatz kamen uns Leute mit Büchern entgegen, mit großen Packen, die nur mühsam zusammenhielten, einer transportierte sogar eine Kommode die Treppe hinunter. Ich verstand nicht genau, was die Käufer im Triestiner Dialekt mit dem eleganten Herrn, der einen mir vertrauten Akzent hatte und der Besitzer des Geschäfts sein mußte, in kurzen Dialogen eilig verhandelten. Verblüfft blieb ich auf der Schwelle stehen. Plötzlich wurde mir jedoch klar, daß es Juden waren, deutschstämmige Juden wie ich, die alles verkauften, um aus Italien zu fliehen! Ich meinte, mir müsse das Blut in den Adern erstarren. Der Mann merkte mir meine Verwirrung an, denn ich muß wohl ein merkwürdiges Gesicht gemacht haben! Ohne etwas zu sagen, nahm er ein kleines Bild von der Wand am Eingang und hielt es mir hin. Der breite, schwarz lackierte Rahmen ließ den grauschimmernden Mond und die beleuchteten Fensterchen besonders hervortreten. Seit Monaten hatte ich keine Post mehr aus Litauen erhalten, nachdem es von den Nazis bei ihrem Angriff auf die Sowjetunion besetzt worden war, und ich hatte düstere Vorahnungen. Dieser Wald erinnerte mich an meine Heimat. Dem Herrn gab ich unsere Adresse mit dem Versprechen, ihm das Bild zurückzugeben, wann immer er es wollte.«

Eigentlich war meine Vorstellung von dem Land mit den Schlitten und Glöckchen schon lange vorher ins Wanken geraten. Ich erinnere mich, wie meine Mutter eines Tages, es war vielleicht 1954, ich war damals fünf Jahre alt, nach Hause kam und, anscheinend vollkommen außer sich vor Freude, einen Brief hin und her schwenkte. Er kam aus Litauen. Bis dahin hatte ich mir nie vorzustellen versucht, wie ein Brief aus dem Märchenland aussehen könnte, sicher aber nicht wie die, die ich von nun an häufig in der Hand meiner Mutter sah. Ihr Bruder Sally schickte ihr Umschläge aus ganz normalem Papier mit zwei oder drei jämmerlichen gelblichen Blättern, auf denen viele Sätze häßlich mit dickem schwarzen, trockenem Lack durchgestrichen waren. Wer war so böse, daß er Mama daran hindern wollte zu lesen, was ihr Bruder berichtete? Anfangs versuchte es mein Vater auf dem Küchentisch mit einer Rasierklinge, aber auf keine Weise ließ sich dieser verdammte schwarze Lack abkratzen. Ein geduldiges Werk obsessiver Zensur der Ära nach Stalin. Es war nur ein schwacher Trost zu wissen, daß sie im Land der Glöckchen wenigstens schöne Briefmarken zu machen verstanden, auf denen stolze Gesichter mit dem Aussehen wagemutiger Kapitäne, rote Fahnen, Bauern und marschierende Soldaten zu sehen waren. Ich begann sie zu sammeln, aber gleichzeitig wollte ich nicht mehr Deutsch sprechen und die Sprache, die mir Ruth beigebracht hatte, vergessen.

1935, als die Schwestern Isaak Boris und Guido kennenlernten, war meine Mutter gerade zwanzig geworden, Etta, Dina und Jenny waren nur wenige Jahre älter.

Heute ist Etta einundachtzig, lebt in Haifa und ist seit geraumer Zeit Witwe. Ihr Haar ist fast vollkommen weiß, aber ihre zwischen grau und blaugrün changierenden Augen sind immer noch dieselben wie damals. Sie ist eine energische, scharfsinnige Frau, ein Urgestein, und sie steuert immer noch ihr Auto selbst durch den chaotischen Verkehr von Hacarmel. Aus den israelischen und einigen ausländischen Zeitungen, die sie regelmäßig liest, schickt sie mir manchmal einen Ausschnitt, wenn sie etwas für besonders interessant hält. Im Sommer fährt sie immer allein in die Schweizer Alpen, und neuerdings beschwert sie sich darüber, daß der Arzt ihr den Aufenthalt in großer Höhe verboten hat. Wenn ihre Enkel sie darum bitten, erzählt sie gern von ihren »Abenteuern«.

»Ich bin als erste abgehauen. Es ist schon wahr, daß für jeden von uns – egal, ob du strenggläubiger, assimilierter oder sogar konvertierter Jude bist – der Augenblick kommt, wo man dir zu verstehen gibt, daß du als Bürger zweiter Klasse auf die Welt gekommen bist. So erging es auch mir, als mein ›arischer‹ Professor für

Zahnheilkunde an der Universität Freiburg sich eines schönen Tages bemüßigt fühlte, in nachsichtigem Ton zu mir zu sagen: ›Sie brauchen sich keine Sorgen zu machen, liebes Fräulein. Mit Ihren aschblonden Haaren und ihren grauen Augen könnten Sie ja fast als Schwedin durchgehen, und deshalb wird es Ihnen nie an Patienten mangeln, vor allem, wenn Sie so klug sind, sich einen Mann mit einem weniger kompromittierenden Namen als ausgerechnet Isaak zu suchen.‹ Dieser Gentleman konnte nicht wissen, daß ich damals schon mit meinem späteren Ehemann ›per du‹ war, der in den Augen der Rassisten einen bombensicheren Namen trug, denn er hieß Model wie der Feldmarschall, der sich im April '45 umbrachte, um den Zusammenbruch des Dritten Reichs nicht miterleben zu müssen. Pech nur, daß mein Verlobter aus einer strenggläubigen jüdischen Familie kam. ›Gewiß‹, fuhr der Professor mit einer gewissen Nonchalance fort, ›für die anderen jüdischen Studenten können die Dinge schwieriger werden, aber für Sie...‹

Dieses Gespräch fand kurz nach der Machtübernahme Hitlers statt und hatte auf mich eine so starke Wirkung, daß ich das Studium im letzten Semester kurz vor dem Examen aufgab. Es war keine Überreaktion, sondern einfach der Tropfen, der mein Faß zum Überlaufen gebracht hatte. In Wirklichkeit hatten wir jüdischen Studenten es auch in der Weimarer Republik nicht leicht, denn wir mußten unsere Loyalität gegenüber den Deutschen ständig unter Beweis stellen. Alle Juden sind Feiglinge, sagten die Söhne der Junker an der Universität. Es war schon so weit gekommen, daß viele jüdische Studenten als Reaktion auf solche Vorwürfe zu trainieren begannen, um bei Duellen keine schlechte Figur zu machen, so daß wir bei der Olympiade im Florett- und Säbelfechten sehr viel mehr Medaillen gewonnen hatten als die ›Arier‹. Die berühmte Olympiasiegerin Helene Mayer, die wie ich blond war, genoß große Popularität. Aber der ganze sportliche Eifer hatte offensichtlich nichts genützt. Ganz im Gegenteil kam zu den antisemitischen Vorurteilen nun noch die Angst hinzu, einen Schmiß ins Gesicht zu bekommen. Zu den studentischen Organisationen wurden wir nicht zugelassen, und niemand regte sich darüber auf. Nur ganz wenige, wie der Soziologe Max Weber und ein paar andere weiße Raben, wagten damals, sich sarkastisch darüber zu äußern, daß die deutschen Professoren uns üblicherweise mit dem Dantezitat begrüßten: ›Laßt, die ihr eintretet, alle Hoffnung fahren.‹ Unverbesserliche Optimisten meinten, das sei nur ein harmloser universitärer Scherz.

Im April '33 kamen sie, oder vielmehr wir, dran: Nach dem Tag des Boykotts gegen jüdische Geschäfte wurden die ersten Gesetze erlassen, die das harmlose Dantezitat in präzise, diskriminierende Maßnahmen umsetzten. Während wir uns noch überlegten, was wir tun sollten«, fährt Etta fort und zündet sich die dritte oder vierte Zigarette an, »erhielt meine künftige Schwiegermutter ein Telegramm von ihrem in New York lebenden Bruder Julius Simon, einem engen Mitarbeiter von Chaim Weizmann, dem damaligen Leiter der Palestine Economic Corporation, einer staatlichen amerikanischen Einrichtung, die sich um die Entwicklung und den Aufbau von Kibbuzim in Palästina kümmerte. Er war einer der faszinierendsten Menschen, die ich je kennengelernt habe. Der Inhalt seiner Botschaft lautete ungefähr: ›Flieht so schnell wie möglich, denn das Schicksal der Juden in Deutschland ist besiegelt.‹

Diese Warnung erschien uns absolut glaubwürdig, und außerdem sprachen die Tatsachen in Deutschland für sich, wenn man nicht die Augen verschließen wollte. Deshalb entschieden wir uns zu gehen. Nein, wir dachten nicht im mindesten an die Möglichkeit eines Völkermords, aber Hitler und seine Gefolgsleute waren anscheinend entschlossen, ein System permanenter Diskriminierung einzurichten, und das war für einen Menschen, der in Freiheit leben wollte, absolut inakzeptabel. Wo aber hingehen? Kein Staat sah die Einwanderung von Juden gern; wir merkten, daß wir auch da, wo wir überhaupt noch hin konnten, immer nur ›Gäste‹ bleiben würden. Endlich in Palästina Wurzeln schlagen, in diesem armen Land, das die Juden nie vergessen hatten, schien uns das einzig Überzeugende. Wir waren von einem etwas utopistischen Sozialismus beseelt, denn wir wollten Palästina nicht als Kolonie, wie das Land seit Jahrzehnten von allen ›zivilisierten‹ Staaten behandelt worden war. Vielmehr waren wir bereit, unsere Zukunft als Angehörige des gehobenen Bürgertums in Europa zu opfern, um die Freiheit wiederzugewinnen, und gleichzeitig waren wir davon überzeugt, den Arabern bei der Überwindung der Unterentwicklung helfen zu können. Wir hatten überhaupt keinen Zweifel daran, daß wir gut aufgenommen werden würden.

Man könnte sagen, daß wir mit dem Koffer in der Hand heirateten. Unsere Familien hinderten uns nicht daran fortzugehen, aber die Familie meines Mannes blieb in Deutschland, meine eigene im Memelgebiet. Zum damaligen Zeitpunkt konnte man noch einigermaßen leicht reisen, denn wir fuhren wenige Wochen nach der Ankunft des Telegramms nach Palästina. Als wir von Marseille aufbrachen, nahm die Zahl jüdischer Flüchtlinge bereits deutlich zu. Auf unserem Dampfer nach Haifa trafen wir viele: wohlhabende deutsche Juden in der ersten Klasse und arme, entwurzelte Leute aus den osteuropäischen Schtetls auf der Brücke inmitten katholischer Pilger.

Auf diesen Schiffen war eine besondere religiöse Atmosphäre zu spüren. Ich erinnere mich, daß auch dein Vater dies empfand, als er einige Jahre später für den Lloyd Triestino auf Geschäftsreise nach Palästina fuhr. Zur damaligen Zeit transportierte der Lloyd so viele Flüchtlinge, daß man die Stadt Triest in Polen und Deutschland *Shaar Zion*, das Tor nach Zion, zu nennen begann. Guido erzählte, daß die hohen katholischen Würdenträger, die umsonst oder zu Sonderpreisen in der ersten Klasse untergebracht waren, ohne sich darum zu kümmern, daß die Mehrheit der Passagiere Anglikaner oder Juden waren, verlangten, jeden Morgen im großen Salon eine Messe zu lesen. Einige ultraorthodoxe Rabbiner dagegen hatten eingeführt, das Schiff von Freitagnachmittag um drei Uhr bis Samstagabend um neun Uhr für einen symbolischen Preis zu ›kaufen‹, um den Sabbatgottesdienst auf israelischem Boden feiern zu können. Die Offiziere des Lloyd hatten sich untereinander verständigt und machten sich ein Vergnügen daraus, den Preis hochzutreiben. Hinterher gaben sie mit dem Vertrag und der Unterschrift eines Rabbiners an, wenn es ihnen gelungen war, den Dampfer einem Juden zum Zehnfachen des normalen Preises von einem Dollar zu verkaufen.

Ich bin in Saugen, einem kleinen Dorf im Memelgebiet geboren«, fährt Etta fort, »wo damals auch Ruths Familie wohnte. Mein Vater Nissan und dein Großvater Leo waren Brüder. Auch Jacob, ein weiterer Bruder, hatte sich in dem Dorf niedergelassen, alle drei waren Kaufleute und die einzigen jüdischen Familien am Ort. Weil sie so abgeschnitten waren, fand man für für Jacob und Nissan, als es ans Heiraten ging, die Schwestern Rosemberg aus Memel, während man für deinen Großvater bis ins kurländische Mitau gehen mußte. Als Jakobs erste Frau dann im Kindbett starb, gab man ihm nach jüdischem Brauch die dritte Tochter Rosemberg, die das Neugeborene wie ihr eigenes Kind aufzog. Für die Männer war es sogar Gesetz, die Witwe eines Bruders zu heiraten. Stell dir vor, daß eine unserer Cousinen, als sie um die vierzig Witwe wurde, in Ermangelung anderer Möglichkeiten ihren jüngsten Schwager heiraten mußte, der noch keine zwanzig war. Dieser Eheschließung hätte der Betroffene nur durch eine Art Scheidung entgehen können.

Drei Kaufleute waren zuviel für Saugen, so daß dein Großvater, sobald sich die Gelegenheit dazu bot, in das wenige Kilometer entfernte Prökuls zog, aber wir hielten weiterhin engen Kontakt.

Die Isaaks sind aschkenasische Juden deutscher Sprache und Kultur; sie haben blonde oder kastanienbraune Haare und eine blasse Hautfarbe, nicht sehr semitisch, wie du siehst. Mein Vater hatte sogar rote Haare, genauso wie meine Tochter Irit und meine Enkelin Einat. Während des Ersten Weltkriegs kämpften Leo und

Nissan gemeinsam für das Deutsche Reich und gerieten auch zusammen in Taschkent in russische Kriegsgefangenschaft. Meine Mutter hieß wie Ruths Mutter Ida, und auch sie war groß und blond wie ihre Brüder. In unserem Dörfchen gab es keine Synagoge und natürlich auch keine jüdische Schule, deshalb ging ich in die litauische Grundschule, und weil ich ziemlich gut war, entschlossen sich meine Eltern, als es um die weiterführende Schule ging, mich nach Tilsit und dann nach Königsberg zu schicken, wo die besten deutschen Gymnasien waren. Das war eine sehr traurige Zeit für mich, denn die Städte lagen weit weg, jenseits der Grenze. Ich fuhr am Sonntag von zu Hause fort und kam erst am nächsten Samstag zurück. Ich sehnte mich so sehr nach meinen Cousinen Rosa, Dina, Jenny und vor allem nach Ruth, die in Memel in die Schule gingen. Mit Wehmut erinnerte ich mich an die Schlittenfahrten durch die Wälder mit deinem Großvater, der ein ziemlich Wilder war, weißt du? Unter die Decken gekuschelt kicherten wir uns halbtot! Die Glöckchen am Zaumzeug des dampfenden Pferdes klingelten, das Geräusch der Hufe war immer verschieden, je nachdem, wie der Schnee war, und dazu knirschten die Kufen, wenn es sehr kalt war...

Nach dem Abitur schrieb ich mich an der Universität Wien ein, aber dort wehte kein guter Wind, denn nur ein Jahr zuvor war die Bevölkerung über Radio gegen die ›jüdischen Bolschewiken‹ aufgehetzt worden. Außerdem wollte ich reisen, wollte etwas von der Welt sehen und verstehen. Ich war immer in Bewegung und studierte zuerst in München und dann in Freiburg, wo ich 1932 als Zweiundzwanzigjährige ankam und bei einer Arztwitwe wohnte, die ihr großes Elternhaus dadurch erhielt, daß sie eine ganze Reihe von Studenten beherbergte. Einer ihrer vier Söhne wurde mein Verlobter. Die Models hatten noch eine zweite Küche, die für das Passahfest reserviert war, aber ich glaube, sie benutzten sie nicht mehr. Ganz im Gegenteil, sie erzählten mit einem gewissen Sarkasmus, wie der Verstorbene die traditionellen jüdischen Vorschriften bis aufs Wort befolgt hatte. Wenn er am Sabbat gerufen wurde, ging er, nur um nicht die Kutsche nehmen zu müssen, kilometerweit zu Fuß, mehr im Dienste Gottes als des wartenden Kranken. Eines Tages hatte es einer seiner Söhne gewagt, ausgerechnet am Feiertag von einem Baum zu fallen und sich ziemlich schwer zu verletzen. Sein Vater verpaßte ihm zunächst eine Tracht Prügel, und erst nachdem er diese seine Pflicht als Jude erledigt hatte, war er bereit, seine Aufgaben als Vater und Arzt zu übernehmen.

Ich war alles andere als eine strenggläubige Jüdin, trat aber doch als Studentin in die Frauensektion eines zionistischen Verbands ein. Ich hoffe«, stichelt Tante Etta, »du denkst über den Zionismus nicht wie manche linken Dummköpfe, die die ›Gegenposition vertreten‹, wie sie sich ausdrücken. Es ist gar nicht zu leugnen, daß es Zionisten gibt, die ein Großisrael wollen, das bis Amman oder wer weiß wohin reicht, aber nicht diese Leute machen den Zionismus aus, genausowenig wie der Nationalismus eurer Neofaschisten die patriotischen Gefühle der Italiener repräsentiert! Ich möchte den Franzosen oder Dänen sehen, der sich zum Italiengegner erklärt, nur weil eine eurer Parteien Dalmatien wiederhaben will! Gott allein weiß, ob es einmal gelingen wird, gewissen Leuten zu erklären, daß auch die Juden ein Anrecht auf ein Nationalgefühl haben. Willst du wissen, was 1933 der Zionismus für uns bedeutete? Nichts anderes, als daß wir dringend einer Zuflucht bedurften und auf eine definitive Heimat hofften. Wo hätten wir denn hingehen können, wenn uns doch niemand wollte?«

Zwei Jahre später, im Jahr 1935, war Ruth an der Reihe.

»Ich war erst neunzehn«, erzählt sie, »und keineswegs eine begeisterte Zionistin. Warum ich mich ausgerechnet dafür entschied, allein und illegal nach Palästina auszuwandern, wüßte ich selbst nicht zu sagen. Vielleicht einfach, weil sich mir die Gelegenheit dazu bot, oder weil ich Prökuls satt hatte, dieses Tausend-Seelen-Nest, wo wir fünf oder sechs jüdischen Familien hauptsächlich damit beschäftigt waren, bei der besseren deutschen Gesellschaft um Anerkennung zu buhlen. Außerdem hatte ich keine Lust, bei anderen Ländern, die uns nicht wollten, um eine Einwanderungserlaubnis zu betteln. Von Palästina hatte ich keine Ahnung, aber es schien irgendwie vertraut... wie die Keren Kayemeth, die weiß und blau bemalte Holzschachtel des Jüdischen Nationalfonds, die seit jeher auf dem Küchenbüffet stand. Wir taten Geld hinein und brachten sie, wenn sie voll war, zum Rabbiner. ›Das Geld dient dazu, ein Stück des gelobten Landes zu kaufen‹, sagte Ida. Wenn wir fragten, wo es liege, antwortete sie: ›Ungefähr in der Richtung, wo mittags die Sonne steht‹, und zeigte auf die andere Seite des Platzes.

Heute erst weiß ich, wie sehr wir assimiliert waren. Wir Kinder – Hermann, Sally, Rosa, Dina, Jenny, ich und Putti – glaubten sogar, mit einigen Sprößlingen der Junker befreundet zu sein, nur weil wir mit den Kindern der besseren deutschen Schichten manchmal an einem Maskenfest teilnehmen durften. Niemand erinnerte sich mehr an die rituellen Gebete des Purimfestes. Auch ich habe erst viele, viele Jahre später in Triest erfahren, daß es einen jüdischen Karneval gibt.

Im Gymnasium kam es oft vor, daß die Junkerfamilie einer Klassenkameradin die ganze Klasse, einschließlich der Lehrer, zu einem Ausflug auf eines ihrer wunderbaren Güter einlud, in ihre schloßartigen Villen mit Gestüt und prächtigem Gästehaus. Ihre Häuser waren aus Stein wie das unsere oder aus rotem Backstein, nicht aus Holz wie die Häuser der Litauer oder der Juden der Schtetl. Ein anderes beliebtes Ausflugsziel der Schule war das Kurische Haff, die langgestreckte Lagune zwischen Memel und Königsberg. Bernsteinstückchen im Muschelsand suchen, zuschauen, wie den Vögeln, die man mit großen, zwischen den Ebereschen um den Leuchtturm von Windenburg aufgespannten Netzen fing, Ringe angelegt wurden, mit dem Fernglas die Kormoranschwärme beobachten, wie sie dicht über der Wasserfläche ihrer Beute nachjagten, mit Stangen die flachen Boote mit dem Wikingerbug durchs Schilf steuern und immer beinahe umkippen... Was haben wir nicht alles angestellt! Manchmal mietete man auch ein Motorboot und konnte dann bis Nidden fahren. Wir kletterten die große Düne südlich des Ortes hinauf, von wo aus man die ganze Bucht überblicken konnte. Am allerschönsten aber war es, im Sand bis zum Wasser hinunterzurennen oder sich rollen zu lassen. Bei uns regnet es auch im Sommer, aber dort brannte die Sonne an manchen Tagen richtig, es war einfach paradiesisch. Unser Deutschlehrer zeigte uns immer das Häuschen, in das sich der von ihm sehr bewunderte Thomas Mann, der gerade erst den Nobelpreis erhalten hatte, im Sommer zum Schreiben zurückzog. 1933 kam er plötzlich mit einer etwas bissigen Bemerkung daher, die uns alle sprachlos machte: ›Heuer hat *unser Nobel-Mann* die Schweiz vorgezogen.‹

Wenn ich mir die Fotos dieser Ausflüge wieder anschaue, fällt mir auf, daß ein Drittel meiner Klassenkameradinnen Jüdinnen waren... Uns stellten die durchweg protestantischen deutschen Lehrer am Samstag nie schriftliche Aufgaben in der Schule. Bis 1933 fühlten wir uns in die deutsche Gesellschaft unserer Heimat vollkommen integriert. Das Memelgebiet gehörte zu den fortschrittlichsten Teilen Europas; die Schulen waren gut, es gab Unterricht in Musik und Malen nach der Natur, und schon in den zwanziger Jahren bekamen Kinder Zahnspangen, wenn ihre Zähne geradegerichtet werden mußten. In dieser Umgebung erschienen uns die langen schwarzen Kaftane, die pelzbesetzten Hüte, die Bärte und die Schläfenlocken der orthodoxen Juden fast genauso anachronistisch wie viele der von strenggläubigen Juden befolgten Riten. Natürlich lockerten wir deshalb keineswegs die Beziehungen zu unseren zahlreichen Verwandten in Litauen und Lettland, bei denen der Glaube zum Teil noch sehr lebendig war. Ich würde sagen, unser Blick richtete sich weniger auf die Traditionen, sondern mehr auf die Zukunft. Wir dachten nicht im mindesten daran, unser Judentum aufzugeben, aber wir waren sicher, daß wir eine deutsche Zukunft hatten.«

Wenn meine Mutter dieses Thema anspricht, habe ich das Gefühl, hinter ihr eine Art Mauer zu sehen. Die Vergangenheit der Isaaks ist ausgelöscht, denn die Kinder mußten sich zu früh von der Familie trennen, und als sie dann wenige Jahre später zu ihren Wurzeln zurückkehren wollten, war es schon zu spät. Wahrscheinlich stammten sie ursprünglich nicht aus der Gegend, denn erst unter dem Einfluß der sogenannten »französischen Ideen« war es Juden im Jahre 1812 erstmals erlaubt, sich im Memelgebiet niederzulassen. Diese Öffnung dauerte aber nur wenige Monate, so daß noch 1867 im ganzen Memelgebiet weniger als 900 Israeliten ansässig waren. Ruth weiß nicht, ob das Geschäft in Prökuls schon vom Großvater ererbt war. Ihre früheste Kindheitserinnerung reicht ins Jahr 1918 oder 1919 zurück, als ihr Vater aus russischer Kriegsgefangenschaft zurückkehrte und sie drei oder vier Jahre alt war. Wahrscheinlich blieb ihr diese Begebenheit im Gedächtnis, weil ihre Eltern sie damals zum einzigen Mal in ihrem Leben hart bestraften. Seit sie klein war, hatte ihre Mutter ihr erzählt, Papa, den sie noch nicht kannte, sei ein gutaussehender Mann mit einem prachtvollen Knebelbart. Als Ruth dann diesen mageren, zerlumpten ehemaligen Gefangenen mit dem Gesicht wie ein Wolf sah, fing sie zu weinen an und schrie, dieser häßliche Kerl könne nie und nimmer ihr *Vati* sein. Sie hörte gar nicht mehr auf, bis sie schließlich zwei ordentliche Hiebe auf den Allerwertesten bekam und einen ganzen Teller einer scheußlichen Suppe aus Milch und verkochtem Getreide essen mußte, die sie nie hatte leiden können.

Die Isaaks, die den Krieg überlebt haben, erinnern sich noch an Tag und Monat von Leos Geburt – weil man deshalb alljährlich eine kleine Feier veranstaltete –, aber nicht mehr an das Jahr und den Ort. Ihnen ist nicht einmal der Gedanke gekommen, daß Leo nicht sein wirklicher Name sein könnte, sondern nur ein Pseudonym, das ihm die Eltern nach einer weitverbreiteten Sitte gegeben hatten, um ihren Kindern nicht durch allzu kompromittierende Namen Schwierigkeiten zu bereiten. Leo war nämlich in der Synagoge und beim Einwohnermeldeamt als Judel Mendel Isaak registriert, beides im Ostjudentum sehr gebräuchliche Vornamen.

»An meine Großeltern mütterlicherseits kann ich mich nur noch ganz vage erinnern«, erzählt Ruth, »Mein Großvater war ein aschkenasischer Rabbiner namens Diamant und stammte aus Mitau im russischen Kurland, das heute zu Lettland gehört. Da ich nie andere Rabbiner kennengelernt hatte, traute ich mich kaum, ihn anzusprechen, gab er doch Frauen nicht einmal die Hand. Als ich fragte, warum Großmutter immer ein Kopftuch oder eine Perücke trug, erhielt ich zur Antwort, sie trage die Haare seit dem Tag ihrer Hochzeit entsprechend den Vorschriften des Talmud ganz kurz geschoren. Ich war darüber so erstaunt, daß ich mit offenem Mund stehenblieb und erst wieder zu mir kam, als mich jemand mit dem Ellbogen anstieß. Meine Großeltern und ihre zehn oder zwölf Kinder, darunter auch meine Mutter Ida, sprachen das melodische Jiddisch des Baltikums.«

Wieder ist da diese Wand, dachte ich: Ruth weiß nicht, woher die Diamants stammten. Weil sie dunkelhäutig sind, schwarze, oft krause Haare haben und weil auch der Name darauf hindeutet, stammen sie sehr wahrscheinlich aus Portugal. Nach ihrer Vertreibung von der iberischen Halbinsel fanden sephardische Juden in den Niederlanden Zuflucht, wo viele von ihnen um 1600 als Diamantenschleifer tätig waren. Die Juden durften in diesem Beruf arbeiten, weil man im Mittelalter wegen der Seltenheit der Steine nicht daran gedacht hatte, eigens antijüdische Beschränkungen einzuführen.

»Als brave Tochter des Rabbi von Mitau«, fährt Ruth fort, »hatte meine Mutter auch nach ihrer Übersiedelung ins Memelgebiet die wichtigsten religiösen Regeln weiter befolgt und bemühte sich natürlich, auch uns daran zu gewöhnen.

Am meisten kümmerte sie sich um die Küche, das eigentliche Herz des Hauses. Beim Abendessen saßen viele Kinder und Verwandte um den Tisch. Zu unserer großen Freude waren häufig Leute auf der Durchreise zu Gast, und zwar nicht nur beim Seder am Passahfest, wo es üblich war, einen Armen oder Wanderer gastlich aufzunehmen. Nach dem Essen bot man dem Gast ungesüßten Tee an, der mit einem Stück Zucker oder ein bißchen Marmelade im Mund getrunken wurde, und danach konnte er sich auf dem großen Kachelofen mit der Bank darum zum Schlafen legen.

In die Küche kam man durch einen nur für die Familie bestimmten Gang. Rechts davon war das Geschäft, und eine Treppe führte in die oberen Räume, wo wir wohnten. Die Küche ist der Raum unseres Hauses, an den ich mich noch am besten erinnern kann, oder genauer gesagt, für mich *ist* sie das Haus und der Ort, wo wir herangewachsen sind. Sie bestand aus zwei ineinander übergehenden großen Räumen, wo in einer Ecke der berühmte Ofen mit dem Schlafplatz stand und daneben der rechteckige Eßtisch, an dem fünfzehn Personen Platz hatten. Die Mahlzeiten fanden in zwei Schichten statt, zuerst die Angestellten und Arbeiter, und dann wir. Für die Familie wurden die Speisen in eigenen Töpfen *koscher* zubereitet. Zum anderen Raum hatten nur Mama und eine Köchin, die ihr zur Hand ging, Zutritt. Uns Kindern war es strengstens verboten, uns dort herumzutreiben, wo sich dichter Rauch und Dampf aus den Töpfen und von den beiden großen glühenden Platten des mit Holz beheizten Herdes erhob. Vielleicht aber gerade deshalb hatte die Höhle, die man durch die oft beschlagenen Gläser der Tür erspähen konnte, für uns etwas Geheimnisvolles, Vulkanisches, als ob darin die Lok der Eisenbahnlinie nach Memel dampfte und stampfte.

Da Weihnachten ungefähr auf die Zeit von Chanukka fällt, wurde bei uns zu Hause immer doppelt gefeiert. Ida wollte uns die Regeln beibringen: sieben Kinder für die sieben Lichter, und am achten Tag war wieder Hermann, der Älteste, dran. Die Versuchung, den ›Diener‹ herumzuschwenken, mit dem die Kerzen auf dem achtarmigen Leuchter am Fenster entzündet wurden, war auch für die größeren Geschwister, die die Überlegenen spielten, unwiderstehlich. Für die Angestellten einschließlich des Kutschers dagegen, der uns jeden Morgen in die Schule brachte, waren ein Weihnachtsbaum und die Tafel für das Weihnachtsessen mitten im Geschäft aufgestellt. Die Gäste aus den nahe gelegenen Dörfern übernachteten bei uns. Ungefähr um die gleiche Zeit wurden, wer weiß welcher Tradition folgend, die sogenannten *bunten Teller* mit exotischen und getrockneten Früchten verschenkt.

Ida wollte nie, daß wir Mädchen ihr in der Küche halfen. ›Ihr müßt lernen‹, sagte sie. Nur beim Abwaschen mußten wir und auch unsere Brüder ihr zur Hand gehen. Nach jeder Mahlzeit blieb ein solcher Berg von Geschirr abzuwaschen, daß wir trotz der immer schwächer werdenden Proteste der armen Ida am Ende die traditionellen Regeln durchbrachen und alles Geschirr gleichzeitig ins Spülbecken versenkten. Am Freitag bereitete meine Mutter das besondere Weißbrot für Sabbat vor. Am Nachmittag wurde der *Sparherd* angeheizt, bis er fast rot glühte, um den Teig vor Sonnenuntergang ins Rohr schieben und über Nacht backen lassen zu können, ohne daß Holz nachgelegt werden mußte. Ich wußte nicht einmal, daß die zwölf Verknüpfungen des als Zopf geformten Laibes die zwölf Stämme Israels symbolisieren, und das allein zeigt, wie wenig ich das Judentum kannte. Wenn Passah kam, ließen uns Leo und Ida bei Kerzenlicht alle Winkel des Hauses nach Krümeln von gesäuertem Brot absuchen. Wer welche fand, bekam eine Belohnung, aber warum wir das tun sollten, sagten sie uns nicht. Dann säuberte Ida die Glasbehälter, scheuerte alles blitzblank und nahm die Küche im ersten Stock in Betrieb, die nur für die Festtage da war, und sie tat noch vieles mehr, ging aber nie in die Synagoge. Die nächstgelegene lag im zwanzig Kilometer entfernten Memel, aber Leo brachte sie nie hin.

Papa nahm nur meine beiden Brüder zum Tempel mit. Auf seine

Art hing er an der Tradition. So wollte er beispielsweise, daß der männliche Erstgeborene, Hermann, als stellvertretendes Familienoberhaupt respektiert wurde. Deshalb durfte dieser von klein an am Sabbatabend seinen in der Küche aufgereihten Geschwistern, einschließlich seiner älteren Schwester Rosa, das streng nach Alter abgestufte ›Wochengeld‹ austeilen.

Leo war ziemlich religiös, doch auf eine diskrete und sehr individuelle Art. In seinem Zimmer trug er die Gebetsriemen und den Gebetsmantel und betete für sich allein. Das Jiddische mochte er nicht benutzen, denn in der Umgebung, in der wir lebten, galt es als ziemlich häßlicher Dialekt. Nur mit Ida sprach er in den ersten Jahren Jiddisch, solange sie noch keine andere Sprache konnte. Ja, es ist wahr, er fühlte sich nicht nur als Jude, sondern auch ganz und gar als Deutscher. Mit seinem runden Gesicht, den hellen Haaren und dem Knebelbart, auf den er so stolz war, sah er auch wie ein richtiger Deutscher aus und unterstrich dies durch gut geschnittene Anzüge, die er mit Weste trug.

Ich weiß nicht, ob es eine besondere Bedeutung hatte, daß Leo seinem erstgeborenen Sohn einen Namen gab, der die deutschen Nationalisten an ihren Volkshelden Hermann den Cherusker erinnerte, denn Hermann war auch unter Juden ein weitverbreiteter Name. Auf jeden Fall aber brachte Mama uns Töchtern nicht bei, koscher zu kochen, Papa gab uns keine jüdische Erziehung, und beide zusammen lehrten uns nicht Jiddisch. Es wurde uns nicht einmal gesagt, und uns kam es auch nie in den Sinn zu fragen, welchen jüdischen Namen Mama hatte. Dabei mußte sie einen haben, denn ihre Schwester Betty hieß Beile-Menuche und wurde in der orthodoxen Familie, in die sie eingeheiratet hatte, auch so genannt. Ich muß durchaus zugeben, daß unser jüdischer Glaube innerhalb der wenigen Jahrzehnte, die wir isoliert in Prökuls lebten, ziemlich verblaßt war. Von der Großmutter, die das Haar noch ganz kurz geschoren trug, zu uns Enkeln mit den deutschen Namen, die meistens nicht biblischer Herkunft waren, war es ein beachtlicher Sprung.

Auch wenn er nicht darüber sprechen mochte, bedeutete das Jahr 1933 für meinen Vater einen harten Schlag. Als ehemaliger deutscher Soldat, der in Preußen geboren war, das er gern als die Wiege der deutschen Sprache bezeichnete, konnte er wohl einfach nicht zugeben, daß er die Wiedervereinigung des Memelgebiets mit Deutschland fürchtete. Er gab vor zu glauben oder glaubte wirklich, es handle sich um eine völlig unrealistische Annahme.«

Während Ruth erzählt, kommt mir in den Sinn, daß mein Großvater es nur hätte über sich bringen müssen, den Atlas zu studieren, das einzige Buch aus dem Hause Isaak, das Ruth über den Krieg hat retten können. So oft ich diesen Atlas durchblätterte, habe ich mich gefragt, ob Leo ihn wohl konsultiert hat und wie ihm dabei zumute gewesen sein mochte. Als Erscheinungsjahr und -ort ist Leipzig 1928 angegeben. Natürlich ist man hinterher immer klüger, damals dagegen war es wohl schwer zu begreifen, daß ein Verlag, der in seinem Katalog die wichtigsten Werke der deutschen und europäischen Aufklärung führte, dennoch geographische Karten herausgab, die nur dazu dienten, den Revanchismus des deutschen Volkes anzustacheln. Wie anders ließe sich erklären, daß in der Zeit der Weimarer Republik mit einem Sozialdemokraten als Kanzler und Stresemann als Außenminister, der als großer Europäer in die Geschichte eingegangen ist, Deutschland auf den Karten weiterhin mit besonders dicker Markierung in den Grenzen vor dem Ersten Weltkrieg dargestellt wurde, die Elsaß-Lothringen, einen Teil von Dänemark, einen großen Teil Polens, das Sudetenland und auch das Memelgebiet einschlossen? Aber welcher europäische Staat war damals nicht revanchistisch?

»Ungefähr um die Mitte der zwanziger Jahre«, fährt Ruth unterdessen fort, »hatte sich die Lage auch bei uns in Litauen mit dem Machtantritt der extremen Nationalisten rapide verschlechtert. Heute kann ich nicht immer das, was ich damals über sie dachte, und die Schlußfolgerungen aus all dem, was danach geschehen ist, auseinanderhalten. Ich würde sagen, der litauische Antisemitismus unterschied sich in meinen Augen nicht sehr von dem der Nazis. Zumindest anfangs glaubten wir wohl, beide weniger fürchten zu müssen als den Antisemitismus der Polen. Der Antisemitismus schwelte weiter, nährte sich von nationalistischen Mythen, und auf einmal hörte man bei Massenveranstaltungen auf Straßen und Plätzen immer öfter Parolen wie: ›Litauen den Litauern!‹ Aber meine Mutter und vor allem mein Vater schienen dies als einzige nicht wahrzunehmen! Sie hatten es sogar geschafft, die Pogrome zu vergessen, von denen ihnen die Alten erzählt haben müssen und die sie in ihrer Jugend vielleicht sogar noch selbst miterlebt hatten. Ich selbst erinnerte mich an gewisse Erfahrungen aus meiner Kindheit und begann mich zu fragen, warum ich bei der allwöchentlichen Läusekontrolle von der litauischen Lehrerin immer einfach zu den verlausten Kindern gesteckt worden war, ohne daß sie meine Haare überhaupt angeschaut hätte. Und warum hatte meine Mutter mir dann ohne jegliche Erklärung immer die Haare mit der scheußlichen Flüssigkeit gewaschen, die auf der Kopfhaut brannte, obwohl sie genau wußte, daß es gar nicht nötig war. Es war, als hoffte sie, mich vor dem Antisemitismus schützen zu können, indem sie die erlittene Diskriminierung verheimlichte. Oder tat sie es, um die Autorität der Schule nicht in Frage zu stellen? War es richtig, alles einfach so hinzunehmen? In wessen Namen? Etwa im Namen eines preußischen Erziehungsideals? Dann war da auch noch der Priester, der in der Kirche predigte, die Juden würden dem Teig für den Osterfladen das Blut eines christlichen Kindes beimengen. War das etwa nicht der Grund dafür gewesen, daß Rotemarie, mein geliebtes katholisches Kindermädchen mit den roten Haaren, im ersten Jahr am Vorabend des Passahfestes weggelaufen war, obwohl sie später so sehr an unserer Familie hing? Bei uns zu Hause lachten wir über diesen Vorfall. Die Geschichte von Rotemaries Flucht und ihrer sofortigen Rückkehr, sobald der Matzen gegessen war, wurde ein Klassiker bei unseren späteren Sederfeiern. Rotemarie selbst erzählte sie.«

Auch heute noch erzählt Ruth die Geschichte mit Vergnügen, ich dagegen bin zu der Überzeugung gekommen, daß es wenig zu lachen gab, und ich bin nicht sicher, ob ihre Eltern vielleicht nur lachten, um nicht weinen zu müssen. Zwei Jahre vor Ruths Geburt hatte nämlich ein aufsehenerregender Prozeß begonnen, der sich über vier Jahre hinziehen sollte und wie gewöhnlich auf der Anklage des Ritualmords basierte. Das Verbrechen – der Mord an einem kleinen Jungen – war in Kiew geschehen, und die Zeitungen ganz Europas berichteten darüber. Die »Times« widmete dem Thema lange Berichte und verglich den Fall mit der Affäre Dreyfus. Die Vereinigten Staaten gingen so weit, durch die Kündigung des russisch-amerikanischen Handelsabkommens Druck auszuüben. Die litauischen Zeitungen, deren Haltung meistens ziemlich ambivalent war, räumten der elfstündigen Aussage des von der Anklage als Zeuge benannten theologischen Sachverständigen – es war ein katholischer Priester – breiten Raum ein. Trotz des traditionellen Antisemitismus der orthodoxen Kirche hatte sich kein Pope bereit erklärt, diese Rolle zu übernehmen. Der Sachverständige wurde im Prozeß als »gebürtiger Litauer, aufgewachsen im Wohngebiet der Juden und mit ihnen bestens vertraut« vorgestellt. Sicher haben Leo und Ida den Anfang seiner Aussage vor den Richtern in den Zeitungen gelesen, der sie tief treffen mußte. »Das jüdische Volk«, sagte der Priester, »ist von Moses verflucht worden, der gesagt hat: Gott wird euch überall in Ägypten verfolgen. Dieser Fluch hat sich bewahrheitet, da alle europäischen Juden ein Ekzem auf den Hinterbacken haben, alle asiatischen Juden die Krätze auf dem Kopf und alle afrikanischen Juden Furunkel an den Beinen, während die amerikanischen Juden an einer Augenentzündung leiden, die sie schwachsinnig macht.« Daß die Großeltern über diese Worte lachen konnten, glaube ich kaum. Der Heilige Stuhl hat dem Priester nicht widersprochen. Danach gab es eine weitere beunruhigende Tatsache. Da im Prozeßverlauf ein Journalist die wahren Urheber des Verbrechens entlarvte, nämlich eine Diebesbande, die dem Jungen die Kehle durchgeschnitten hatte, weil sie ihn als Augenzeugen fürchtete, wurde der Jude von der Anklage des Ritualmords freigesprochen. Dennoch wurde auf ausdrücklichen »Vorschlag« des Zaren in die Urteilsbegründung der Satz aufgenommen, der Junge sei »in einer Ziegelbrennerei, die einem Juden gehört« umgebracht worden, und deshalb konnte die antisemitische Presse letztlich doch triumphieren.

Und die Pogrome des Jahres 1919, dem ersten Jahr der Unabhängigkeit des neuen Staates? Und die Juden von Panevėžys, die man gezwungen hatte, mit bloßen Händen die Leichen ihrer bolschewistischen »Komplizen« auszugraben, um den katholischen Friedhof zu reinigen? Und die Morde von Vilkomir und Seta, die Vergewaltigungen von Anyksciai, die man dagegen mit der angeblichen Kollaboration der Juden mit den deutschen Besatzern »rechtfertigte«? Und die Ausschreitungen von Utyana und Radvilishkis, bei denen katholische Priester die »Patrioten« von Kavarskas anführten? Diese Tatsachen hatten sogar die Vertreter Litauens bei der Pariser Friedenskonferenz zugeben müssen. Nichts von all dem wurde Ruth je erzählt.

II

Wenn ihr fremde Menschen zum ersten Mal vorgestellt werden, legt Ruth ein besonderes Verhalten an den Tag. Nach dem Austausch der üblichen Höflichkeitsfloskeln nimmt sie sofort ihren Akzent und ihre vielleicht etwas zu groß geratene Nase zum Anlaß, um klarzustellen, daß sie Jüdin ist. Dabei blickt sie ihrem Gegenüber mit einem Lächeln fest in die Augen.

»Ich tue das, um vorzubeugen und auch als Reaktion gegen viele meiner Freunde, die meinen, sie werden akzeptiert, wenn sie ihr Judentum verstecken. In Litauen hat es uns nichts genützt. Heute weiß ich, warum ich Jüdin bin, aber mit zwanzig Jahren war es anders. Ich hatte schon ein sehr tiefes Empfinden für meine Identität, brauchte sie jedoch nicht zu definieren ... Es war eine Mischung aus den Geschichten, die wir als Kinder gehört hatten, der Hoffnung auf einen einzigen Gott, den Familienritualen, der Kerze am Sabbat, dem gefüllten, im süßen Sud gekochten Karpfen und dem Nudelauflauf mit Zimt, Gerichte, die in Prökuls nur wir aßen. Dazu gehörte der Segen, den mein Vater für alle neuen Früchte sprach, die im Lauf des Jahres auf den Tisch kamen, der Arme, der bei uns zu Gast war und auf dem Kachelofen in der Küche schlief, der freie Platz für den Propheten Elias beim Passahmahl und viele andere Dinge, die unmöglich zu beschreiben sind. Zu Beginn der dreißiger Jahre hatte ich plötzlich den ganz vagen Eindruck, daß sich etwas änderte. Es sah so aus, als hätten die anderen entdeckt, warum wir Juden waren, und würden uns deshalb meiden. Ja, sie gingen uns aus dem Weg, auch wenn mein Vater ›dieses Gerede‹ nicht hören wollte.

Und doch schien man es in der Luft zu spüren, es verwandelte die Menschen. Im ersten Jahr Gymnasium wurde ich die beste Freundin von Martha Kapust, einer preußischen protestantischen Klassenkameradin. Jeden Tag rannten wir gemeinsam, um den Zug nach Memel zu erreichen. Wir vertrauten einander alles an und verbrachten den größten Teil der Nachmittage zusammen, bevor wir den Zug nach Hause nahmen. Obwohl wir ganz nahe beieinander wohnten, schrieben wir uns gelegentlich Briefe.

Im Frühjahr 1930, oder vielleicht ein Jahr später, geschah etwas für mich damals Unerklärliches, das mir sehr weh tat. Ich war fünfzehn oder sechzehn Jahre alt, und Martha vertraute mir an, daß ihre ältere Schwester heiraten werde. Natürlich konnte ich mich kaum halten vor Neugierde, den Verlobten kennenzulernen, und freute mich schon auf das Hochzeitsfest, besonders weil ich hoffte, meine Mutter werde mir aus diesem Anlaß erlauben, zum ersten Mal ein elegantes Kleid zu tragen, wie eine richtige Dame. Doch ich wurde gar nicht eingeladen. Martha war aufrichtig betrübt und versuchte mir zu erklären, daran sei nur die Familie des Bräutigams schuld. ›Weißt du‹, sagte sie zu mir, ›ihr seid anders als wir, sie hätten es vielleicht nicht verstanden, du mußt uns verzeihen, aber...‹ Dennoch wollte ich am Hochzeitstag aus Neugierde die Gäste wenigstens von weitem sehen. Die Kirche lag außerhalb des Ortes im Grünen, und ich stellte mein Fahrrad in einiger Entfernung hinter einen Baum. Die Gäste waren elegant gekleidet, viele Männer trugen einen Zylinder, und fast alle hatten am Revers ein Abzeichen, das ich bis dahin noch nie gesehen hatte.

Der Vorfall trübte unser Verhältnis nur vorübergehend, unsere Freundschaft blieb davon unberührt. Anfang 1932 legte mir Martha einen Brief in die Hand, als unser Kutscher uns mit dem Schlitten an den Bahnhof brachte. Wir waren beide noch nicht siebzehn:

›Meine liebe kleine Ruth, heute sollst Du Deine Charakterbeschreibung haben. Es sollen vielmehr meine Gedanken über Dich sein.

Äußerliches: Wie Du aussiehst, wirst Du wohl selber wissen, und Du hörst ja oft genug die Komplimente, die Dir gemacht werden. Aber eigentlich sind das gar keine Komplimente, sondern nackte Tatsachen. Ich will darüber auch nicht viel schreiben. Du bildest eine glückliche Ausnahme unter denen, deren Aussehen je nach den Umständen schwankt. Dein Äußeres ist verhältnismäßig gleichbleibend. Nur daß am Abend und bei Lampenbeleuchtung Deine Haut, wenn sie gepudert ist, weißer und ebenmäßiger wirkt. Dein Teint ist auch bei Tage rein, nur sind auf der Nase, wenn sie ungepudert ist, kleine Unebenheiten. Dein Haar glänzt, die Augen sind sehr ausdrucksvoll, der Mund ist klein und gut geformt. Die Nase könnte besser sein, aber sie paßt eigentlich sehr gut in Dein Gesicht. In Deinen guten Kleidern wirkst Du wunderbar. Deine Hände und Nägel sind gut geformt und gepflegt. Deine Beine könnten etwas schlankere Fesseln haben, sonst sind sie aber auch gut.

Die Wirkung Deiner Erscheinung: Du machst auf jeden einen guten, gepflegten Eindruck. Du hast ein sicheres, natürliches Auftreten, das jedem gefällt. Dein Benehmen andern gegenüber ist freundlich und zuvorkommend, und deswegen kenne ich keinen, der nicht sagt: ›Ruth ist ein hübsches, nettes Mädel!‹ Darauf darfst Du Dir ruhig etwas einbilden. Auch Leute, die sonst gegen Juden sind, sagen: ›Man darf nicht verallgemeinern, es gibt auch Ausnahmen. Zum Beispiel ist Ruth I. ein tadelloses Mädelchen.‹

Geist und Intelligenz: Du machst auf jeden einen intelligenten Eindruck. Man kann sich mit Dir blendend unterhalten. Auch in Gesellschaften weißt Du stets das rechte Wort zu treffen. Du weißt über alles ein wenig Bescheid, das genügt, um etwas reden zu können. Ihr seid zu Hause eine große Familie, und jeder erzählt, was er gehört und gesehen hat, und deshalb kannst Du Dich mit alt und jung gut unterhalten. Darum beneide ich Dich zum Beispiel.

Sport und Ruth: Du treibst zuwenig Sport. Du hast so einen guten Körper, den Du aber viel mehr trainieren müßtest. Du bist sehr gelenkig und geschickt. Deshalb kannst Du auch so gut tanzen und bist gut im Turnen. Mit Kraftübungen ist es nicht weit her. Schlittschuhlaufen kannst Du auch nicht. Radfahren, Schwimmen: geht so. Laufen kannst Du auch ganz gut, dank unseres Trainings am Morgen, um die Bahn zu erreichen.

Ruth und die Liebe: Du bist dem männlichen Geschlecht gegenüber – ich glaube aber, unbewußt – raffiniert. Zu den meisten ist Dein Verhältnis nur freundschaftlich, keine Liebe. Und wie Du sehr wohl weißt, reizt gerade Widerstand die meisten. Es gibt viele, die Dir mehr als Freund sein möchten, die Du aber immer zurückweist. Wie sehr sie Dich lieben, kannst Du daran sehen, daß sie immer wieder von neuem Anlauf nehmen. Dann tanzt Du gut, man unterhält sich mit Dir blendend, also bist Du sehr beliebt. Trotz alledem stehst Du der ganzen Liebe noch fremd wie ein Kind gegenüber. Du bist furchtbar leidenschaftlich und sinnlich, nur schlummert das alles noch. Wenn der Richtige, den Du auch liebst, kommen würde, würdest Du Dich hemmungslos hingeben. Aber bis jetzt gehst Du an all dem gleichgültig vorüber. Da ich in puncto Liebe schon mehr Erfahrung habe, weiß ich genau, aus welchem Gefühl bei Dir so manches Wort über Liebe entspringt. Weil Du aber so vieles noch gar nicht kennst, kann ich Dir auch nicht alles erzählen, was ich erlebt habe, weil Du das gar nicht verstehen könntest. Auch würde es so manches Erlebnis entweihen und ihm den Reiz eines Geheimnisses nehmen. Du wirst den Richtigen auch sehr glücklich machen. Erstens hast du den Körper dazu, und zweitens kannst du ihm neben körperlicher Liebe auch noch Dein reiches Innenleben geben. [...]

Du kannst Dich noch wie ein Kind freuen, traurig, lieb und vertrauensvoll sein. Deine Eltern, besonders Deine Mutter, liebst Du mit kindlicher Dankbarkeit. Das ist etwas Wunderschönes, Ruth, und lasse Dir dieses Gefühl nie nehmen und zerstören. Es erleichtert Dir vieles und wird es auch noch später tun. Ich glaube nicht, daß Du Dich mal deswegen schämen müßtest. Nur dumme

Menschen sagen: ›Wie kann man sich nur nach den Eltern richten und sie so achten?‹ Ruth, kennst Du die Welt? Freue Dich, daß Du ein so geschütztes und frohes Zuhause hast. Du darfst nie vergessen, was für eine sonnige Kindheit und Jugend Du verlebt hast und verlebst. [...]

Das tägliche Zusammensein in der Bahn und in der Schule verbindet uns natürlich auch sehr. Wir beide stehen uns so eigenartig schön gegenüber, daß andere Mädels dies Verhältnis gar nicht stören dürften. Wir müssen uns nur gegenseitig vertrauen. Wollen wir auch später so, oder vielmehr noch viel besser zusammenhalten und Freunde sein, auch wenn ich nicht mehr in der Schule bin? Du bist bei meinen Eltern gern gesehen, und da könnten wir uns doch oft besuchen, nicht wahr, kleine Ruth? Nun, liebes Mädel, Servus! Martha Kapust.‹

Im Winterhalbjahr 31/32«, fährt Ruth fort, »lernten wir bei unserem Lehrer in Werken die Anfertigung eines Fotoalbums. Von der Herstellung ›marmorierten‹ Kartons für den Einband mit den leinenverstärkten Ecken bis zur Bindung der dunkelbraunen Blätter mit einer Seidenkordel machten wir alles selbst in der Werkstatt der Schule. Martha und ich beschlossen, daß unsere Arbeiten die Alben unserer Freundschaft sein sollten.«

Ich nehme das Album meiner Mutter in die Hand. Als Kind hatte ich es während meiner Stöbereien in geheimen Schubladen unzählige Male gesehen. Es war etwas Vertrautes, aber doch irgendwie fremd. Die Fotos erschienen mir häßlich, viel zu klein, und ich fragte mich, wer die darauf abgebildeten lächerlich gekleideten Menschen überhaupt waren. Beim Durchblättern fällt auf, daß die drei mal vier Zentimeter kleinen Bilder sorgfältig symmetrisch angeordnet sind. Ruth hat sie mit kleinen schwarzen Selbstklebeecken angebracht. Die ersten Fotos zeigen vor dem Hintergrund verschneiter Landschaften eine Gruppe von Klassenkameradinnen im Schulhof, ein Bild der lächelnden Martha mit langen, bis auf die Brust fallenden Zöpfen; Martha mit Pagenkopf, breitbeinig dastehend, die Hände in die Hüften gestemmt, mit einem gewollt schelmischen Lächeln; Ruth, noch ein bißchen rundlich, in einem stark taillierten Mantel mit Ledergürtel, wie sie aufs Trittbrett des Wagens der dritten Klasse nach Prökuls steigt; die beiden Freundinnen, die sich vor kahlen Bäumen im Schulgarten umarmen. Sommer '32; Ruth und Martha sitzen in kurzärmligen Blusen auf der Wiese vor Marthas Haus, klettern auf einen Baum, tragen modische Mützen bis über die Ohren gezogen, tun so, als küßten sie sich auf den Mund, posieren am Flußufer in zweifarbigen Badeanzügen mit weißem Gürtel. Am Ende des Sommers taucht das Bild eines gutaussehenden, etwa dreißigjährigen Mannes mit Handschuhen und einer weichen Schirmmütze auf, der eine Zigarette zwischen den Fingern hält und eine Lederjacke trägt, unter der die Krawatte hervorlugt. Im Hintergrund sind Teile der Ziegelmauern eines Gutshofs oder einer Jagdhütte zu erkennen; der Mann lächelt und hält ein Pferd mit langer Mähne am Zügel. Auf den letzten Schnappschüssen vom Jahresbeginn 1933 ist kein Mensch zu sehen, nur wiederum schneebedeckte Landschaften. Die übrigen Seiten des Albums sind leer. Martha hat sich in den Junker des Fotos verliebt, die beiden Mädchen gehen zwar noch gemeinsam zur Schule, aber in ihrer Freizeit sehen sie sich nur noch selten. Jetzt, wo der junge Mann ihr den Hof macht, hat die Freundin vielleicht keine Zeit mehr für die unschuldigen Vergnügungen Heranwachsender. Oder ist für das Schweigen, das sich manchmal im Zugabteil zwischen ihnen ausbreitet, die Tatsache verantwortlich, daß er, wie es heißt, ein Sympathisant der Nazis ist?

Ruth erhält im März 1933, Hitler ist seit zwei Monaten an der Macht, einen zweiten Brief.

»In einem Jahr braucht sich nichts zu ändern, aber es kann sich auch vieles ändern«, schreibt Martha mit zwei dicken Unterstreichungen. »An Hand der alten Charakteristik will ich sehen, worin Du Dich meiner Meinung nach geändert hast. [...]

Das Verhältnis zwischen uns beiden: Eigenartig ist unser Verhältnis auch heute noch. Am meisten bedrückt uns wohl beide, daß wir es nicht so offen allen sagen können: Wir sind Freunde! Aber auch die Zeit wird kommen. Vor allem müssen wir einander vertrauen. Wahre Freundschaft läßt sich nicht von äußeren Geschehnissen beeinflussen. Vor allen Dingen muß das Gefühl: Wir stehen zu und für einander, da sein, alles andere ist Nebensache.

Sonstige Eigenschaften: Wie schon vorher erwähnt, hast Du alles Kindhafte abgestreift. Du hast gesehen, die Welt – besser die Menschen, sie machen ja die ›Welt‹ – ist grausam und ungerecht. Wenn man sich nicht selber Freunde schaffen könnte, müßte man verzweifeln. Du als Jüdin wirst vielleicht mehr darunter leiden als mancher andere. Deine Verhältnisse sind auch nicht so schön, wie ich es vor einem Jahr annahm. Du hast nur so eine Familie wie viele andere junge Menschen auch. Deine liebenswürdige, hilfsbereite Art den anderen Mädels gegenüber ist immer da, aber Du bist viel ernster und verschlossener geworden. Kummer und bittere Erfahrungen gehen eben nie spurlos an einem vorüber. Wie gefestigt Dein Charakter ist, habe ich so recht durch Deine Haltung gesehen, die Du in manchen schweren Stunden bewiesen hast. [Martha bezieht sich hier auf die ersten Nachrichten, die über antisemitische Maßnahmen in Deutschland nach Memel gelangten.] Deine Anpassungsfähigkeit ist noch größer geworden. Das wird Dir manches im Leben erleichtern. Vielleicht werden mal, um sich immer anzupassen, kleine Verstellungen nötig sein. Was schadet's schon? Heute wird überall voreinander Theater gespielt. Wer trägt keine Maske vor der Allgemeinheit? Wie schön, daß man wenigstens der Freundin gegenüber ehrlich sein darf! In inniger Freundschaft! Immer Deine Martha.«

Daß das Album nicht weitergeführt wurde, lag nicht nur an Marthas Liebe zu dem Junker; allen – außer vielen Juden – war klar, daß die israelitische Bevölkerung nur oberflächlich in die »normale« Welt integriert war. Deshalb war es gar nicht merkwürdig, wenn die »Arier« vor und besonders nach Hitlers Erfolg ihre »semitischen«

Freunde lieber nicht mehr vorzeigten. Anscheinend kam es Ruths Freundin gar nicht in den Sinn, daß ihre veränderte Meinung über die Familie ihrer Klassenkameradin durch die Ereignisse des Januar 1933 beeinflußt sein könnte. Wie hätte eine jüdische Familie jemandem, der gerade in eine preußische Junkerdynastie, das Rückgrat des neuen Deutschland, einheiraten wollte, zum Vorbild dienen können? Martha heiratete ihren nationalsozialistischen Offizier und fand nach dem Krieg nur ein paar unverbindliche Beileidsfloskeln für Ruth zum Tod ihrer Familienangehörigen, die »ebenso wie viele deutsche Soldaten und Zivilisten gestorben« seien. Unter ihren wertvollsten Erinnerungsstücken bewahrt meine Mutter auch heute noch einen Konfektteller aus Rosenthalporzellan mit Blümchen, drei Beinchen und durchbrochenem Muster am Rand auf, den ihr die Freundin geschenkt hatte, als sie Memel für immer verließ. Dennoch wollte sie nach dem peinlichen Gespräch unmittelbar nach dem Krieg nie mehr etwas mit ihr zu tun haben.

Ruth nahm also die wachsende Isolation ihrer Familie im Meer der Deutschen des Memelgebiets durchaus wahr. Doch der Weg zur vollen Bewußtheit wurde der Heranwachsenden zum Teil durch die Einstellung ihres Vaters erschwert.

»Ist nicht vielleicht der Antisemitismus der Grund dafür«, fragte sie eines Tages kurz vor ihrer Abreise nach Palästina ihren Vater, »daß deine Freunde nicht mehr, wie früher üblich, zum Kartenspielen zu uns kommen?«

»Nein!« protestierte er. »Schuld sind die anderen, die Nazis, die sie nicht kommen lassen!«

»Vielleicht weil unser Ofen so schön warm war, oder vielleicht weil wir einen Radioapparat besaßen, damals in Prökuls eine wahre Seltenheit, hatte es sich eingebürgert, daß Papas Freunde sich jeden Abend bei uns trafen. Es kamen einige Angestellte aus dem Rathaus, ein Musiklehrer, der Bürgermeister und andere Kaufleute wie Papa, die meisten hatten im Ersten Weltkrieg gedient, alle waren deutsche Protestanten. Sobald wir Frauen nach dem Ende unserer üblichen Partie Rommé oder ›66‹ in unser Zimmer hinaufgegangen waren, setzten sie sich an den Tisch, hörten Nachrichten, tranken ein bißchen Grog mit Rum und spielten beim Schein der Petroleumlampe Whist. Wenn es dann soweit war, brauchte Leo gar nicht den Finger in die Westentasche zu stecken, um nach seiner Uhr zu suchen, denn die Freunde verabschiedeten sich um zehn, spätestens halb elf von selbst. Ich erinnere mich an einen Abend im März '33. Seit einiger Zeit kamen mehr Leute als gewöhnlich, denn in Berlin ereigneten sich große Dinge, und alle wollten Radio hören: ›Hitler hat die Wahlen vom 5. März gewonnen... der Reichstag, der in der Potsdamer Garnisonskirche, der Grabstätte Friedrichs des Großen, zusammengetreten ist, hat ein Ermächtigungsgesetz verabschiedet...‹ Aus Berlin wurde berichtet, daß einer der führenden Nationalsozialisten, vielleicht Goebbels, die Deutschen zum Boykott ›jüdischer Geschäfte‹ aufrief. Ich erinnere mich noch genau, daß die Anwesenden bei diesen Worten aufsprangen und daß einer ›Verdammte Nazis!‹ schrie. ›Leo, wir werden dich verteidigen! Nur über unsere Leichen!‹ stimmten die anderen zu. Doch der Boykott war erfolgreich, und Anfang April wurden Juden aus öffentlichen Ämtern, aus den Krankenkassen und der Anwaltskammer entfernt. Dennoch schien sich Papa keine Sorgen zu machen und fand für seinen unverbesserlichen Optimismus sogar Bestätigung, als bekannt wurde, daß Hitler sofort auf die schriftliche Bitte des alten Generalfeldmarschalls Hindenburg, den jüdischen Veteranen des Ersten Weltkriegs eine solche Schmach zu ersparen, mit dem Versprechen reagiert hatte, diese nicht anzurühren. Dennoch wurden die abendlichen Besuche immer seltener, und in dem Aluminiumkessel mit dem gedrechselten Holzgriff auf der Platte des Sparherds, der nur zum Wasserkochen für Tee oder Rum benutzt wurde und innen ganz verkalkt war, verdampfte das Wasser ungenutzt aus der langen, gebogenen, vorn wie ein Schwalbenschwanz geformten Tülle. Ich meine sie vor mir zu sehen: die Beamten aus dem Rathaus, aus dem Gericht, den Bürgermeister, wie sie in den folgenden Tagen eilig, schon spät am Abend vorbeikamen, um sich zu entschuldigen und zu versichern, sie hätten nichts gegen meinen Vater und unsere Familie, um Gottes willen! Sie seien nach wie vor seine Freunde – sagten sie –, aber die paar Nazis im Dorf hätten angefangen, sie zu bedrohen, weil sie das Haus der Isaaks aufsuchten, und sie ... Leo müsse verstehen ... Ja, es werde sogar leider vorkommen können, daß sie auf der Straße, wenn die da in der Nähe wären, seinen Gruß nicht erwidern könnten...

Fliehen. 1935 war mir klar, daß es keine Alternative gab. Obwohl ich mich zutiefst als deutsche Jüdin oder jüdische Deutsche fühlte, wollte ich wohl meine germanische Hälfte loswerden, da mich das ›arisch‹ gewordene Deutschland verraten hatte. Auf der anderen Seite fühlte ich mich auch von dem Etikett ›Jüdin‹ eingeengt, das mir der antisemitische Teil der Bevölkerung von Prökuls zunehmend aufzwang. Es mag ein Gemeinplatz sein, aber dadurch wurde auch ich an die jahrhundertelangen, sinnlosen religiösen Auseinandersetzungen darüber erinnert, was ein echter Jude tun, sagen und essen darf. Ich folgte den Familientraditionen, sonst nichts. Ich war ein jüdisches Mädchen ohne religiöse Kultur, aber es hing mir zum Hals heraus, daß sich die ›Normalen‹ das Recht herausnahmen, mich mit dem zu identifizieren, was man ihnen über *das* Judentum beigebracht hatte. Ich hatte Angst vor der Zukunft und suchte die Freiheit, wie Etta.

Nach Palästina auszuwandern war bereits nicht mehr so leicht wie zwei Jahre zuvor, als Etta fortgegangen war. Mir bot sich die Gelegenheit bei der Makkabiade von 1935, den sportlichen Wettkämpfen, die in Palästina für die zionistische Jugend Europas organisiert wurden. In jenem Jahr waren die Spiele besonders gut besucht, und der größte Teil der tausendsiebenhundert Teilnehmer nutzte wie ich die Gelegenheit, um das Europa des Antisemitismus und der Intoleranz endgültig hinter sich zu lassen. Die britischen Behörden waren allerdings sehr geizig mit der Ausgabe der sogenannten ›Einwanderungsbescheinigung‹, und ohne dieses Papier hielt man sich illegal im Lande auf, außer man heiratete jemanden, der es besaß. [Die Zahl der ›Athletinnen‹, die zu diesem Hilfsmittel griff, war so groß, daß sie in die Geschichtsbücher Eingang gefunden hat.]

Mein Cousinchen kümmerte sich um alles und holte mich am Hafen von Haifa ab. Als ich mich in Marseille einschiffte, hatte ich als Geschenk für sie eine schöne Gänseleberpastete dabei, die ihre Mutter für sie gemacht hatte. Nicht eine von diesen dünnen Würstchen in der Speiseröhre der Gans, sondern eine richtige große Pastete, die auf der einen Seite dick und auf der anderen dünn ist. Es bedarf großer Geschicklichkeit, um die äußere Haut des Gänsehalses abzutrennen und ihn dadurch elastisch zu machen, und darin war meine Tante unübertroffen. In Litauen war die Gänseleberpastete vor allem bei den jüdischen Familien wegen des Schweinefleischverbots eine weitverbreitete Spezialität. Das französische Schiff war auf der Fahrt nach Indochina, und leider wurde dort asiatisch gekocht. Da ich an die baltische Küche meiner Mutter gewöhnt war, konnte ich diese mit Curry, Curcuma und Koriander gewürzten, in Sesamöl frittierten Scheußlichkeiten überhaupt nicht vertragen. Als mich Etta in die Arme schloß, mußte ich ihr deshalb gestehen, die Pastete während der Überfahrt aufgegessen zu haben. Sie winkte nur ab, denn es gäbe wichtige Neuigkeiten. Das Problem der Einwanderungsbescheinigung sei praktisch gelöst, sagte sie mit triumphierender Miene, denn ihr Bruder, mein Cousin Bruno, sei bereit ... mich zu heiraten. Ich muß gestehen, daß ich zunächst schockiert war, aber Etta ließ mir gar keine Zeit für Einwände, sondern erklärte, wir würden uns sofort wieder scheiden lassen, sobald ich die Bescheinigung in Händen hielte. Da wir beide Isaak hießen, würde die Einwanderungsbehörde überhaupt nichts merken. Wir kamen mit einem aufgeschlossenen Rabbiner überein, daß wir ihn nur zu benachrichtigen brauchten, damit er die ›Verstoßung‹ durch meinen ›Ehemann‹ festhielt. So machten wir es.

Natürlich hatten wir beschlossen, meine Eltern in Litauen davon nichts wissen zu lassen. Dennoch erhielt ich einige Zeit später einen Brief aus Prökuls, in dem Leo und Ida mit rührender Zurückhaltung fragten, ob ich … also ob es wirklich wahr sei, daß ich meinen Cousin geheiratet hätte. Sie machten mir Vorwürfe oder fragten mich vielmehr, warum ich sie nichts hatte wissen lassen, und versuchten auf alle mögliche Weise, mir zwischen den Zeilen zu verstehen zu geben, daß Bruno ein sehr guter Junge sei, weshalb sie auch nicht grundsätzlich gegen diese Heirat wären, auch wenn es, obwohl nicht verboten, so doch nicht üblich sei, unter Cousins zu heiraten… Vor allem aber sollte ich mich doch um Gottes willen melden! Natürlich beruhigte ich sie sofort telegrafisch und schrieb ihnen dann einen Brief, dem sogar Etta Grüße hinzufügte, um so auf indirekte Weise dafür einzustehen, daß wir ernsthaft gehandelt hatten. Sie wollten es nicht zugeben, aber meiner Ansicht nach hatten meine Mutter Ida Isaak und die Mutter von Bruno und Edda, die ja ebenfalls Ida Isaak hieß, sich schon mit dem Gedanken unserer Heirat vertraut gemacht. Weshalb sollten sie es sonst meinen Freundinnen weitererzählt haben, dachte ich, als ich in Haifa einen Brief meiner Freundin Gisel erhielt, einer Klassenkameradin, die kurz nach meiner ›Heirat‹ in Palästina aus unserem Memelgebiet geflüchtet war.

›Boston, 2. Juni 1936. Meine liebe Ruth‹, schrieb Gisel, ›schon lange wollte ich Dich mit einem Brief von mir überraschen, habe mir aber fest vorgenommen, Dich bestimmt zu Deinem Geburtstag an mich zu erinnern – und hier bin ich. Du wirst wohl schon wissen, daß ich inzwischen Harry Michelson, den Du auch kennst, geheiratet habe. Wir sind hier in den Vereinigten Staaten am 3. III. gelandet und sind sehr glücklich, aus Europa raus zu sein und hier in Ruhe leben zu können. Ruth, meinst Du nicht auch, daß das

Schicksal eigenartig ist? Du bist in Palästina und ich hier. Eva sollte wohl in der Schweiz sein oder gar schon in Spanien, wo sie ja hin wollte. Das hatte sie zumindest vor, als wir nach unserer Abreise aus dem Memelgebiet zusammen in London waren. Das ist der Lauf der Zeit, alle jungen Menschen gehen raus, weit weg von Zuhause. Ich kann mir vorstellen, daß Du schwere Momente erlebt hast; auch für mich war es hart, aber jetzt fühle ich mich geborgen. Ich möchte Dir von ganzem Herzen wünschen, daß sich das Schicksal für Dich endlich zum Guten wenden möge und von nun an nachsichtiger sein wird. Ich bin sicher, daß wir uns bestimmt irgendwo wiedertreffen werden. Sag, bist Du schon von Benno geschieden und vielleicht wieder verheiratet? Oder ist es noch nicht soweit? Ruth, Du mußt mir über alles, alles lang und ausführlich berichten, ja? [...] Und jetzt, liebe Ruth, will ich Dir noch recht herzlich zu Deinem Geburtstag gratulieren und Dir sagen, daß ich sehr, sehr oft an Dich denke. Schreib mir bitte bald. Einen Kuß von Deiner Gisel.‹

Die Geschichte mit Benno hatte dreizehn Jahre später ein unerwartetes Nachspiel. In der Zwischenzeit hatte er geheiratet oder, genauer gesagt, wieder geheiratet und Kinder bekommen. Ich lebte in Triest und war seit elf Jahren mit Guido verheiratet. Nach der Unabhängigkeitserklärung Israels nahm Benno im Juni 1948 an der Verteidigung des neuen Staates gegen den konzertierten Angriff der regulären arabischen Heere teil. ›Hast du gehört, daß die Ägypter bei Yad Mordechai die Überlebenden des Warschauer Ghettos niedergemacht haben?‹ fragte ihn ein alter Freund und jetziger Mitkämpfer, der ebenfalls die Shoah überlebt hatte, und fügte hinzu: ›Hier werden am Ende auch wir dran glauben müssen.‹ Benno schwieg, aber nach einer Weile fragte ihn der andere, der seinen Gedanken weitergesponnen hatte: ›Bist du sicher, daß der Rabbiner die berühmte Scheinheirat mit deiner Cousine rückgängig gemacht hat? Paß auf, wenn wir hier krepieren, sind deine Frau und deine Kinder...‹

So kam es, daß mein Ehemann und Cousin nach seiner Rückkehr nach Hause entdecken mußte, daß er Bigamist war, und die

Geschichte endete damit, daß er zuerst seine richtige Frau, dann seine falsche Frau – das heißt mich – verstoßen und dann die erste wieder heiraten mußte, die in zeitlicher Abfolge die zweite Frau war. Ein totales Durcheinander. Meine ›zweite‹ Eheschließung mit Guido im Jahre 1937 ging dagegen ganz glatt über die Bühne. Weder merkte bei dieser Gelegenheit im Rathaus von Triest irgend jemand etwas, noch zwei Jahre später, als wir uns unter dem Druck der italienischen Rassengesetzgebung, die unsere Zivilehe ungültig zu machen drohte, dadurch zu schützen versuchten, daß wir meine ›zweite‹ Eheschließung, die die erste mit Guido war, in der Kirche wiederholten. Wie es dieser merkwürdige Ritus verlangte, ging Guido ohne mich in die Kirche, an meiner Stelle gab ein Vertreter das Jawort. Wenn ich daran zurückdenke, war ich bei drei Hochzeiten, einer Verstoßung, einer Ungültigkeitserklärung (ich habe nie herausgekriegt, ob die von 1939 tatsächlich wirksam geworden war) und ihrer vermutlichen Revision, nur ein einziges Mal, nämlich bei der Heirat mit Guido, anwesend.

Dein Vater kam aus Zufall im Jahr 1935 als Prokurist des Lloyd Triestino nach Haifa. Er war achtundzwanzig und hieß damals schon Siro, denn die Faschisten hatten seinen Namen italianisiert, er aber stellte sich lieber mit seinem richtigen Namen Sirovich vor, an den er gewöhnt war. Die Familie stammte von der Mündung des Cattaro, und seine Vorfahren waren *paroni de barche*, eine Art Dynastie von Segelschiffkapitänen und später sogar Admiräle der zaristischen Flotte. Als die Ära der Segelschiffe zu Ende ging, mußten sie alles verkaufen, nach Triest übersiedeln und in den Dienst des ›Kaiserlich-königlichen österreich-ungarischen Lloyd Triestino‹ treten. Mindestens drei Generationen von Sirovichs waren Kapitäne auf den rad- und später schraubengetriebenen Linienschiffen des Lloyd Triestino. Guidos Großvater starb mit dreiundvierzig Jahren in einem brasilianischen Hafen an Gelbfieber, und seine Witwe mußte, um sich und ihre Kinder durchzubringen, sogar die Verdienstmedaillen des Verstorbenen verkaufen.

Guido wollte von der Seefahrt nichts wissen. Doch er reiste gern und nahm deshalb mit Freuden die Stelle als Revisor der Agentur in Haifa an, wo es zu Unregelmäßigkeiten gekommen war. Man hatte ihn nicht zufällig gewählt. ›Er war ein äußerst strenger, zugleich aber sehr verständnisvoller Mensch. Er war mein erster Chef, und von ihm lernte ich die Geheimnisse der Buchführung auf den sogenanten weißen Schiffen.‹ So charakterisierte ein ehemaliger Angestellter, der in den fünfziger Jahren als junger Mann bei ihm angefangen und in der Zwischenzeit zum Vorstandsvorsitzenden der Reederei Adriatica aufgestiegen war, Guido 1988, fünf Jahre nach dessen Tod in einem Nachruf einer Wirtschaftszeitung.

Bei seiner Ankunft in Haifa war Guido darauf vorbereitet, eine explosive Situation vorzufinden, denn er hatte schon in den italienischen Zeitungen Berichte gelesen mit Überschriften wie: ›Ganz Palästina in Flammen‹, ›Neue schwere Unruhen der Araber‹, ›Neue Morde in Palästina‹. Über Haifa waren gerade 500 Waffenkisten für die Haganah, die jüdische Untergrundarmee, eingeschleust worden. Die arabische Bevölkerung trat daraufhin sofort in den Generalstreik, und es kam zu blutigen Auseinandersetzungen mit der englischen Polizei und zu gewalttätigen Vergeltungsmaßnahmen gegen die jüdische Bevölkerung. Es schien unvermeidlich, daß die Spannungen weiter zunehmen würden, denn Haifa war der Anlaufpunkt für Flüchtlinge aus halb Europa, die wie ich hofften, in diesem vorwiegend arabischen Land Asyl zu finden. In zwölf Monaten waren fast 62.000 Menschen nach Haifa gekommen. Doch in der Stadt wimmelte es auch von Leuten, die durch einen Diplomatenpaß geschützt waren, von vornehmlich deutschen und italienischen Geheimagenten, die die arabischen Machthaber auf ihre Seite zu ziehen und gegen die Engländer auszuspielen versuchten.

Das Büro der Reederei war im Parterre eines modernen, heute würde man sagen, typisch faschistischen Gebäudes untergebracht, mitten in dem schmalen Streifen zwischen Hafengebiet und arabischer Kashbah, wo zahlreiche Banken, Schiffsagenturen und Firmen ihren Sitz hatten und alle Sprachen des Nahen Ostens und Europas durcheinanderschwirrten. Ab und zu, wenn hier Demonstrationen stattfanden oder die berittene englische Polizei angriff, verwandelte sich dieses aus allen Nähten platzende Geschäftsviertel an der Uferpromenade plötzlich in eine Art Niemandsland. Gegenüber der Agentur des Lloyd befand sich im zweiten Stock eines identischen Gebäudes das Restaurant und Café Curtis, wo ich als Kellnerin Arbeit gefunden hatte. Wir waren zu zweit und bedienten in unseren ganz normalen, aus Europa mitgebrachten Kleidern. Das Lokal wurde von Kaufleuten, einheimischen und ausländischen Spekulanten, von englischen Offizieren, Journalisten und jeder Art von Geschäftemachern besucht. Die arabischen Scheichs, von denen einige mit großem Pomp und großem Gefolge einschließlich Almosengeber auftraten, gaben die großzügigsten Trinkgelder.

Zwischen dem Besitzer und uns Bedienungen bestand eine perfekte Zusammenarbeit auf der Basis vollkommenen gegenseitigen Vertrauens. Es gab keinerlei Buchführung, Trinkgelder und Rechnungsbeträge landeten alle in unserem Geldbeutel, den wir am Gürtel trugen. In einem gewissen Sinne, denke ich, waren wir alle typische Beispiele für Flüchtlinge, deren Leben durch die Judenverfolgung eine abrupte Wendung genommen hatte. Die beiden Eigentümer des Lokals stammten aus der Tschechoslowakei: Sie war Professorin an der Prager Universität gewesen, er ein bereits bekannter Maler. Die ebenfalls aus der Tschechoslowakei stammende Köchin hatte gerade ihr Studium abgeschlossen; die Tellerwäscherin konnte als Berufserfahrung vorweisen, daß sie als Sekretärin von Thomas Manns Bruder gearbeitet hatte; die andere Bedienung war die älteste Tochter eines leitenden Angestellten der ungarischen Filiale der Assicurazioni Generali in Budapest, den Guido einmal zufällig in Ungarn kennengelernt hatte.

In der Mittagspause kam eines Tages der neue Buchhalter, den ich noch nicht kannte, zum Essen in unser Lokal. Er war groß, elegant, lustig, hatte rabenschwarze Haare und sah einfach gut aus. Als er und meine Freundin aus Budapest sich wiedererkannten, freuten sie sich riesig darüber, sich unter diesen ungewöhnlichen Umständen zu begegnen. Kaum daß wir miteinander bekannt gemacht worden waren, begann er mir den Hof zu machen. Anfangs sagte ich lachend, ich sei schon verheiratet. Aber die allgegenwärtige Etta klärte das Mißverständnis sofort wieder auf! Guido nahm es wie ein Mann von Welt auf. Einige Zeit später, ich glaube, wir gingen schon miteinander, deutete ich vorsichtig an, daß ich Jüdin sei, während er... Da brach er in Gelächter aus und sagte, er wäre bereit, Jude zu werden oder was auch immer ich von ihm verlangte. Wir bildeten im Curtis allmählich, wie man so sagt, eine feste Truppe. Jeder von uns sprach mindestens drei Sprachen, aber es gab keine, die wir alle gemeinsam benutzen konnten. Guido hielt zum *Circolo italiano* Distanz, wo es seiner Ansicht nach zu viele ›Erzfaschisten‹ gab. Ja, Guido besaß schon immer einen zu gradlinigen Charakter, um Karriere zu machen«, erinnert sich Ruth in gestellt vorwurfsvollem Tonfall. »Er war lieber mit uns zusammen. Mir gegenüber nahm er gern die Beschützerrolle ein. An einem der ersten Abende, an denen wir miteinander ausgingen, wollte er zeigen, wie gut er sich hier auskannte, und winkte den Kellner des Restaurants mit den Worten ›Chak Sameach!‹ herbei, womit er ›Bitte!‹ meinte. Der Angesprochene war völlig verblüfft und hielt Guido wohl für verrückt, weil er ihm mehr als drei Monate zu früh ›Frohe Festtage‹ gewünscht hatte.

Guidos Interesse für die Juden aus Mitteleuropa war 1933 erwacht, als die Listen der jüdischen Passagiere, die durch seine Hände gingen, plötzlich immer länger wurden. Er wollte, daß wir ihm über unser früheres Leben in Litauen oder Galizien erzählten und ihm die Bedeutung unserer Feste genauer erklärten. Ich kann mich noch erinnern, wie zufrieden er war, als wir ihn zu einer B'rit Mila, einer Beschneidung, einluden, und daß wir ihm ganz genau erklären mußten, wie er sich zu benehmen habe. Als ich ihn deswegen an meinen Cousin verwies, war er ein wenig beleidigt, einerseits wohl, weil Benno aus religiöser Sicht nach wie vor mein Mann war, und andererseits, weil er nicht wußte, ob er meinen Versicherungen Glauben schenken konnte, ich verstünde nichts von der Mila.«

Einige Monate nach Ruth kam Boris Bavilski nach Palästina, den Guido auf dem Foto von 1947 freundschaftlich an sich zieht. Er kam aus bescheidenen Verhältnissen, und seine Familie lebte in dem kleinen Dorf Kédainiai im Inneren Litauens, wo er 1908 geboren war. Anders als die Isaaks waren alle Bavilskis litauische Juden und sprachen Jiddisch. Boris war meiner Meinung nach nicht strenggläubig, aber seit dem letzten Schuljahr im Gymnasium in Kaunas Anhänger des politischen Zionismus. Heute hat Boris weißes Haar, und sein kräftiges Gesicht ist von Falten durchzogen, aber er steht immer noch zu seiner damaligen Entscheidung:

»Im Schicksalsjahr 1933 war ich fünfundzwanzig Jahre alt. Mir war sofort klar, daß wir uns auf das Schlimmste gefaßt machen mußten, und deshalb trat ich dem Betar bei, einer sogenannten revisionistischen zionistischen Bewegung. Offiziell orientierte sie sich an den Vorstellungen von Wladimir Jabotinsky, dem Gegenspieler von Chaim Weizmann. Als Führer der Mehrheit der Zionisten in der Diaspora verfolgte Weizmann das Ziel einer multinationalen und multireligiösen Gemeinschaft in Palästina und versuchte die Engländer in diese Richtung zu beeinflussen, ohne aber in direkten Konflikt mit ihnen zu geraten. Jabotinsky dagegen kämpfte für einen mehrheitlich jüdischen Staat zu beiden Seiten des Jordans, auch gegen den Willen der Mandatarmacht. Wir litauischen Mitglieder des Betar hatten zwar in der Tat sehr unterschiedliche Motive, denn wir waren nicht nur gegen die Nazis, sondern auch gegen die Bolschewisten, aber es ist überhaupt nicht wahr, daß wir im Zionismus den politischen Ausdruck der Lehre der Thora sahen.

Angesichts der Erfahrungen in der Vergangenheit waren wir der Meinung, Freiheit und Sicherheit nur in einem von Juden selbst geleiteten Staat finden zu können. Als er Ende der dreißiger Jahre das gewaltsame Vorgehen von Irgun Zeva'i Le'umi gegen die Araber unterstützte, folgten Jabotinsky nur wenige bei dieser problematischen Entscheidung. Doch in den Jahren 1935/36 war sein unermüdlicher Einsatz für die illegalen Einwanderer nach Israel wirklich großartig.

Ich trat den Revisionisten bei, weil ich einfach der Meinung war, mit dem Antisemitismus müsse endlich Schluß sein. Wir Juden mußten uns zusammenschließen, dachte ich, und uns, wenn es notwendig werden sollte, in den Ländern, die uns so ungern beherbergten, zur Wehr setzen. Daß wir die nationale Unabhängigkeit erobern mußten, stand für mich außer Frage, denn wir waren das einzige Volk auf der Welt, daß keinen eigenen Staat hatte. Und war Palästina nicht das Land unserer Väter, die Heimat, aus der wir vertrieben worden waren? Seit Jahrhunderten wiederholte man in jeder Synagoge im Chor: ›Nächstes Jahr in Jerusalem!‹ Wir hatten historische Rechte... Ich weiß wohl, daß man uns außerhalb von Israel nicht versteht. Auch Guido sagte mir schon vor vierzig Jahen, daß manche Argumente nur dazu zu dienen scheinen, bis in alle Ewigkeit Kriege zu entfachen, und daß auch in seiner Heimat jeder versuche, die Vergangenheit dazu heranzuziehen, um eigenen Forderungen Geltung zu verschaffen: die Italiener, um Anspruch auf Fiume und Dalmatien zu erheben, die Slawen wegen Pola und Triest... 1933 jedenfalls dachte ich, das ›nächste Jahr‹ sei nun gekommen, und wenn wir uns nun nicht beeilten, in Palästina Fuß zu fassen, würde es weder 1934 noch überhaupt je klappen. Natürlich wußte ich, daß da auch einige hunderttausend Araber lebten, aber ich war der Überzeugung, daß die armen Bauern von Judäa und Samaria von unserer Anwesenheit nur profitieren konnten. Wir waren doch nicht gekommen, um Menschen zu versklaven und sie zu verkaufen, wie das die Europäer in Afrika gemacht hatten, oder um sie auszubeuten wie die Engländer! Sogar die Italiener berauschten sich 1935 an der Idee des ›Impero‹; Guido ließ sich nicht einlullen, aber Guido war eben ein weißer Rabe. Wir wollten nur leben, arbeiten und für immer in Palästina bleiben. Ich trat dem Betar bei, weil er in Litauen gut organisiert war und mir die berühmte Einwanderungsbescheinigung besorgen konnte.

Zur damaligen Zeit hatten die Engländer gerade beschlossen, die jüdische Einwanderung zu bremsen. Die Jewish Agency hatte eine bestimmte Quote an Scheinen zur Verteilung bekommen, aber die Anfragen überstiegen bei weitem die vorhandenen Möglichkeiten. Nach dem Wortlaut des Völkerbundsmandats hatte unsere zionistische Agentur unter anderem aber die Aufgabe, die Regierung in London dabei zu unterstützen, in Palästina die Entstehung jener bewußt nicht näher definierten Wesenheit voranzutreiben, die unter dem Namen ›jüdische Heimstatt‹ lief. Wir Einwanderer sollten schon in unseren Herkunftsländern als Bauern, Fischer oder in sonstigen Berufen ausgebildet werden, mit denen wir uns im Nahen Osten das Überleben sichern würden. Der Betar richtete Kibbuz-Schulen ein und hatte deshalb von der Jewish Agency eine große Zahl von Einwanderungsbescheinigungen erhalten. Am Ende einer langen Ausbildung konnten diejenigen, die die Prüfung bestanden hatten, legal nach Palästina auswandern. [Mein Onkel spricht nicht davon, aber in einigen dieser landwirtschaftlichen Gemeinschaftssiedlungen erhielten die jungen Zionisten auch eine Ausbildung an leichten Waffen und in Kampftechniken.]

Fast zwei Jahre lang besuchte ich einen dieser Kibbuzim in Litauen und leitete seit 1935 selbst einen im Memelgebiet. Dort lernte ich Dina [Ruths Schwester mit den grünen Augen und rotbraunen Haaren] kennen, und wir verliebten uns sofort ineinander, so daß wir schon nach wenigen Monaten verlobt waren. Kurz darauf erhielt ich meine Einwanderungsbescheinigung, auf die ich schon so lange gewartet hatte. Trotzdem war es ein schmerzlicher Augenblick, denn niemand aus meiner Familie wollte mir folgen. Sie hielten mich fast für einen militanten Hitzkopf und sagten, ich übertreibe. Hitler verhalte sich ziemlich gemäßigt, die Nürnberger Gesetze beschränkten sich doch im Grunde auf das Verbot der Mischehen, die bei uns sowieso nicht üblich seien, und im übrigen sei man in Litauen und nicht in Deutschland.

Um den November herum brach ich zu meiner Reise in den revisionistischen Kibbuz von Atlit nach Rosh Pina im oberen Galiläa auf. Man lebte in Zelten und arbeitete den ganzen Tag, um den Boden urbar zu machen, Terrassenfelder anzulegen und Häuser zu bauen. Alles war strengstens Gemeineigentum, von der Hacke bis zur Unterwäsche. Wenn du ein frisches Hemd haben wolltest, gingst du zu dem dafür Verantwortlichen und verlangtest deine Größe. Wenn die nicht da war, machte es auch nichts. Wir waren jung, und alles fiel uns leicht, denn wir fühlten, daß unser Leben endlich einen Sinn hatte, weit weg von diesem verdammten Europa. Wir bauten unsere neue Heimat, und unser Kibbuz war ein erstes kleines Stück davon, das spürten wir. Der Boden, den wir bearbeiteten, war vom Anfang des Jahrhunderts an aufgekauft worden mit Hilfe der vielen kleinen Münzen, die Juden in der ganzen Welt in den blauweißen Sparbüchsen des Jüdischen Nationalsfonds gesammelt hatten. Auch bei uns in Kėdeainiai stand die Sparbüchse wie bei Ruth und Dina in der Küche. Die Araber hatten den Boden nicht bebaut und wollten nun nicht, daß wir ihn kultivierten! Sie sollten nur kommen und versuchen, uns zu vertreiben! Ob wir bewaffnet waren? Das war nicht nötig. Einmal erwischten wir zwei von ihnen, wie sie uns Obst stehlen wollten, das sie schon in vier Kisten gesammelt hatten. An diese Äpfel hatten wir so viel Mühe verwandt ... mit bloßen Händen hatten wir die Bäumchen gepflanzt und die Bewässerungskanäle gegraben! Wir luden die Diebe, so wie sie waren, auf einen Laster und fuhren sie durch die Straßen des nahen Araberdorfs. Das reichte als Lehre, sie ließen sich nie mehr blicken.

Dina folgte mir Anfang 1936 zusammen mit ihrer Schwester

Jenny. Als sie in Rosh Pina ankam, schwieg sie zuerst eine Weile, schaute sich um, sagte aber nichts. Das paßt nicht zu ihr, dachte ich mir, und tatsächlich verging auch nicht viel Zeit, bis sie anfing – du weißt, wie die Frauen so sind –, das eine oder andere zu kritisieren. Ihr zukünftiges Familienleben habe sie sich ganz anders vorgestellt; sie wolle einen großen Kachelofen in der Küche, um den sich wie in Prökuls alle versammeln konnten, ein Wohnzimmer, in dem die Kinder hin- und herrannten, ich sollte das Brot austeilen für alle, und in den Schränken solle unsere eigene Tisch- und Bettwäsche gestapelt sein … Wie die Dinge eben so gehen, dachte ich schließlich auch, daß sie vielleicht gar nicht unrecht hatte. So verließen wir den Kibbuz und heirateten; Dina erhielt die Einwanderungsbescheinigung, und wir zogen nach Haifa in eine Einzimmerwohnung. Tagsüber arbeitete ich in einer Fabrik, nachts als bewaffneter Nachtwächter.

In jenem Jahr fand im ganzen britischen Mandatsgebiet ein weiterer, diesmal sehr langer Generalstreik der Araber gegen die Engländer und gegen unsere Einwanderung statt. Als es im Hafen von Haifa praktisch keine Arbeiter mehr gab, ergriff ich die Gelegenheit, die Fabrik zu verlassen, und wurde Schauermann. Häufig kam es vor, daß ich an Bord gebeten wurde, einen Sack Zucker oder ein Ersatzteil zu besorgen. Mit solchen Gelegenheitsarbeiten besserte ich meinen Lohn als Hafenarbeiter und Nachtwächter auf. Dina begann gegen Bezahlung Mahlzeiten für die Offiziere und höheren Chargen der Schiffe zu bereiten, auf denen ich gerade arbeitete. Sie kocht gut und ist geschäftstüchtig. In ihrer Familie war sie deshalb berühmt: Wenn im Geschäft in Prökuls beispielsweise ein Mantel unverkäuflich blieb, rief ihr Vater sie. Sie redete und hängte sich so lange rein, stürzte sich auf den nächstbesten Bauern, der das Geschäft betrat, zupfte hinten am Mantel, wenn der Kunde sich im Spiegel betrachtete, und zupfte vorn, wenn er sich umdrehte, bis sie den Mantel tatsächlich loswurde. Außerdem ist sie eine brillante Unterhalterin, und ihr ist es zu verdanken, daß unser neues Heim immer voller Gäste war. Im Lauf weniger Jahre eröffneten wir eine Firma für Schiffsverpflegung. Als Ruth uns einweihte, daß sie heiraten würde, fuhren Dina und ich nach Beratung mit unseren Eltern nach Italien, um uns umzusehen. Wir hatten den Auftrag zu erkunden, wie die Lage in Triest und in der Familie des künftigen Bräutigams sei; damit will ich sagen, ob sie nicht zufällig judenfeindlich eingestellt waren. Guido unterstützte mich bei den Reisekosten und machte mich mit einigen Reedern in Triest bekannt.«

III

Ich weiß nicht, ob und inwieweit Onkel Fjershel (Ferdinand Zangen, geboren 1909) – der auf dem Gruppenfoto wie ein Engländer gekleidet ist – damals ein begeisterter Zionist war. Sofern er in Galizien in den Jahren 1937/38 von den heftigen Diskussionen hörte, die damals in Palästina um die Frage geführt wurden, ob es richtig sei, die Flucht der Juden aus dem von Hitler bedrohten Mittel- und Osteuropa zu ermöglichen, dürfte er wohl sprachlos gewesen sein. Auf der einen Seite stand Jabotinsky, der heftige Anklagen gegen die Engländer erhob, weil sie die Einwanderung bremsten, und gleichzeitig versuchte, Unterstützung für seinen Plan zu gewinnen, in einem Zeitraum von zehn Jahren eineinhalb Millionen Juden die Auswanderung aus Mitteleuropa zu ermöglichen. Dagegen wandte die Mehrheit der Zionisten ein, mit solchen Vorschlägen riskiere man, die antisemitische Auffassung zu bestätigen, die Juden seien ein Fremdkörper in ihren Ländern. Wenn Jabotinsky außerdem sagte, die Juden erwarte eine »Schreckensherrschaft«, warf man ihm Schwarzmalerei vor. Doch Jabotinskys Voraussagen waren alles andere als das!

Aus der Nähe, vom galizischen Gorlice aus gesehen, ließ das Vordringen Hitlers erschauern. Im Herbst 1938 war zwar noch nicht bekannt, daß der »Führer« schon seit einem Jahr den Plan für die bewaffnete Eroberung von »Lebensraum« im Osten gefaßt hatte. Doch nach dem »Anschluß« Österreichs im März, und nachdem im Mai Nachrichten über den Befehl zur »Zerschlagung der Tschechoslowakei« durchgesickert waren, gefolgt von der durch das Münchener Abkommen gebilligten Besetzung des Sudetenlands im Oktober, konnte man sich eigentlich nicht mehr wirklich der Illusion hingeben, daß Hitlers Expansionsgelüste befriedigt seien. Unter den Juden mußten der Brand von zweihundert Synagogen, die Verwüstung von Tausenden von jüdischen Geschäften, die Ermordungen und die erste Welle von Deportationen in Konzentrationslager, wie sie sich in Deutschland zwischen dem 9. und 14. November abgespielt hatten, auch den Verblendetsten die Augen öffnen. Jetzt waren die Tatsachen nicht mehr zu leugnen, wie dies noch gegenüber den Augenzeugenberichten aus Wien geschehen war. Dort waren Zehntausende eingekerkert, auf den Straßen verprügelt und gezwungen worden, die Abwasserkanäle und die Latrinen in SA- und SS-Kasernen zu putzen. Und dennoch wollten weder Ferdinands Vater noch seine Mutter den Tatsachen ins Auge sehen und klammerten sich verzweifelt an die Hoffnung, Hitler würde sich damit zufriedengeben, sein Großdeutsches Reich zu errichten, und sie in Frieden lassen.

Fjershels Eltern waren beide in Galizien geboren und hatten immer dort gelebt, wo die Familie der Mutter eine kleine Limonadenfabrik besaß. Nachdem er aus London, wo er nach der Promotion in Prag eine Ausbildung zum Facharzt für Tropenkrankheiten absolviert hatte, nach Gorlice zurückgekehrt war, fand Ferdinand seine Eltern allein und traurig vor, denn der zweite Sohn, ein Putzmacher, war 1937 nach Chile ausgewandert. Kurz nach den deutschen Pogromen im November machte Ferdinand eines Tages, halb ernst und halb im Scherz, wie es immer seine Art gewesen war, gegenüber seinen Eltern eine eindeutige Geste. Mit dem abgewinkelten Arm zeigte er abwechselnd mit dem kleinen Finger und dem Daumen auf das Fenster, durch das im Süden die vom ersten Schnee bedeckten Berge zu sehen waren. Papa und Mama taten so, als verstünden sie nicht. Ferdinand, der damals noch nicht die Gewohnheit angenommen hatte, von sich in der dritten Person zu sprechen, setzte nach: »Ich halte es mit den Engländern ... Balfour, die Heimstätte, versteht ihr? Ich gehe nach Palästina! Wenn es sein muß, schwimme ich.« »Aber es liegt Schnee ... unser Leben ist hier

... und dann wollen uns die Araber da drunten ja gar nicht«, wehrten die Eltern ab, die nie wußten, ob sie ihn ernst nehmen sollten oder nicht. »Das heißt dann, daß nur der Fjerdl geht«, erwiderte der Sohn in scherzhafter Anspielung auf die Kurzform seines Namens knapp. Vielleicht weil die Umschrift zwischen Hebräisch, Jiddisch und Deutsch schwierig ist, wurde Ferdinand seit je Fjershel gerufen und Fjerdl geschrieben.

Diesmal war es nicht nur der übliche Scherz. Bei der ersten Gelegenheit legte Ferdinand kühl die Lage dar: Nach der Einnahme des »Sudetenlands« waren die Nazis nur noch zweihundert Kilometer entfernt. Es war klar, daß sie auch noch den Rest der Tschechoslowakei und den polnischen Korridor vereinnahmen würden, der Ostpreußen vom Reich trennte. Sollten sie sich hier fangen lassen wie ein Vogel im Netz? Die zwei alten Leute aber waren nicht bereit, alles zu verlassen, sie führten alle möglichen Entschuldigungen an und klammerten sich an die Hoffnung, daß sich die Lage normalisieren werde.

Anfang Dezember packte Ferdinand seinen Rucksack. Papa und Mama verabschiedeten ihn mit Tränen in den Augen und versicherten, sie würden ihm bald folgen, obwohl beide Seiten wußten, daß dies eine Lüge war. Fjershel war jung, er konnte wieder neu anfangen, aber sie ... Nach wenigen Metern drehte der Sohn sich um und rief: »Ach was, es geht doch nur *Doktor* Zangen«, wobei er sich zum ersten Mal so ausdrückte, »Fjerdl und Fjershel werden immer bei euch bleiben.« [Ferdinands Eltern starben in der Gaskammer von Auschwitz.] Schnellen Schrittes entfernte er sich. Gorlice lag ungefähr zwanzig Kilometer von der tschechoslowakischen Grenze entfernt, aber um die Karpaten zu überqueren, mußte man einen langen Umweg machen. In der Tschechoslowakei angekommen, schlug sich Ferdinand bis Bratislava durch und schiffte sich auf einem Flüchtlingsdampfer nach Palästina ein, der über die Donau und das Schwarze Meer das Mittelmeer erreichte. Sie hatten Glück und wurden nicht von englischen Schiffen aufgebracht, so daß sie in der Nacht des 20. Dezember 1938 in Sichtweite der Küste von Netanya zwischen Tel Aviv und Haifa ankamen. Zur damaligen Zeit wollten die Engländer nach dem Münchener Abkommen die Araber auf ihre Seite ziehen, damit diese sich nicht mit Hitler verbündeten, und zögerten deshalb nicht, auf die Schiffe illegaler Einwanderer zu schießen. Das kleine Schiff näherte sich so weit wie möglich dem Sandstrand, ungefähr dort, wo sich heute die besten Hotels für wohlhabende Touristen befinden. Fjershel sprang mit den anderen ins eiskalte Wasser und versuchte, den Rucksack über dem Kopf zu halten. Heute kann er von sich behaupten, er sei nach Palästina gelangt, wie er es versprochen hatte, vielleicht nicht wirklich schwimmend, aber doch fast.

Da er keine Einwanderungsbescheinigung hatte, begnügte sich der Flüchtling in den ersten Monaten mit den unterschiedlichsten Arbeiten, immer in der Hoffnung, das berühmte Stück Papier zu ergattern. Drei Monate nach seiner Ankunft las er in den Zeitungen, daß die Tschechoslowakei in ein deutsches »Reichsprotektorat« verwandelt worden war. Seine Eltern würden zur Flucht nun den Weg über Danzig an der Ostsee nehmen müssen, das Hitler lauthals für Deutschland beanspruchte.

Bei Ausbruch des Krieges im September '39 gaben die Engländer ihrer Palästinapolitik wiederum eine neue Richtung: Obwohl das jüdische Heer nach wie vor illegal war, stellte man nun in Zusammenarbeit mit der Haganah gemischte Polizeisonderabteilungen auf, und gegen die arabische Guerilla wurden sogar englisch-jüdische »besondere Nachtstreifen« eingerichtet [nachzulesen in der *Encyclopaedia Judaica*]. Der in London ausgebildete Doktor Zangen ergriff diese Gelegenheit beim Schopf, trat in die illegale Haganah ein und wurde auf diese Weise fast zum englischen Polizisten. Zusammen mit der Uniform erhielt er endlich auch die heißersehnte Einwanderungsbescheinigung.

Als letztes Mitglied des Clans konnte noch Simon, einer von Ettas Brüdern, fliehen, der in Bayern lebte und ihr 1933 nicht hatte folgen wollen:

»Die Nachricht, daß mein Bruder in einem deutschen Konzentrationslager interniert war«, erzählt Etta, »erreichte uns in Haifa im Sommer 1940. Nachdem ich den ersten Schock überwunden hatte, versuchte ich verzweifelt, alle Hebel in Bewegung zu setzen. Zunächst gelang es mir, für ihn, meine Mutter und meine Schwester, von denen ich keine Nachrichten mehr hatte, Einwanderungsbescheinigungen zu erhalten. Über diplomatische Vertretungen, das Rote Kreuz und alle, die irgend nützlich sein konnten, schaffte ich es, wenigstens meinem Bruder das Papier zukommen zu lassen. Ungewöhnlich für die Deutschen«, bemerkt Etta dazu in ihrem ausgezeichneten Englisch mit deutschem Akzent, mit der Zigarette zwischen den Fingern, und für einen Augenblick hat sie ein Lächeln auf den Lippen wie auf dem vor vierzig Jahren geschossenen Foto, »aber sie ließen ihn frei. Auch Simon konnte sich auf einem der völlig überfüllten Flüchtlingsdampfer einschiffen, die noch nach Palästina fuhren. Aber die Engländer, die gegen die Juden wieder eine abweisende Haltung eingenommen hatten, brachten das Schiff auf und internierten alle Passagiere in einem Lager. Worauf warteten sie? Wir sagten uns hoffnungsvoll, sie würden die Passagiere nur registrieren und sie dann entlassen.

Nach wenigen Stunden jedoch verbreitete sich unter uns Verwandten wie ein Lauffeuer die Nachricht, die Internierten würden auf ein anderes Schiff verfrachtet, um sie auf die Insel Mauritius östlich von Madagaskar zu transportieren. Um die Ironie auf die Spitze zu treiben, trug das für den Transport bestimmte Schiff auch noch den italienischen Namen *Patria*, Heimat. Sofort alarmierte der illegale Informationsdienst den bewaffneten jüdischen Widerstand, und dieser plante einen Sabotageakt, um das Schiff am Auslaufen zu hindern. Wir als Verwandte der Flüchtlinge wußten nicht, was bevorstand. Mit den anderen zusammen stand ich an der Mole und weinte vor Wut, weil die famose Einwanderungsbescheinigung meinen Bruder zwar aus dem nationalsozialistischen Lager, nicht aber aus den Händen der Engländer befreit hatte, die doch angeblich unsere ›Heimstätte‹ errichten sollten. Plötzlich hörte man eine Art dumpfen Knall, das Schiff erzitterte, als ob es unter Wasser gegen eine Klippe gestoßen sei, und begann rasch zu sinken, statt manövrierunfähig zu werden – wie es die Attentäter geplant hatten, so erfuhr man später. Fast verrückt vor Angst und Verzweiflung suchte ich meinen Bruder unter den Hunderten von Menschen, die im Wasser um ihr Leben kämpften, während das Heck des Schiffs schon unterging und alles in seinen Strudel riß. Simon konnte rechtzeitig von der Brücke springen, und so kann man sagen, daß auch mein Bruder das Gelobte Land schwimmend erreichte. [Trotz allem kursiert in unserer Familie nach wie vor der Witz, Onkel Fjershel habe Simon nie verziehen, nun nicht mehr der einzige zu sein.]

Beim Untergang des Schiffs kamen 260 Flüchtlinge ums Leben. Die Überlebenden wurden begnadigt und durften in Palästina bleiben. Am 25. November 1940 dagegen wurden alle 1600 illegalen Einwanderer eines anderen Schiffs in den Indischen Ozean transportiert. Der Krieg dauerte bereits ein Jahr, Hitler und Stalin hatten längst die baltischen Staaten, Polen und südlich davon Bessarabien unter sich aufgeteilt; Rumänien war mit Deutschland verbündet, das Frankreich, die Niederlande, Dänemark und Norwegen besetzt hatte; Italien hatte Griechenland und in Ägypten die Engländer angegriffen.«

Sommer 1991.

Tante Dina, die das Bett hüten muß, hat mir erlaubt, die Familienfotos durchzusehen, während Boris meine Kinder im Auto zum Spielplatz fährt. Ich weiß nicht, ob der Onkel den alten Fiat 124 nur deshalb noch fährt, weil man sich mit dreiundachtzig Jahren nicht mehr so leicht an ein neues Auto gewöhnt. Vielleicht kann er sich aber nur nicht von dem verblaßten Aufkleber auf der Windschutzscheibe trennen, dem sichtbaren Zeichen dafür, daß auch er, obwohl schon zu alt, um aktiv zu kämpfen, seinen Beitrag zum Sechs-Tage-Krieg von 1967 geleistet hat. Diesen Aufkleber erhielten diejenigen, die das Heer dadurch unterstützten, daß sie mit ihren Privatautos die Soldaten an die Front brachten.

Beim Durchblättern der Papiere in der Schachtel von Tante Dina habe ich das etwas verwackelte Foto der Schwestern und ihrer Ehemänner gefunden, auf dem sie mit diesem merkwürdigen Glanz in den Augen lächeln und auf dem vor meiner Mutter auf dem Tisch eine Art Schuhkarton steht. »War das ein Geschenk, habt ihr einen Geburtstag gefeiert?« frage ich Boris bei seiner Rückkehr, sobald die Kinder nicht mehr *Yofi! Yofi* jauchzend durchs Zimmer tanzen. Dieses hebräische Wort für »Hoch soll er leben!« hat Boris ihnen beigebracht. »Nicht erinnern«, antwortet der in einem gebrochenen Italienisch, das er vor mehr als fünfzig Jahren von meinem Vater gelernt hat, und macht eine entsprechende Handbewegung dazu.

Einen Tag später richte ich dieselbe Frage an Onkel Fjershel, den ich in dem einzigen, abgewetzten Sessel des Hauses sitzend antreffe, wo er dabei ist, die letzte Nummer der angesehenen medizinischen Zeitschrift »Lancet« zu lesen.

»Doktor Zangen«, antwortet er mit dem ihm eigentümlichen Humor und spricht wie immer über sich in der dritten Person, »hatte gerade seine übliche Nummer mit der Erzählung der Kriegsabenteuer des Doktor Zangen abgezogen. [Das Abzeichen am Revers auf dem Foto von 1947 war das Military Cross, die höchste Auszeichnung des britischen Heeres.]

Doktor Zangen«, erzählt Onkel Fjershel, »gehörte zu den über 20.000 hier ansässigen Juden, die ihre Feindseligkeit gegenüber den Engländern wegen deren widersprüchlicher Haltung zur Errichtung einer jüdischen Heimstätte in Palästina hintanstellten und sich 1942 von den Streitkräften Ihrer Majestät zum Kampf gegen die Nationalsozialisten anwerben ließen, mit denen die arabischen Regierungen sympathisierten und die sie zum Teil sogar unterstützten.

Nach einer mehrmonatigen Ausbildung als Militärärzte wurden zwanzig frischgebackene Oberleutnants, darunter Polen und Juden aus Palästina, nach Kairo gebracht. Nach einer Parade mußten sie im Kasernenhof antreten und durften wählen, welcher Abteilung sie zugeteilt werden wollten. Im Sommer 1942 lag die Front nur fünfundsiebzig Kilometer von Alexandria entfernt, und es war klar, daß die Achsenmächte Palästina als Ziel im Auge hatten. Als der Oberst die Abteilung aufrief, die gegen Rommel geschickt werden sollte, meldete sich niemand. Da wirklich niemand die Hand heben wollte und der arme Oberst ziemlich dumm dazustehen drohte, sagte Doktor Zangen: ›Das macht Doktor Zangen‹, und so geschah es. Am 23. Oktober begann der Angriff auf El Alamein, wo der berühmte ›Wüstenfuchs‹ endlich das Fürchten lernen sollte! Die Deutschen wurden bis Tobruk zurückgetrieben und schließlich bis Tripolis.

Tunis schien schon in greifbarer Nähe, aber bei der großen Schlacht an der Mareth-Stellung riskierte der jüdische Wundarzt aus Galizien noch fast seine Haut, denn das gemischte Regiment des Doktor Zangen geriet gegen die neuen Tiger-Panzer ganz schön in Schwierigkeiten. Von dort aus schiffte unser Mann sich am 14. Juli 1943 mit einem englischen Regiment nach Sizilien ein. Nach der Wüste war es das Paradies, denn es gab Feigen, Zitronen, Melonen, wunderbare Dinge wie Bananen, Mandeln und und … [Auf der Insel fielen von Fjershels Bataillon 30 Soldaten, 26 wurden vermißt und 53 verletzt.] Dann nahm er an der Landung in Salerno teil, nicht ohne vorher John Fords Film ›So grün war mein Tal‹ gesehen zu haben, der bestens geeignet war, die Moral derer zu heben, die an der Gustav-Linie gegen die Deutschen kämpfen sollten. Erinnerungswürdig war die Schlacht um das Schloß von Caserta, wo es Doktor Zangen gelang, ein Bett mit Baldachin in den königlichen Gemächern zu erobern, deren Fußboden mit italienischen Fahnen geschmückt ist. [In Caserta, dem späteren Hauptquartier der Alliierten, wurde am 29. April 1945 die Kapitulation der deutschen Streitkräfte in Italien unterzeichnet; Onkel Fjershel übergeht die Kämpfe bei Calabritto und Damiano, wo es allein in seiner Truppe 227 Tote, Verletzte und Vermißte gab.]

So mußte er am 3. Februar 1944, zwei Wochen nach der Landung der ersten alliierten Truppen, bei Nettuno an Land waten. Vier Monate wurde um den Brückenkopf gekämpft, bevor die Deutschen endlich den Rückzug antraten. Von den ursprünglich vier Kompanien in Doktor Zangens Bataillon blieb nur eine einzige übrig. Der Artilleriebeschuß war so heftig, daß sogar die Evakuierung der Verletzten auf die Schiffe riskant war. Als von einem Vorposten, der unter deutschem Beschuß stand, die dringende Funknachricht kam: ›Viele Tote und Verletzte, Sanitäter tot, Arzt außer Gefecht, Entsatz sehr dringend‹, wurden Freiwillige gesucht. Doktor Zangen, der an diesem Tag wohl zu tief ins Glas geguckt hatte, sagte: ›Das macht Doktor Zangen.‹ Auch ein südafrikanischer Quäker meldete sich als Sanitäter. Trotz des aufgemalten roten Kreuzes beschossen die Deutschen den Jeep des Juden und des Quäkers, die mit Vollgas auf den staubigen Pfaden zu dem Vorposten, einer Art Bauernhof in den Hügeln, hinauffuhren. Überall Tote und Verletzte der Deutschen und Alliierten, die vor Schmerzen schrien. Kein Soldat war mehr auf den Beinen, die Mauern waren zerschossen, und über das Dach pfiffen die Kugeln. Sie rannten hinein und fanden dort einige Tote, einen röchelnden Verwundeten, den Arzt und den Sanitäter blutüberströmt, jedoch nur durch Splitter leicht verletzt. Der Arzt, der Doktor Zangen nicht kannte und nicht wußte, daß er Jude war, schrie: ›Ihr seid zu spät gekomen, die unseren haben sich zurückgezogen, wir sind Gefangene!‹ ›Was heißt Gefangene? Es sind ja keine Deutschen zu sehen‹, antwortete Doktor Zangen. ›Sie stehen mit einem Maschinengewehr hinter dem Haus, ihr könnt euch nur noch ergeben, sie haben euch sicher kommen sehen.‹ ›Aber Doktor Zangen kann sich nicht gefangennehmen lassen!‹ ›Warum?‹

fragte der andere. ›Weil, ja ... weil er keinen Pyjama dabei hat!‹ antwortete Doktor Zangen.«

»Was hast du in dieser Situation getan, oder besser, was hat er getan?« fragte ich gespannt.

»Doktor Zangen rutschte auf Knien und mit erhobenen Händen zum Vorderausgang hinaus und hinter das Haus. Sobald die acht Deutschen ihn sahen, richteten sie die Waffen auf ihn. ›Kameraden‹, sagte er in perfektem Deutsch, ›man hat mich gezwungen, die englische Uniform zu tragen, ich bin ein deutscher Arzt und wurde bei Tobruk gefangengenommen. Weil sie nicht genügend Ärzte haben, wurde ich dazu gezwungen.‹ [Bei der Erzählung dieser Komödie in der Tragödie läßt Fjerehel seinen Protagonisten Deutsch und in der ersten Person sprechen.] Einer der Soldaten schrie, auf den Mann zu schießen, ein anderer, man sollte ihm nicht glauben, ein dritter aber brüllte ihn an: ›Ach ja, Deutscher, und woher?‹ ›Aus Stuttgart‹, anwortete Doktor Zangen, der dort gearbeitet hatte. ›Ich wohne in der Hauptstätter Straße, Ecke Sophien.‹ Da mischte sich ein anderer ein, anscheinend tatsächlich ein Stuttgarter, und fragte: ›Was für ein Geschäft ist an der Ecke?‹ ›Da gibt es zwei‹, antwortete Doktor Zangen, ›eine Bäckerei und den Lebensmittelladen, der dem glatzköpfigen Rudi gehört.‹ Sofort entspannte sich die Situation. Zwar hielten die Deutschen noch die Waffen auf ihn gerichtet, aber man merkte, daß sie verblüfft waren. Doktor Zangen redete weiter, immer noch mit erhobenen Händen, ohne ihnen Zeit zum Nachdenken zu lassen, und erklärte, der südafrikanische Sanitäter, der im Haus geblieben war, dürfe ihn nicht hören, denn der sei ein ›Qua-qua-qua‹, ein geschwätziger Dummkopf, er aber, Doktor Ferdinand Zangen, sei wirklich ein Kamerad, Heil Hitler!, der sich bei den Engländern nur verstellt, aber wann immer er konnte deren Verwundeten, diesen Schweinen von demoplutokratischen Juden, den Hals umgedreht habe, aber die Deutschen hätte er gut versorgt, keiner sei ihm je unter den Händen gestorben und darauf sei er sehr stolz, und das alliierte Lazarett sei nur wenige Kilometer entfernt, wohingegen ihres, das heißt unseres, wer weiß wie weit weg sei, so daß all die verwundeten Kameraden – ›Hört nur wie der schreit, er wird verbluten!‹ – nicht mehr auf den Krankenwagen warten könnten, denn wer weiß, wann der komme, während der Jeep ja schon dastehe, wenn sie nur wollten, das englische Lazarett sei sehr gut, und er habe freie Hand, man müsse sie dort hinbringen, wenn man sie nicht sterben lassen wolle, und er garantiere mit seinem Leben dafür, daß er sie gut versorgen werde, für den Endsieg, Heil Hitler!, einem deutschen Kameraden müßten sie doch glauben, daß ... Sie nähmen eine schreckliche Verantwortung auf sich, wenn sie ihren verwundeten Kameraden keine Hilfe zukommen ließen, sie sollten sich nicht aufregen, sie müßten es verstehen, aber andernfalls wäre er eines Tages gezwungen, es zu erzählen... Sie sollten es für ihre Familien tun, auch er habe in Stuttgart...

Die Deutschen ließen Doktor Zangen die am schwersten Verletzten auf den Jeep laden, hielten aber den Quäker als Geisel zurück. Eine Stunde später kehrte er mit dem leeren Jeep zurück, und sie erlaubten ihm, weitere sechs mitzunehmen. Die Atmosphäre hatte sich weiter entspannt, die Deutschen machten sich am Radio zu schaffen, und Doktor Zangen glaubte ihren Gesprächen entnehmen zu können, daß sie die Verbindung zu ihrer Abteilung verloren hatten. Die Schlacht tobte weiter, die Geschosse gingen auch in unmittelbarer Nähe des Bauernhofs nieder, und man verstand überhaupt nicht mehr, aus welcher Richtung sie kamen. Das Durcheinander nutzend, überredete Doktor Zangen die Wehrmachtssoldaten, ihn auch einige verletzte Engländer mitnehmen zu lassen, weil denen im Lazarett sonst ein Licht aufginge. Im letzten Moment sprang auch der Quäker auf den Jeep, und der *Kamerad* Doktor Zangen glaubte zu träumen, weil er es tatsächlich geschafft hatte.«

»Captain Zangen, Ferdinand, vom 10. Batallion des Königlichen Regiments Berkshire meldete sich als Freiwilliger für eine gefährliche Mission, erreichte – unter starkem Beschuß aus Maschinengewehren und einer Spandau – die Verwundeten des Regiments, trat unbewaffnet, absolut unerschütterlich und mit bemerkenswertem Humor dem Feind gelassen entgegen, vermochte ihn schließlich mit seiner bestimmten Art zu bezwingen und einzuschüchtern und brachte ihn dazu, die britischen Verletzten zu unseren Linien evakuieren zu lassen... Diesen Mut, Altruismus und dieses Pflichtbewußtsein hat er während des ganzen Italienfeldzugs an den Tag gelegt. Immer guter Laune und nicht aus der Fassung zu bringen, flößte er den Menschen seiner Umgebung Zuversicht ein... *Wadi* La Cogna [statt des italienischen »Valle« verwendeten die Engländer immer noch die afrikanische Terminologie], Anzio, 22. Februar 1944.« Das ist der Wortlaut der Urkunde zur Verleihung des Military Cross, die ich im Londoner Militärarchiv aufspüren konnte. Das Original hat Fjershel einem Unbekannten geschenkt, der behauptete, irgendein Geschichtswerk zu verfassen, und der«, so bemerkt mein Onkel lächelnd, »das Papier mit General Alexanders eigenhändiger Unterschrift wohl auf einem Flohmarkt verscherbelt hat«. Captain F. Zangen sei die »Unerschütterlichkeit in Person« gewesen, so charakterisiert ihn ein Militärgeschichtsbuch, und ein anderes nennt ihn den »hervorragendsten Menschen, den man sich denken kann«.

»Jetzt habe ich dir meine Geschichte erzählt«, schließt Onkel Fjershel unerwarteterweise in der ersten Person. »Über *Doktor* Ferdinand Zangen weißt du nun mehr als Doktor Zangen selbst und sicher mehr als Fjershel und Fjerdl. Die sind in Galizien geblieben.« Bei diesen Worten schließen sich seine Augen zu zwei schmalen Schlitzen. [Heute gibt es nicht einmal mehr Ferdinand, denn im Telefonbuch von Haifa ist mein Onkel als Zangen, Efraim, eingetragen.]

Er schaut sich um, sucht nach einem Geschenk für mich und sagt: »Da, gib mir das Foto, das neben Jenny an der Wand hängt.« Ich stehe auf und folge der Richtung seines Zeigefingers, den er von der Krücke wegspreizt. Ruths Schwester ist vor etwa zehn Jahren an Krebs gestorben, doch das strahlende Lächeln der mandeläugigen Fünfunddreißigjährigen auf dem Bild, das fast allein an der seit langem renovierungsbedürftigen Wand hängt, erfüllt auch heute noch sein Leben. Auf dem kleinen Foto daneben ist mein Onkel in der Uniform eines englischen Militärarztes mit einer winzigen Brille auf der Nase und dem Ordensband auf der Brust vergnügt lachend neben einem großen Affen zu sehen, der ihm gerade die ordentlich gekämmten Haare lausen will. »Das Foto haben sie in Addis Abeba einige Monate nach Kriegsende geschossen. Willst du es haben? Es war nie zu etwas gut«, fügt er hinzu. »Jedes Mal, wenn ich es jemandem zeigte, wurde ich gefragt, wer von den beiden Doktor Zangen sei.«

Ein Jahr nach Onkel Fjershels Tod im Jahr 1994 habe ich zufällig einen Militärhistoriker gefunden, der in den Jahren 1943 und 1944 mit ihm zusammen am Italienfeldzug teilgenommen hatte: »Niemand wußte, daß Captain Zangen Jude war«, schreibt Mr. David West. »Er rettete mir das Leben, als ich bei Damiano verwundet wurde. Ich kann Ihnen berichten, daß Ihr Onkel, nachdem General Alexander die Begründung für die Verleihung des Military Cross verlesen hatte, aufsprang und rief: ›*But Sir*, ich habe alle diese Dinge doch gar nicht getan.‹«

Natürlich nicht, es war ja Doktor Zangen gewesen.

Zweiter Teil

Die letzten Briefe aus Litauen

Der Weg der Flucht einiger Angehöriger der Familie Isaak und die Orte, wie sie in den Briefen erwähnt werden (gewöhnlich in der deutschen Form, manchmal litauisch, manchmal jiddisch). Die Hakenkreuze zeigen den raschen Vormarsch der deutschen Truppen im Juni 1941.

IV

Als 1947 das Foto der Schwestern Isaak und ihrer Ehemänner in Haifa entstand, feierten sie nicht Fjershels militärische Auszeichnung. Sie waren zwar erleichtert, sich nach dem Krieg endlich wohlbehalten wieder zusammengefunden zu haben, aber an dem Schleier von Traurigkeit auf ihren Gesichtern war nicht allein der leicht verwackelte Schnappschuß schuld. Nur durch Zufall und erst vor kurzem habe ich das verstanden.

Ich hatte Lust, meine ziemlich abgetragene Skimütze, die ich vor mehr als zwanzig Jahren auf den Bergen der Tofane gefunden hatte, etwas herzurichten, und wollte drei neue bunte Bommel aufsetzen. Dazu eignete sich nichts besser als die Wollreste, die meine Mutter immer schon unter Mottenkugeln in Plastiktüten aufbewahrt. Obwohl sie dagegen protestierte, weil ich ihren Schrank unweigerlich in Unordnung bringen würde, begann ich zu kramen. Als ich ein erstes Knäuel gefunden hatte, wollte meine Mutter, daß ich es ihr von der Leiter herab zeigte.

»Hellgelb«, ruft sie mit einem plötzlichen Leuchten im Gesicht aus, »das war das erste Pulloverchen, das ich für dich gestrickt habe, als du noch in meinem Bauch warst und ich noch nicht wußte, ob du ein Lifio oder eine Nora werden würdest.« [Ich habe erst als ich längst erwachsen war realisiert, daß meine *jiddische mame* halb Italienisch, halb Triestiner Dialekt mit starkem deutschen Akzent spricht. Nora war der richtige Name von Ruths jüngster Schwester, die alle Putti nannten. Wenn ich ein Mädchen geworden wäre, hätte ich nach ihr benannt werden sollen.]

»Dieses Grau ist von einem Pullunder für Papa. Erinnerst du dich, wie er sich immer darüber beschwerte, daß ich die Pullover für ihn entweder zu groß oder zu klein machte? Laß mich die rote Wolle sehen! Ja, daraus war der Trachtenpullover, den du anhattest, wenn wir ins Gebirge fuhren. Die da habe ich bei Canetta gekauft; es ist doppelt gezwirnte Sportwolle, so etwas bekommt man heute gar nicht mehr.«

Sie will selbst in einem größeren Sack suchen, und ich bringe ihn ihr herunter. Mit sicherem Griff wählt sie ein Knäuel aus, rollt ein Stück Wolle ab und prüft die Stärke: »Zwei Pullover habe ich daraus gemacht, Nadeln Stärke 1 und 5, das war viel Arbeit, heute wäre ich dazu nicht mehr in der Lage.«

Es ist, als würden sich die Erinnerungen mit den Knäueln entrollen: das rosa Deckchen für die Erstgeborene von Dina, der kamelhaarfarbene Pullover, den sie Hermann nach Kanada geschickt hat, ein kleines Knäuel aufgedröselter Wolle von einem Pullover, der Papa nicht gefiel, und die statt dessen für mich wiederverwendet wurde... Inzwischen ist meine Frau Federica die Leiter heraufgestiegen. Unter den Tüten habe ich einige Schuhschachteln gefunden, in denen kleinere Knäuel aus feiner Wolle in hellen Farben aufbewahrt sind.

»Kleidchen, Schühchen, Höschen für die Babys«, lächelt Ruth und streichelt die Wollreste: »Für dich, für Ariel, Raya, Judy, Susy, Michael [die Nichten und Neffen in Israel und Kanada]...«

»Und was ist das?« fragt Federica und kommt mit einer geöffneten Schachtel die Leiter herunter. Mama läßt den Zeigefinger, dessen dünne Haut das Alter mit Flecken übersät hat, sanft über eines der Briefbündel aus dünnem, vergilbtem Papier gleiten, das in der Mitte etwas eingedrückt ist von den längst in harte, schwärzliche Streifen zerfallenen Gummis, die sie einst zusammenhielten.

»Ich hatte ganz vergessen, daß ich sie noch habe«, murmelt Ruth mit plötzlich gebrochener Stimme. »Der ist von Putti«, seufzt sie und zeigt auf den ersten, mit Bleistift geschriebenen Brief, dessen Handschrift der ihren so sehr ähnelt. Auf einem der darunterliegenden, vierfach gefalteten Blätter, das sie am Rand ein wenig hochhebt, sind mit Füllfederhalter geschriebene Sätze zu erkennen in einer Schrift, die nicht die unsere zu sein scheint, vielleicht ist es die deutsche Schrift.

»Das ist von meiner Mama... Ich kann nicht einmal mehr die Schrift lesen«, sagt Ruth weiter. »Es sind die letzten Briefe meiner Familie aus Litauen. Leg sie weg, bitte, ich will sie lieber nicht mehr sehen.« Mamas Augen werden feucht.

Diese Schachtel stand auf dem Foto von 1947 vor ihr auf dem Tisch. Meine Mutter, Dina, Jenny, Etta und ihre Ehemänner waren nicht zusammengekommen, um die Atmosphäre der glücklichen Zeiten vor dem Krieg wiederaufleben zu lassen. In Triest hatte Mama als einzige bis zuletzt Post von den Isaaks aus Litauen bekommen können. Die anderen baten sie deshalb darum, die Briefe nach Haifa mitzubringen. Sie wollten damit versuchen, ihre Erinnerungen mit den wenigen Informationen in Einklang zu bringen, die sie vom Roten Kreuz, von den alliierten Behörden in Deutschland und von den wenigen überlebenden Freunden erhalten hatten. Diese zerknitterten Blätter waren das einzige, was von den in Osteuropa gebliebenen Verwandten noch vorhanden war. An dem Abend, an dem das Foto gemacht wurde, gingen sie einige Briefe durch, aber ich glaube nicht, daß Ruth sich an der Lektüre beteiligte. Welche Bedeutung konnte das Warum und das Wie noch haben? Sie kannte die Briefe schon und wollte sie gerade deshalb vergessen.

Der erste Brief stammt von Putti, der jüngeren Schwester, die Ruth mehr als jeden anderen Menschen auf der Welt liebt. Sie besucht in Memel die letzte Klasse des Gymnasiums und schreibt im September 1936 aus Prökuls, als Ruth gerade in Triest eingetroffen war. Wegen des Äthiopienkriegs war Guido nämlich seit kurzem wieder an den Hauptsitz des Lloyd zurückversetzt worden. Die Schiffe der Reederei fuhren Haifa nicht mehr an, und die Agentur gegenüber dem Café Curtis wurde geschlossen. Da Guidos Palästinaaufenthalt damit beendet war, hatten sie vereinbart, daß Ruth ihm in die Stadt im äußersten Norden der Adria folgen sollte.

»Mein liebes, liebes Ruthchen! Ich sitze ganz allein am Radio, es ist 11 Uhr, und denke so intensiv an Dich. Mir ist so sonderbar zumute – was wirst Du gerade tun? Ich höre die Töne, die aus diesem fernen Land kommen, eine wunderbare Musik, und muß unentwegt an Dich denken. Weißt Du, mir kommt alles so unwirklich vor: Du bist jetzt schon in Italien! Ich habe Deinen Brief vom Schiff erhalten – wie verändert sich der Himmel auf dem Meer?

Ich fühle mich seltsam und horche der schönen Musik zu, die von da unten erklingt. Von nun an wirst Du an dieser herrlichen Adriaküste leben; wer weiß, ob auch ich sie eines Tages werde sehen können. Aus der Ferne erreicht mich ein Lied aus Triest. Vielleicht hörst Du es auch, zusammen mit Guido. Schreib es mir, bitte!

Werdet Ihr im März zu meinem Abitur kommen? Sag bitte ja! Es wäre schön, zu schön, um wahr zu sein! Ihr kommt, werdet großartig empfangen und an meinem Abiturientenball teilnehmen. Zu Hause werden wir einen großen Empfang geben, der auch zugleich Deine Hochzeitsfeier sein soll. Mit Muttchen haben wir schon alles ganz genau besprochen. Du, schreib uns nur beizeiten, wann Du heiratest, damit wir rechtzeitig gratulieren und das Datum in die Zeitung setzen können.

Ach Ruth, liebe Ruth, ich kann es noch gar nicht fassen: mein Schwesterlein wird jetzt bald ›Frau Siro‹ heißen. Was für eine schöne Musik, ich will noch nicht schlafen gehen. Hoffentlich geht alles gut! In Gedanken nehme ich Dich in meine Arme und küsse Dich – merkst Du es? Jetzt muß ich auch noch heulen, ich habe so große Sehnsucht nach Dir. Putti.«

Unmittelbar nach der Hochzeit bittet die kleine Schwester ihr »Ruthilein« um ein Bild von der Hochzeitsfeier und vor allem um einen langen und ausführlichen Brief, der nicht »für die Familie« gedacht sein soll, sondern nur von Schwester zu Schwester, die ihn der Mama nicht zeigen wird. Die arme Ida, die sich, ganz wie es die Thora lehrt, ihrer Familie widmete! Als ihr »liebes, kleines Ruthchen« nach Palästina gegangen war, schreibt sie in einem ihrer ersten Briefe: »Liebes, kleines Ruthchen! Ich denke immer an Dich, Du stehst mir vor den Augen, wie Du bist abgefahren mit Dein braunes Mützchen und traurigen Augen. Das kann ich nicht vergessen und das ist meine Arbeit, an Euch zu denken. Jetzt machen sich auch Dina und Jenny auf. Drei der Kinder in ein Jahr weg zu lassen, ist für eine Mutter nicht so leicht. Schreib doch bitte.« Als wenige Monate später das Inkrafttreten der Nürnberger Gesetze auch im Memelgebiet die Situation immer schwieriger werden läßt, schreibt sie: »Meine liebe, süße Ruthi! Ich denke sehr viel an Euch, oft auch mit schwerem Herzen, daß Ihr so weit von mir weggeflogen seid. Nur die Hoffnung tröstet mich, daß Gott es Euch besser sein läßt als uns.«

Auch diese Hoffnung wird bald brüchig. 1936 gelingt es den Nazis im Memelgebiet, an Ostern einen Prozeß gegen Juden anzustrengen, dem wie üblich die Anklage des Ritualmords zugrunde liegt. Einige Wochen später schreibt ihre ältere Schwester Rosa aus Prökuls an Ruth, die sich noch in Palästina aufhält: »Wieder ist ein Jahr vergangen, das uns leider wenig Freude gemacht hat. Man kann gegen das Schicksal nicht ankommen. Ruthchen, Du hast doch Geburtstag und bekommst daher einen Familienbrief. Alles, was ich Dir wünsche, kann ich Dir brieflich nicht mitteilen, und es klingt dann auch zu banal. Vor allen Dingen Glück in allem, Zufriedenheit, und mache der Ma weiter Freude, wie du es bis jetzt getan hast. Du weißt doch, was Mas größte Freude wäre. Die Zeitungen schreiben Schreckliches über die Lage in Erez, wir konnten nicht vermeiden, daß Ma es las. In Memel ist auch alles triste. Die Badeanstalt in Landkrug ist schon auf. Heute konnte man einen geheizten Ofen vertragen. Am 28. Juni soll Gretel Karpus [eine Cousine] heiraten. Es wird nur *Mischpoke* da sein und trotzdem 60 Personen. Nora [Gretels Schwester] geht noch mit diesem Minzev. Es ist sonst auch niemand da...« In dem Umschlag liegt auch noch ein Blatt aus einem karierten Schulheft mit den gotischen Schriftzügen der Mutter. Rosa hat schon zuviel gesagt über das Fehlen all der deutschen Freunde bei der Hochzeit der Cousine. Und Ida, die kein Zeichen von Schwäche durchscheinen lassen will, macht sich nur Sorgen um die weit entfernte Tochter: »Ich möchte noch leben wollen, um Gutes von Dir zu hören. Aber leider, Du bist jetzt auch so sparsam mit dem Schreiben. Die Unruhe bei Euch macht mir viel Sorgen. Mein kleines Ruthchen, fühle mich oft elend, wenn ich denke, daß mein liebstes Kind ist so weit von mir weg.« Um diese Zeit hat in Palästina seit einem Monat der große Aufstand der arabischen Bevölkerung gegen die Engländer und gegen die jüdischen Einwanderer begonnen, der drei Jahre andauern sollte. Auf beiden Seiten hat es schon viele Tote gegeben. Die Zeitungen berichten, daß alle jüdischen Siedlungen und Kibbuzim mit Stacheldrahtzaun und Selbstschußanlagen gesichert würden. Die Zufahrt zum Hafen von Haifa ist blockiert, und die Schifffahrtsgesellschaften müssen sich andere Routen suchen.

Ruth weiß 1936 fast nichts über Italien, das für die Bewohner des Baltikums ein Land wie aus dem Märchen ist. Als Putti erfährt, daß ihre Schwester, die noch in Palästina ist, dort leben wird, versucht sie sich eine konkrete Vorstellung von diesem südlichen Land zu machen. Deshalb kauft sie in Memel in der Drogerie Elch eine Karte, die eine »italienische Landschaft« zeigt. Zu sehen ist darauf das aus ein paar Häusern bestehende Dorf Nidden auf der Nehrung mit ihren großen, vom Wind geformten Dünen aus weißem Sand, die die Ostsee vom Kurischen Haff trennen. In Litauen stellt man sich Italien vor wie diese kleinen stroh- oder schindelgedeckten Holzhäuschen inmitten von Feldern und Kiefernwäldern, die bis ans Wasser reichen.

Die Nachricht, daß Guido und Ruth in Palästina beschlossen haben zu heiraten, erreicht natürlich auch Triest. Im Hause Siro diskutiert man darüber. Obwohl es keine antisemitischen Vorurteile gibt, machen sich Guidos Eltern doch Sorgen darüber, daß die künftige Schwiegertochter nicht Italienisch spricht, aus einem weit entfernten Land stammt, einen anderen Glauben hat und aus einer Familie kommt, von der man nichts weiß. Guidos Schwester will etwas in Erfahrung bringen. Sich an den Priester in Prökuls zu wenden erscheint aus naheliegenden Gründen nicht opportun. Deshalb beschließt man, den Bürgermeister und die Bank des baltischen Ortes um Referenzen zu bitten. Das Bürgermeisteramt hatte damals noch einer von Leos Freunden inne, die nach den ersten antijüdischen Maßnahmen in Deutschland aufgehört hatten, abends zu Isaaks zu gehen, um Radio zu hören und Karten zu spielen. Dennoch ist seine Antwort vollkommen zufriedenstellend: »Die Familie des Kaufmanns Leo Isaak gehört zu den angesehensten Familien des Ortes, der Familienvorstand ist ein Gentleman alter Schule.« Der Bericht des neu ernannten Bankdirektors dagegen löst in Triest Empörung und Verwirrung aus: »Die Isaaks«, schreibt der Gentleman neuer Schule, »sind Parasiten, antinationale Elemente und falsch wie alle Juden.«

Das Schicksal scheint die nach Palästina geflohene junge Frau aus Prökuls auch bei ihrer Übersiedelung nach Triest verfolgen zu wollen. Anfang September, als Ruth sich gerade einschifft, liest Guido in den italienischen Zeitungen sehr beunruhigende Neuigkeiten. Goebbels, der sich zu einem offiziellen Besuch bei den Internationalen Filmfestspielen in Venedig aufhält, hatte eine lange Unterredung mit seinem Kollegen im italienischen Propagandaministerium, und nun fährt eine Delegation der faschistischen Partei zum Parteitag der NSDAP nach Nürnberg, um – so kann man den vorsichtigen Andeutungen der Triester Zeitung entnehmen, deren Besitzer Jude ist – über die Rassengesetze zu sprechen. Die Nachricht läßt ihn erstarren, denn in Haifa hat ihm Ruth den Antisemitismus in Deutschland, Litauen, vor allem aber in Polen geschildert. Sollte der gefährliche Virus auch Italien infizieren? Wie dem auch sei, es ist zu spät, und man wartet besser ab, bis die Verlobte in Triest eintrifft.

Am 12. September greift Roberto Farinacci, der Herausgeber der Zeitschrift »Regime Fascista«, Goebbels' Brandrede in einem nicht signierten Leitartikel auf und lanciert damit seine dritte antijüdische Pressekampagne. Unterdessen läßt sich Ruth auf dem Sonnendeck bräunen, schaut beim Tontaubenschießen zu, spielt ein bißchen Rommé, hört aber bald wieder auf, weil einer der Mitspieler sie anscheinend belästigen will. Wieder und wieder besucht sie das Geschäft an Bord und kauft schließlich eine Mappe Briefpapier mit einem Bild des bekannten Zeichners Boccasile, das eine junge Frau mit Kolonialhelm, einem rosa Rock und im Wind flatterndem Schal auf einem reich geschmückten Dromedar zeigt. Eingeschlossen in ihrer Kabine, schreibt Ruth Briefe, bringt Ordnung in diejenigen, die sie in Palästina erhalten hat, und bewahrt sie vorläufig in der Mappe mit dem Dromedar auf. Als wollte er sie bei ihrer Ankunft in Italien am 19. September willkommen heißen, erklärt der *Ras* von Cremona, das Regime erwarte sich von den Juden bedingungslose nationale Loyalität, das heißt Treue zum Faschismus und loyale Akzeptanz der Freundschaft mit dem Judenfeind Hitler. Guido beschließt, diese Rede vor Ruth zu verheimlichen, so daß sie, die noch kein Italienisch spricht, sich nicht beunruhigt. Auch als ihr künftiger Ehemann versucht er sie zu schützen, indem er ihr die Wahrheit verschweigt.

Nachdem der Hochzeitstermin in etwa festgelegt ist, nimmt Ruth den Zug, um sich von ihrer Familie zu verabschieden. Diese Reise ist nicht ohne Risiken, denn die Route nach Litauen führt durch Deutschland, wo seit mehr als einem Jahr die Nürnberger Gesetze in Kraft sind. Bis jetzt können »Nichtarier« noch die Eisenbahn benutzen, aber da die Einführung der antijüdischen Diskriminierungsmaßnahmen bei den Deutschen ein voller Erfolg war, ist Göring optimistisch. Goebbels hatte eigene Eisenbahnabteile für Juden verlangt, bei Überfüllung der Züge dagegen sollten sie »draußen im Flur stehen«. Dazu brauche man kein Gesetz, meinte Göring, denn: »Da wird er [der Jude] rausgeschmissen, und wenn er allein auf dem Lokus sitzt während der ganzen Fahrt.« [So steht es im stenographischen Protokoll einer Sitzung in der Reichskanzlei.] An diese letzte Reise nach Prökuls kann sich meine Mutter nur noch sehr vage erinnern: Die Freude, ihre Familie wieder in die Arme schließen zu können, das Bewußtsein, sie bald wieder verlassen zu müssen, und die Traurigkeit über die immer drückendere Atmosphäre im Memelgebiet haben sich in Ruths Gedächtnis mit den nachfolgenden Ereignissen zu einem unlösbaren Knoten verschlungen. Sie glaubt sich zu erinnern, in Berlin während eines Zugaufenthalts ausgestiegen und an einem Fluß entlanggelaufen zu sein. Angezogen vom Anblick einer weithin sichtbaren, sehr hohen Säule habe sie plötzlich vor sich eine riesige, brandgeschwärzte Ruine gesehen. In Prökuls hatte man zum ersten Mal Hitlers Stimme im Radio gehört, als er brüllend verkündete, die Ruine des Reichtags werde für immer Zeuge der Ruchlosigkeit der Feinde Deutschlands sein. Ruth erinnert sich, daß zwei Frauen gerade von der Säule herab einer Gruppe von Kindern die Ruine zeigten. Schnell zum Bahnhof zurückgekehrt, suchte sie für Guido eine Postkarte der Siegessäule mit der geflügelten Siegesgöttin aus und schrieb: »Mein Lieber, ich bin in Berlin! Glücklicherweise ist die Nacht vorüber.«

Seit vielen Monaten räumt die litauische Presse einer Frage großen Raum ein, die zunächst von einer schwedischen Zeitung aufgeworfen worden war, dann von der »Prawda« und schließlich von den Zeitungen in der ganzen Welt aufgegriffen wurde. Es geht um die Frage, ob Deutschland und Polen darüber verhandeln, den Danziger Korridor gegen ein Stück von Litauen oder sogar gegen die Besetzung der baltischen Staaten zu tauschen. Die Isaaks haben die widersprüchlichen Nachrichten darüber sicher gelesen und gewußt, daß Polens Begehrlichkeit sich besonders auf das Memelgebiet richtete, hielten ihre Sorgen aber wiederum vor der Tochter geheim.

»Als ich in Prökuls ankam«, erzählt Ruth, »entdeckte ich, daß mein Vater in Dawillen arbeitete, wo er ein kleines Lebensmittelgeschäft gekauft und dabei anscheinend die enormen Schulden seiner Vorgänger übernommen hatte. Er kehrte nur noch samstags zurück, denn er mußte vierundvierzig Kilometer mit dem Fahrrad zurücklegen, was, wie er behauptete, gut für seine Gesundheit sei. Mein großer Bruder Hermann, der für mich immer eine Art zweiter Vater war, war zu Hause geblieben und führte unser altes Geschäft. Nach einigen Tagen hatte ich den Eindruck, daß an dieser Form der familiären Arbeitsteilung irgend etwas merkwürdig sei, aber alle spielten die Sache herunter. Mit den vielen Abschiedsbesuchen bei Verwandten und Freunden vergingen drei Monate wie im Fluge. Einige meiner unzähligen Cousinen und Cousins hatten geheiratet oder Kinder bekommen; die Kinder von Rotemarie, die vor dem Passahfest weggelaufen war, weil sie Angst hatte, im Matzen zu landen, waren groß geworden. Niemand erzählte mir davon, daß es wiederum einen Prozeß wegen angeblichen Ritualmords am Passahfest gab. Einige Verwandte waren schon emigriert. Neben den vielen Besuchen mußte ich die Aussteuer vorbereiten und mir gute Ratschläge für die bevorstehende Ehe anhören … Es blieb mir gerade noch Zeit, um auf die ungeduldigen Briefe Guidos mit einigen Postkarten zu antworten; er drängte mich zur Rückkehr und schien manchmal sogar eifersüchtig.«

Anfang 1937 schreibt Ruth *Oro pastu* [per Luftpost]: »Mein Lieber, ich habe eben Deinen Expreßbrief erhalten. Ich bin sehr froh, wir halten zueinander! Wir werden uns hoffentlich bald mündlich streiten können, und Du wirst sehen, dann schaut alles anders aus. Kuß und arividertschi, Ruth.« Die Postkarte ist am 2. Januar in Priekulė [Prökuls] und am 3. in Venedig abgestempelt. Die Briefmarken wurden zur Feier des ersten Nonstopflugs »Lietuva–Naujorkas« [Litauen–New York] herausgegeben. Die Piloten waren von Berlin aus gestartet, aber was machte das schon?

»Der Abreisetag rückte in Windeseile heran. Alle zusammen bestiegen wir den Schlitten, und als die Glöckchen klingelten, fühlte ich mich einen Augenblick lang wieder wie ein Kind. Ich erinnere mich, daß ich mich beeilte, das eisig beschlagene Zugfenster mit der Hand freizuwischen. Wie immer stieß die Lok vor der Abfahrt ihre Dampfwolken in die Luft. Papa und Mama winkten mir vom Bahnsteig aus nach. Es war das letzte Mal, daß ich sie gesehen habe, und während des Kriegs träumte ich oft von diesen beiden durch die nassen Scheiben verzerrten Gestalten.« [»Seit du geboren bist«, hat mir Ruth einmal gesagt, »habe ich, glaube ich, nicht mehr davon geträumt.«] »Als ich in Triest meine Koffer auspackte, entdeckte ich, daß mein Vater mir ein Päckchen mit einer kleinen Karte hineingeschmuggelt hatte, auf der stand: ›Bitte, behalt Du ihn, Vati.‹ In dem Päckchen war sein Silberbecher, in dem er am Sabbat den Wein segnete! Er hatte ihn von seinem Vater bekommen und sollte ihn nach der Tradition an den erstgeborenen Sohn weitergeben. Warum bekam ich ihn, und warum gerade zu diesem Zeitpunkt?«

Drei Tage nach der Abreise ihrer Schwester schreibt Putti in Deutsch Abitur. Gleich nach der Schule schickt sie eine Karte, adressiert auf Italienisch, an »Signorina Ruth Isaak« und schreibt: »G.s.D., der Aufsatz ist hinter mir. Die Themen lauteten: 1) Der Gegensatz der sittlichen Anschauungen in Hebbels Dramen. 2) Romantik und Naturalismus in Hauptmanns Traumdichtung ›Hanneles Himmelfahrt‹. 3) Goethes ›Tasso‹ und Grillparzers ›Sappho‹ als Darstellung der dem Leben nicht gewachsenen Innerlichkeit. 4) Mit welchem Recht kann man behaupten, daß unser Leben ein Kampf ist? 5) Des Menschen eigentliche Kraft liegt im reinen Glauben und in reiner Liebe. Ich habe das 4. Thema gewählt und bin zufrieden. Ich habe geschrieben, daß alle, die mit aufrichtiger Überzeugung für eine Idee kämpfen, diese auch verwirklichen werden. Was ich vom Leben will, habe ich hinzugefügt, ist nicht bloß ein allgemeines Wohlergehen. Ich bin um 1/4 3 rausgekommen, und jetzt gehe ich ins Kino – wie erging es Dir auf der Reise?« Einen Tag später, am 3. Februar, schreibt sie weiter: »Mein Einziges! Jetzt kann ich 3 x hurra! rufen. Die Mathematikarbeit ist auch gut vorbei. [...] Ach, Ruth, zu Hause ist jetzt alles so leer, seit Du fort bist. Furchtbar. Gestern versuchte ich, Muttchen zu trösten, obgleich mir selbst immer die Tränen kamen. Ich will auch jetzt immer recht lieb zu ihr sein, sie ist ja so gut.«

Am 26. Februar verabschiedet der von den Deutschen kontrollierte Landtag des Memelgebiets ein Gesetz, das es den Juden verbietet, als Ärzte, Rechtsanwälte usw. zu praktizieren. Der litauische Gouverneur legt jedoch sein Veto dagegen ein.

Am 3. März schreibt Putti wenige Stunden nach der mündlichen Prüfung erneut an Ruth: »Ruth, liebe Ruth! Heute war der ›schönste Tag meines Lebens‹. In der Schule war es herrlich, wir haben Klavier gespielt, gesungen und getanzt. Aber ich will Dir von Anfang an alles genau beschreiben. Ich kam um 1/2 12 dran, und es geht so vor sich: Man kommt rein, wird auf die erste Bank gesetzt und bekommt einen Zettel mit den mündlich zu behandelnden Themen. Meine lauteten folgendermaßen: 1) Einfluß Straßburgs und Italiens auf Goethes Entwicklung. 2) Ein Vergleich zwischen Romantik und Symbolismus. 3) Hebbels Kunstauffassung. 4) Dichtung der Feudalzeit. Und, in Englisch: *The modern dramatic revival and Bernard Shaw*. Ich habe geredet wie ein Wasserfall. Nachher erzählte mir der Joppe, der Protokoll geführt hat, daß er gar nicht mitgekommen ist. Ich habe ohne Einhalt gesprochen, übersetzt und gelesen, so daß man mich irgendwann bremsen mußte und ich mich freudestrahlend zurückziehen konnte. Ich habe schon zwei Tafeln Schokolade, ein Taschentuch von Sally und eine wundervolle Packung mit Konfekt bekommen. Hoffentlich bekomme ich noch was geschenkt. Jetzt bin ich jedoch tieftraurig, ich möchte am liebsten heulen. Die Schule ist nun wahrhaftig vorbei... Ich würde so gerne Dolmetscher werden! Dumath und Joppe raten zum Sprachstudium, der Müller zum Kunstgewerbe, weil er, wie er sagt, noch nie solch eine Begabung für Pflanzen- und Naturzeichnung gesehen hat.«

Die Themen, über die Putti berichtet, unterscheiden sich

kaum von denen, die schon zehn Jahre früher in Deutschland gestellt wurden. Auffallend sind das fast völlige Fehlen von kulturellen Bezügen auf Litauen, dessen ultranationalistische Regierung doch nach wie vor die Hoheitsrechte über das Memelgebiet ausübte, und außerdem das Fehlen der »neuen« Werte, die in Deutschland triumphieren. Sind die deutschen Gymnasialprofessoren »antiquierte Aufklärer«? Oder halten die Isaaks für Toleranz, was in Wirklichkeit »didaktische Vorsicht« ist?

Dem Brief ist ein Porträtfoto von Putti beigefügt, das sie in einem Fotoatelier in Klaipėda (Memel) hatte machen lassen: Sie trägt das typische Käppi aus rotem Samt, das die Gymnasien traditionell ihren besten Schülern verliehen. Die Lehrer hatten in großen Buchstaben Puttis Monogramm »NI« daraufsticken lassen. Dank ihrer guten Noten in der Mittelstufe war Putti in der Oberstufe als eines der wenigen Mädchen auf ein Lyzeum zugelassen worden, das auch die Kinder der Junker besuchten. Der Fotograf hat ihr das Käppi tief in die Stirn gezogen, um das Monogramm gut sichtbar zu machen. Putti blickt ihre weitentfernte Schwester mit einem auffallend traurigen Lächeln an.

Auch Leo schreibt seiner Tochter einen Brief »im Licht eines Sonnenstrahls, der durchs Fenster in mein kleines Geschäft dringt. Möge diese Sonne auch in Eurem Heim scheinen, und der Ewige Vater möge Euch auf dem richtigen Weg führen. Besitzt Guido eine goldene Uhr? Ich würde ihm so gern eine zu Eurer Hochzeit schenken.« In einem Postskriptum steht dann noch: »Ich muß Dich um Verzeihung bitten, wenn ich häufig schweigsam war, aber das liegt daran, daß ich einige Auseinandersetzungen mit Hermann hatte, auf die ich hier nicht eingehen will.« Sollte Leo aus diesem Grund den Becher in Ruths Koffer geschmuggelt haben? Aber nein, Ruth kann nicht glauben, daß die Sache so ernst war und ihren Vater veranlassen konnte, die symbolische Geste zu begehen, dem Erstgeborenen, den er schon als Kind mit dem jiddischen Wort für Familienoberhaupt als *Obermahador* ansprach, den

Becher wegzunehmen. Doch sie will lieber nicht weiter nachfragen, und auch Leo kommt auf das Thema nicht mehr zurück. Dennoch...

Ruth bewahrt ein schönes Foto ihres Elternhauses auf. Vor der Ladentür posieren Dina und Rosa in leichten Sommerkleidern und Sally in Jackett und Krawatte neben einigen Angestellten und lächeln in die Kamera. Über den Köpfen baumeln an aus der Mauer ragenden Stangen als Artikel des Geschäfts ein verzinktes Sieb, ein Spaten, eine Schaufel und ein langes Sensenblatt. Ein großes Schild um die Ecke preist die Waren an, auf die das Geschäft stolz ist: »Manufaktur Confection, Webegarne, Hüte, Mützen«. Die Sonderangebote der Woche sind dagegen auf einer schwarzen Tafel, die neben der Eingangstür am Boden steht, in Schönschrift aufgezählt, darunter Margarine, Reis und Matjesheringe. Auf der Rückseite des Bildes ist in der Schönschrift der vierzehnjährigen Ruth zu lesen: »Zur steten Erinnerung an das Personal der Firma Leo Isaak, Juli 1929«.

Ruth weiß zu diesem Zeitpunkt nicht, daß ihr »Elternhaus« in Wirklichkeit der deutschen Witwe Berg gehört und von Leo nur gemietet ist. Es ist jedenfalls ein stattliches Haus mit dem in Mitteleuropa weitverbreiteten Walmdach, das zur Straßenseite verkürzt ist. Seitlich sind die großen Dachschrägen von zwei eleganten Gauben mit schönem Giebel und Jugendstilornamenten unterbrochen. Die Stirnseite schmücken drei große Girlandenkränze und eine Inschrift, die als Baujahr 1911 angibt.

»Unseres war eines der wenigen Steinhäuser im Ort«, erzählt Ruth. »Die schönsten Fenster im ersten Stock mit den Blumen auf den Fensterbänken gingen wie die Schaufenster im Erdgeschoß auf den Marktplatz. Ein richtiger Platz war es eigentlich nicht, sondern eine große, unebene Wiese, die auf der einen Seite von der deutschen Kirche, auf der anderen Seite von zwei steinernen Gebäuden und rundherum von den litauischen Holzhäuschen begrenzt und von einigen mit großen weißen Steinen gepflasterten Straßen für die Fuhrwerke durchzogen war. Wenn Mittwoch Markt- und zugleich Gerichtstag war, standen auf dem ganzen Marktplatz Verkaufsstände. Wie ich es dir als Kind erzählt habe, gab es Süßigkeiten, Spielzeug, Holzschuhe, handgewebte Decken, Pilze, Waldbeeren, lebende Aale und Hechte, Fässer und Besen … und die immer von Kindern umlagerte Bude des ›Billigen Jakob‹, dem seine kleinen Zuhörer an den Lippen hingen. In den Händen des Billigen Jakob wurde auch irgendein Firlefanz ein Piratendolch, eine Wunderlampe, ein Gefäß aus Samos … Es bedurfte wenig, um die Menge in Erregung zu versetzen: Waren Ringkämpfer gekommen oder gar ein Fakir, der sich auf Nägel oder Glasscherben legen konnte? Außen herum wimmelte es von litauischen Bauern und Bäuerinnen in ihren Trachten, die gekommen waren, um Vieh zu verkaufen oder Saatgut, Schleifsteine für die Sensen und alles mögliche andere zu kaufen. Nicht zu vergessen den Stoff für die Unterröcke, die in vielen Schichten und fein plissiert von der Hüfte bis zu den Knöcheln wogten. Eine große Zahl übereinander getragener Unterröcke war ein Zeichen gehobener sozialer Stellung ihrer Trägerinnen und der Männer an ihrer Seite.

An der Längsseite des Hauses hatten wir eine Wirtschaft, in deren winziger Gaststube sich die Bauern an den Markttagen wie Heringe drängten. Der Raum war dann erfüllt vom Gestank nach Tabak, Bier und Korn, die über den Köpfen weitergereicht wurden, und vom Stimmengewirr der Geschäftsverhandlungen und der ausgetauschten Gerüchte. Die größten Tölpel tranken schon vor dem Viehkauf und erwischten so die ältesten Rinder, denen man ein bißchen Arsen gegeben hatte, um sie lebhafter erscheinen zu lassen. In diesem Getümmel gelang es den Heiratsvermittlern sogar, eine alte Jungfer unter die Haube zu bringen. Am Abend war man halbtot vor Müdigkeit.

An den übrigen Tagen war der Marktplatz das Reich der Kinderbanden des Ortes, unter denen die unsrige dank der unzähligen

Cousins und Cousinen nicht zu schlagen war. Das Zwiebelbrot, das Mama für uns buk, konnten uns nur die Gänseherden streitig machen, die hinter ihren kleinen Hirten herwackelten, denn vor den Gänsen mußte man sich in acht nehmen. Neben dem Haus lagen in einer Seitenstraße, die auf den Marktplatz ging, die Remise für die Kalesche, die Kutsche, das Fuhrwerk und den Schlitten, der Stall für einige Pferde und Kühe, der Gemüsegarten, der Hühnerstall und natürlich das Gehege für die Gänse. Viele Litauer hielten die Gänse nach ungarischer Art, bei der die Tiere mit den Füßen auf einem Brett festgenagelt und mit Gewalt gestopft wurden, damit sie eine übermäßig große und wohlschmeckende Leber entwickelten. Am Schluß wurde ihnen der Hals gebrochen und sie dann noch im Todeskampf mit dem Kopf nach unten aufgehängt, damit sich das Blut wie in einem riesigen Bluterguß in dem wie ein Ballon aufgeblähten Hals sammelte. Unten und oben abgebunden und im Ofen gegart, soll es ein Leckerbissen gewesen sein. Mama stopfte die Gänse nur zweimal am Tag, aber weil sie so dick und kurzatmig war, mußte sie sich immer von uns Kindern oder von den Verkäufern helfen lassen, um sie einzufangen. ›Es ist uns gestattet, sie zu essen, aber wir dürfen sie nicht unnötig leiden lassen‹, mahnte sie, während sie eine Gans zwischen den Knien festhielt und ihr mit dem Zeigefinger Teigkügelchen in den Hals drückte. Die Gans schien nicht besonders unzufrieden über diese Kugeln aus Gerstenteig, die man in der Sonne trocknen ließ und sie dann, damit sie besser rutschten, kurz in Wasser tauchte. Ida ließ die Hand am Hals des Tieres entlanggleiten, um zu prüfen, wie sich die Speiseröhre allmählich füllte. Pro Sitzung mußten zwölf Kugeln hinuntergedrückt werden. ›Ich will, daß sie dicker werden als ich‹, sagte Mama lachend und ließ ihre zu weit auseinanderstehenden Schneidezähne sehen, während sie die Fettpolster unter den Flügeln betastete.

Über der Remise befanden sich einige Zimmer mit Gemeinschaftsklo für die (katholischen) litauischen Tagelöhner, die das

Land unserer Familie bearbeiteten. Es war nicht viel, ein paar Hektar am Dorfrand.

Eines Tages kam zu dem Besitz in Prökuls das kleine Geschäft hinzu, das Leo in einem nahen Ort gekauft hatte. Wenn man außerdem die beträchtliche Summe flüssigen Kapitals und das Haus in Memel dazurechnet, das meine Mutter als Mitgift eingebracht hatte, könnte man meinen, daß meine Eltern durchaus wohlhabend waren. Das dachte seinerzeit wahrscheinlich auch ich, oder vielleicht dachte ich überhaupt nicht darüber nach. Doch in Wirklichkeit muß unsere Lage keineswegs so rosig gewesen sein. Zum einen lag Leo der Kaufmannsberuf nicht wirklich. Er hatte ihn erlernt, weil ihn die Umstände dazu zwangen, denn Litauen hatte eine ziemlich rigide soziale und ethnisch-religiöse Struktur. Fast alle Bauern waren katholische Litauer, während der Handel hauptsächlich in der Hand der Juden lag, obwohl sie höchstens sieben oder acht Prozent der Gesamtbevölkerung ausmachten. Im Memelgebiet wurde die Lage durch die Anwesenheit der vielen Deutschen noch komplizierter. Ich glaube, meinem Vater fehlte einfach eine gewisse Unverfrorenheit. Anders kann ich es mir nicht erklären, daß die Wirtschaftskrise von 1922/23, die wirklich clevere Kaufleute reich gemacht hat, bei uns zu einer Katastrophe führte. Als eine Zeitung bereits 500.000 Mark kostete, äußerte mein Bruder Hermann, wie ich mich erinnere, man brauche nur die Titelseiten zu überfliegen, um zu wissen, daß man nun die Waren im Lager behalten und abwarten müsse, bis der Sturm vorüber sei. Leo dagegen wollte sich den geänderten Zeiten nicht anpassen, denn es wäre ihm angesichts der vielen armen Leute, die nicht mehr wußten, wie sie zurechtkommen sollten, als unkorrekt erschienen, und deshalb verkaufte er seine Waren wie gewohnt. Als im November 1923 der Wechselkurs der Reichsmark dann endgültig zusammenbrach, der Dollar innerhalb einer Woche von Hunderten von Milliarden auf Tausende von Milliarden stieg, so daß die Mark um ich weiß nicht wie viele Millionen in der Sekunde an Wert verlor, waren wir bereits seit Monaten vollkommen ruiniert. Die gesamte Mitgift meiner Mutter, einschließlich des Hauses in Memel, ging drauf, und die Banknoten mit den neun Nullen konnten wir schließlich nur noch als Unterfütterung der Tapeten verwenden. Daß es uns gelang, wieder auf die Beine zu kommen«, schließt Ruth ihre Erzählung, »war auch Hermanns Verdienst, der trotz seiner Jugend auf ein Universitätsstudium verzichtete und seine ganze Energie dem elterlichen Geschäft widmete.«

Mit typisch jiddischer Offenherzigkeit erzählt Hilde, Hermanns dreiundachtzigjährige Witwe, die ich in Kanada besucht habe, daß Ruths drei ältere Schwestern zur damaligen Zeit an nichts anderes als an schöne Kleider dachten, als wollten sie mit den reichsten deutschen Mädchen des Ortes wetteifern. Ruth erwidert nichts, denn in der Familie kennt jeder die Geschichte mit ihren Schulbüchern. Früher wurden die Bücher immer von Geschwister zu Geschwister, ja manchmal sogar vom Vater zum Sohn weitergereicht. Sie selbst jedoch hatte nie Bücher, denn die Kette riß bei Dina ab. Es war jedes Jahr dasselbe: Die größere Schwester hatte alle Bücher verkauft, um sich Lippenstift oder sonst etwas zu kaufen, so daß Ruth sich alle Bücher von ihrem Taschengeld, das sie wöchentlich von Hermann bekam, wieder neu kaufen mußte.

Abgesehen von der geringen kaufmännischen ›Begabung‹ des Familienvorstands lastete auf dem Geschäft in Prökuls allmählich auch die allgemeine Verschlechterung der wirtschaftlichen und sozialen Stellung der litauischen Juden, die sich im Lauf der dreißiger Jahre zusehends verschärfte. 1935 gab es beispielsweise in der Hauptstadt Kaunas 22 nichtjüdische und 145 jüdische Rechtsanwälte, 362 nichtjüdische Ärzte und Zahnärzte und 324 jüdische, während nur 20 bis 30 Prozent der an der juristischen und medizinischen Fakultät zugelassenen Studenten Juden waren. Ein Jahr später durfte sich kein einziger Jude mehr in diesen Fachrichtungen einschreiben. Auf der einen Seite war diese Entwicklung die natürliche Folge des Aufkommens katholisch-litauischen Unternehmertums, auf der anderen machten sich darin zwei neue, in dieselbe Richtung wirkende Faktoren bemerkbar. Zunächst hatten sich die litauischen Nationalisten gegenüber den Juden aufgeschlossen gezeigt, weil sie in der Zeit nach dem Ersten Weltkrieg deren Unterstützung im Kampf um die Unabhängigkeit des Landes gewinnen wollten. Später aber trat eine wachsende Feindseligkeit zutage, die unter dem Deckmantel berufsständischer Forderungen immer wieder in Ausbrüche des traditionellen Antisemitismus mündete. Besonders deutlich wurde dies bei den Demonstrationen der ultranationalistischen Organisation katholischer litauischer Kaufleute. Unter der Parole »Litauen den Litauern!« forderten sie, Juden den Handel mit Mehl, Bier, Getreide, Leinen und Saatgut und das Betreiben von Restaurants und Hotels zu verbieten, alle Wochenmärkte am Samstag stattfinden zu lassen und die rituell vorgeschriebene Schächtung zu untersagen.

»Einmal war ich mit meiner Mutter zufällig am Unabhängigkeitstag in Kaunas«, erinnert sich Ruth. »Auf den Straßen waren überall Gruppen von Menschen unterwegs, die singend und schreiend die Nationalflagge schwenkten. Die Passanten am Straßenrand stimmten unter Tränen der Rührung in den Chor ein, knieten nieder und sprachen auf Litauisch Gebete. Wir blieben verblüfft stehen und betrachteten die merkwürdige Szene, bis einige Hitzköpfe uns im Befehlston anherrschten, wie alle anderen niederzuknien und für die Wiedereroberung der alten Hauptstadt Wilna zu beten, die, wie sie sagten, von Polen widerrechtlich besetzt sei. Nicht nur wegen der Sprachschwierigkeiten konnten wir das alles nicht verstehen. Wie war es möglich, daß zwei Nachbarvölker die Madonna um Hilfe für ihre nationalistischen Forderungen anriefen und beim selben Kruzifix schworen, sich gegenseitig umzubringen? Vor Verblüffung und weil sie nur wenige Worte Litauisch sprach, wußte Ida nichts Besseres zu tun, als sich damit zu rechtfertigen, daß uns als Juden verboten war, christliche Gebete zu sprechen. ›Auf die Knie, dreckige Jüdinnen!‹ riefen die Männer und schwangen ihre Stöcke. Nach der Machtergreifung der Nationalsozialisten in Deutschland kam es immer öfter zum Boykott der Geschäfte von ›Judäern‹, inbesondere im Memelgebiet, wo die Deutschen etwa die Hälfte der Bevölkerung ausmachten.

Als ich nach dem Krieg in Kanada lange mit Hermann sprechen konnte, erfuhr ich, daß ihm diese Entwicklung nicht entgangen war. Damals aber verstand ich das nicht, und die Männer weihten mich auch nicht in ihre Sorgen ein. Am Abend verkroch ich mich in mein Bettchen im ersten Stock und schmiedete Pläne, in jenes weitentfernte Land zu gehen, das auf der blauweißen Sparbüchse des Keren Kajémeth abgebildet war. Ich versuchte mir dieses unser Palästina vorzustellen, wo die Zitrusfrüchte wuchsen und der Baum, der in christlichen Ländern ›Judasbaum‹ heißt, schon immer ›der Schönste im Wald‹ genannt wurde. Erst viele Jahre später habe ich erfahren, daß zur selben Zeit Papa und Hermann bis tief in die Nacht diskutierten. ›Wenn selbst Ruth die Freundschaft mit ihrer Klassenkameradin aus guter arischer Familie geheimhalten muß‹, argumentierte Hermann, ›wie können wir uns dann einbilden, in einer vorwiegend deutschen Umgebung wie dem Memelgebiet weiter Geschäfte machen zu können, als wäre nichts geschehen? Merkst du nicht, daß wir immer weniger Kunden haben? Was glaubst du damit zu erreichen, das vermaledeite Lädchen in Dawillen zu kaufen?‹ Bilde dir nur nicht ein, daß sich dort der Boykott weniger bemerkbar macht, nur weil es mehr Juden gibt! Warum willst du dir weiter etwas vormachen?‹

Nach Hitlers Ernennung zum Reichskanzler, die unter Beachtung der demokratischen Regeln, ja geradezu als Ergebnis des Volkswillens zustande gekommen war, reifte in Hermann die Überzeugung heran, daß man das Terrain für die Flucht vorbereiten müsse. Er erklärte meinem Vater, es sei notwendig, das Geschäft neu zu strukturieren, um es dann stückweise verkaufen zu können, sobald sich eine Gelegenheit dazu böte. ›Weiter abzuwarten hat keinen Sinn mehr‹, sagte er. ›Wozu auch? Um später gezwungen zu sein, weit unter Preis zu verkaufen, wenn uns das Wasser bis zum

Hals steht? Du kannst sicher sein, daß der Moment kommen wird, an dem wir verkaufen müssen! Warum versteifst du dich darauf, alle deine Ersparnisse in den Dörfern der Umgebung zu investieren? Anscheinend macht es dir Spaß, wie ein Verrückter außer Haus zu arbeiten. Du hältst dich wohl für einen Wohltäter, wenn du dir die Schulden anderer Leute aufhalst? Siehst du denn nicht, daß die ihren Laden genau deshalb zumachen, um die Ausreisegenehmigungen bezahlen zu können? Mit 2000 Dollar bekommt man über die Jewish Agency die Möglichkeit, sich ein neues Leben aufzubauen. Nein, nicht in Palästina, sondern in Sicherheit, in Kanada zum Beispiel.‹ Um sich zu verteidigen, beschuldigte Leo seinen Sohn schließlich, er säe nur Streit. Der aber ließ nicht locker und wies darauf hin, daß man mit der jetzigen Geschäftsführung nie einen langen Atem haben würde. ›Scheint es dir vernünftig‹, hakte er nach, ›daß es trotz allem, was wir besitzen, immer wieder Zeiten gibt, in denen wir uns nicht einmal neue Möbel leisten können? Und die Mitgift für die Töchter? Wer denkt daran? Das Haus, das Haus‹, nahm er den immer wiederkehrenden Einwand vorweg, ›natürlich müßte man auch das aufgeben!‹«

Aus den Briefen ist zu entnehmen, daß sich der Konflikt zwischen Leo und seinem Sohn erst um 1936, als Ruth schon in Palästina war, fast bis zum Bruch zuspitzte. In der Zwischenzeit hatte in Litauen die Zahl der Geschäfte stark zugenommen, und nur noch die Hälfte davon war in jüdischer Hand. Trotzdem war Leos Optimismus anscheinend durch nichts zu beeinträchtigen, und Prökuls zu verlassen, kam für ihn überhaupt nicht in Frage. Eher könne man – so sagte er – vielleicht ein anderes Geschäft in Großlitauen eröffnen [statt im Memelgebiet], unmittelbar jenseits der Grenze, wo einer von ihnen ohne allzu große Opfer arbeiten könnte. Er schien so unverrückbar in seiner Meinung, daß er in einem Brief an Ruth sogar eine Frage der Moral daraus machte: »Hermann hat genügend gegen mich gesündigt. Ich hoffe, er wird sich eines Besseren besinnen.« Am Ende wurde ein Kompromiß gefunden. Leo fuhr weiter mit seinem Fahrrad zu seinem weitentfernten Geschäft, während der Sohn das Geschäft in Prökuls übernahm, wo er sofort für die Entlassung zweier unehrlicher Angestellter sorgte.

»Die Einzelheiten dieser heftigen Diskussionen«, seufzt Ruth, »habe ich erst nach dem Krieg erfahren. Heute ist mir klar, daß Papa nicht in der Lage oder vielleicht nicht willens war, seinen inneren Widerspruch zu lösen. Wahrscheinlich wollte er mit dem in meinem Koffer geschmuggelten Becher, dem Symbol der Kontinuität der Familie, seine ablehnende Haltung gegenüber Hermann zum Ausdruck bringen, dem er vorwarf, unsere deutschen oder litauischen Wurzeln zu verleugnen. Gleichzeitig schien er damit aber zuzugeben, daß er sich in Gefahr fühlte.«

Unmittelbar nach ihrer Rückkehr nach Triest holte sich Ruth im Frühjahr 1937 eine gefährliche Lungenentzündung, ließ davon aber in Litauen nichts wissen. »Auf Deine Briefe warte ich so sehnsüchtig«, schreibt ihr die Mutter, »aber sie bringen mir keine Labung, sie sind so trocken und inhaltslos, daß ich schon gar nicht weiß, was ich denken soll, Du schreibst von Deiner Zukunft nichts, auch wie es Dir sonst geht, ob Du noch Husten hast. Mit einem Wort, ich bin unzufrieden und mache mir große Sorgen um Dich. Ich bitte Dich, schreibe die Wahrheit, wenigstens an die Puty. Hab Mitleid mit mir und schreibe.«

Einen Monat vor der Hochzeit informiert die inzwischen wieder genesende Ruth ihre Schwestern, bittet sie aber, Ida nur ja nichts wissen zu lassen, um sie nicht in Unruhe zu versetzen. Umgehend antwortet die ältere Schwester Rosa: »Mama ist außer sich. Sie hat so sehr darauf bestanden, daß ich ihr Deinen Brief vorlesen sollte, daß mir nichts anderes übrig blieb: Natürlich habe ich die Stelle, wo Du von Deiner Brustfellentzündung schreibst, ausgelassen und versucht, Mas Aufmerksamkeit auf die Hochzeitsvorbereitungen zu lenken. Aber dummerweise habe ich den Satz, in dem Du Dein Hochzeitskleid beschreibst und sagst, daß Du nur 112

Pfund wiegst, mitgelesen. Für Ma ist es eine wahre Tragödie! Ich denke hingegen, daß Du wie eine Filmschauspielerin aussehen wirst. Du mußt uns ein Foto schicken.

In Memel gibt es nichts Neues. Bald ist auch Dein Geburtstag, ein Geschenk können wir Dir nicht machen, weil wir leider nichts haben, es ist traurig, wenn man Freude machen will und nicht kann. Zu Deinem Geburtstag werden wir Deinen Lieblingskuchen machen und Kaffee trinken. Liebe Küsse (ungefähr 100) von Deiner Rosa.« Wie üblich hat Ida eines ihrer karierten undatierten Blätter beigefügt: »Wie schwer mein Herz ist, daß Du so elend bist, kannst Du Dir nicht denken. Sehe doch auf Dich. Gibt es bei Euch Milch und Eier? Hühner wird es wohl auch geben in Triest. Soll ich Dir Rezepte schicken? Suppe zu kochen und Fleisch zu schmoren, wie wir es machen, verstehst Du doch, das andere lernt man schon zu. Nun will ich Dir herzlich gratulieren zu Deinem Geburtstag und zu was Du zu Ende dieses Monats vorhast. Wie mir scheint, wollt Ihr Euch nur standesamtlich trauen, vielleicht geht es auch, sich vom Rabbiner trauen zu lassen, es ist doch ein Schritt fürs Leben. Für heute langt mein Schreiben. Viele Grüße und Küsse Deine Mutter. Viele Grüße an Guido.« Von allen Briefen Ida Isaaks an ihre Tochter ist nur dieser eine mit »Deine Mutter« statt mit »Mama« unterschrieben.

Vier Tage *nach* der Hochzeit schickt Leo aus Dawillen einen langen Brief an Ruth und Guido: »Meine lieben Kinder, zuerst möchte ich Euch zu Eurer Vermählung gratulieren, möge Gott Euch Glück, Segen und ein langes, gesundes Leben gewähren. Ich hatte die Absicht, zu diesem Tage nach dort zu kommen, aber auf Anraten des Ruthchens habe ich meinen Besuch auf einen anderen Anlaß verschoben. Ich fahre jede Woche nach Prökuls, und das nimmt fast zwei Tage in Anspruch. Die übrigen Tage bin ich sehr beschäftigt, da sich das Geschäft in der letzten Zeit sehr gebessert hat. Also, liebes Kind, wie fühlst Du Dich als Gattin? Und Du, lieber Guido, als Oberhaupt des Hauses? Ich sehne mich, Dich kennenzulernen, und auch wenn ich nur Gutes von Dir höre, so möchte ich doch persönlich mit Dir sprechen können, was mit Gottes Hilfe hoffentlich baldigst ausführbar sein wird. Liebes Ruthchen, wie ich Dich kenne, brauch ich Dich nicht viel zu belehren, aber achte und ehre Deinen Guido und sehe zu, seine Stunden zu belustigen und niemals Launen zu haben; dieses sind die wichtigen Dinge für eine glückliche Ehe. Möge Gott Euch immer auf den richtigen Weg führen, dies ist mein innigster Wunsch. Gebe Gott, daß er auch in Erfüllung gehe.

Jetzt will ich Euch noch meine neuesten Nachrichten geben: Ich bleibe vorläufig in Dawillen. Wie schon gesagt, das Geschäft hat sich gebessert, und es besteht kein Grund, sich zu verändern. Außerdem ist es im Sommer so schön hier. Ich fahre immer mit dem Rad nach Prökuls, und jede Fahrt nach Memel mache ich auch per Rad und es tut mir sehr gut. Ich bitte Euch, auch mir eine ausführliche Beschreibung und Fotos von der Vermählung zu senden. Indem ich Euch nochmals alles Gute wünsche, verbleibe ich der Euch von Herzen liebende Vater.«

Als einzige von all ihren Geschwistern, die vor ihr oder nach ihr heirateten, ging Ruth eine Ehe mit einem *Goi* ein, aber abgesehen von Idas vorsichtigen Andeutungen ist aus keinem Brief der Isaaks auch nur der leiseste Vorwurf über diese Entscheidung herauszulesen, die gläubigen Juden doch großes Mißfallen bereiten mußte.

»Meine geliebte kleine Signora Siro!« schreibt Putti. »Noch einmal will ich Dir zu dem wichtigsten Tag in Deinem Leben gratulieren. Ich wünsche Dir all das Gute, daß Du in Deiner Selbstlosigkeit verdient hast. Ach, mein Liebes, nun bist Du schon verheiratet. Frau Siro! Wie nett das klingt, gar nicht fremd. Auf dem Bild, daß Du mir aus Florenz geschickt hast, siehst Du schon aus wie eine grande Italiana. Ruthikind, ich warte auf einen langen, ausführlichen Brief von Dir, aber auf keinen Familienbrief. Du mußt mir alles erzählen! Vorige Woche«, wechselt Putti plötzlich das

Thema, »gab es einen Ball vom jüd. Frontkämpferbund im Viktoriahotel. Nora, Benno, Rosa und ich waren zusammen dort.«

Unmittelbar nach der Einführung der ersten antijüdischen Maßnahmen im Jahr 1933 hatte Hitler Hindenburg versprochen, für die jüdischen Weltkriegsveteranen gewisse Ausnahmen zu machen, davon war aber bald nicht mehr die Rede. Unberührt davon wollten Leo und sein Freund Jordan, ein anderer Prökulser Jude, der mit dem Eisernen Kreuz Zweiter Klasse ausgezeichnet worden war, daß auch ihre Kinder die Vereinigung »nichtarischer« ehemaliger Frontkämpfer besuchten. Nach den heftigen antijüdischen Ausschreitungen in Deutschland im März 1933 fanden sich Leo, Jordan und die anderen *Kameraden* des *Jüdischen Frontkämpferbunds* in einer schwierigen und widersprüchlichen Lage. Da sie in den preußischen Kontingenten gekämpft hatten und sich kulturell weiterhin dem deutschen Kulturkreis zugehörig fühlten, dürften sie enge Verbindungen zu der Organisation jüdischer Veteranen im Reich unterhalten haben, wenn sie nicht sogar eine Art Außenstelle dieser Organisation waren. In jenem Jahr ergriffen die meisten europäischen Regierungen und natürlich sehr viele jüdische Organisationen Partei gegen die Verfolgungen und die ersten antijüdischen Gesetze. Wider Erwarten jedoch wurde der einstimmige Chor von Protesten durch die dissonanten Töne einiger deutscher jüdischer Vereinigungen gestört, darunter besonders die der ehemaligen Frontkämpfer, die ihren englischen, französischen und allen anderen Glaubensbrüdern vorwarfen, sich für »antideutsche Propaganda« mißbrauchen zu lassen.

1933 hatte Leo vermieden, sich öffentlich zu äußern. »Je weniger man über Antisemitismus spricht, desto besser«, pflegte er zu sagen. Außerdem wollte er sich seine ehemaligen christlichen Kameraden nicht zu Feinden machen, auf deren Solidarität er *nicht* verzichten *konnte*. Das war nicht Opportunismus: In den Schützengräben hatten sich Freundschaften entwickelt, und Leo hatte in gewisser Weise Ruhe gefunden, er hatte, so könnte man sagen, seine innere Unsicherheit überwunden. Als sich an der Front die Nachricht verbreitete, daß die Russen die Namen der Juden aus den Ordenslisten strichen, hatte er sich voller Stolz als Deutscher gefühlt. Als im Jahr 1916 die deutsche Heeresführung an alle Soldaten Fragebögen austeilte, um festzustellen, ob der Empfänger nicht zufällig Jude sei, überwog dagegen für Leo das Gefühl, sich bei seinen christlichen Kameraden gut gelitten zu wissen. Er konnte deshalb nicht glauben, daß man damit überprüfen wollte, ob die Juden an der Front waren oder sich einem gefahrlosen Etappendienst hatten zuweisen lassen. Genau dies aber war das eigentliche Ziel von Ludendorff und auch Hindenburg. Hätte Leo, während er noch in Taschkent in Gefangenschaft saß, doch gewußt, daß der Kaiser an seinen General schrieb, »das abscheuliche Geschlecht Juda« habe schon zu lange die deutsche Gastfreundschaft genossen. Deutschland dürfe dies nicht vergessen und nicht ruhen, bevor diese Parasiten, dieser giftige Pilz, der »die deutsche Eiche« befallen habe, nicht mit Stumpf und Stiel ausgerottet seien.

Putti, Rosa, Nora und Benno besuchten also den Ball der ehemaligen Frontkämpfer. »Du kannst Dir gar nicht vorstellen«, fährt Putti in ihrem Brief Anfang Juli 1937 fort, »was die F. abgegeben hat, um sich einen Jungen zum Tanzen aufzugabeln. Wie sie sich aufgeführt hat! Ich könnte das nie tun! F. sagt, es wäre doch gar nichts dabei, wenn die Mädels die Jungen zum Tanzen auffordern, viele ihrer Freundinnen läuten einfach die Jungen an, mit denen sie ausgehen wollen. Na, wenn der Junge sehr gut bekannt ist, dann ginge es ja. Aber fremde Jungen anzurufen, dazu gehört schon was. F. ist ewig mit ihrem Schicksal unzufrieden, genau wie Dina. Sie sind keine bösen Mädels, nur sehr gefallsüchtig, und manchmal gehen sie deswegen zu weit. Ich brauche mir wirklich kein Beispiel an ihnen zu nehmen, und manchmal singe ich so vor mich hin: ›Eine wie die andere, und keine kann wie die eine sein, die ich liebe und bewundere‹ (die bist Du, Plumi!).«

V

Seit 1927 bestand die litauische rechtsradikale Organisation »Eiserner Wolf«. Ähnliche Bewegungen waren die ungarischen Pfeilkreuzler, das lettische Donnerkreuz, die rumänische Eiserne Garde und die norwegische Nationalunion. Schon 1923 hatte eine Art Volkszählung stattgefunden, bei der in einer eigenen Spalte nach der Volkszugehörigkeit gefragt wurde. Die Juden hätten nur zwischen den gleichermaßen antisemitischen Zugehörigkeiten zu Litauern, Polen oder Deutschen wählen können, aber nach den im ganzen Land bekanntgegebenen offiziellen Daten erklärten 98 Prozent der Juden, sie seien »jüdischer Nationalität«. Wer weiß, wie sich die wenigen tausend deutschen Juden des Memelgebiets entschieden (es waren 2.500 der insgesamt 160.000 in ganz Litauen). In den Briefen der Isaaks ist davon nichts zu lesen. Im Sommer jenes Jahres scheinen ihre Sorgen einzig Ruths Genesung zu gelten, die sich für ein paar Monate zur Erholung im Hügelland nahe Triest aufhielt. Im Herbst dreht sich dann alles um Rosa.

Die älteste Tochter von Leo und Ida ist schon einunddreißig Jahre alt, und anscheinend kümmern sich plötzlich alle nur noch darum, ihr eine gute Partie zu verschaffen, denn ihre lang bestehende Verlobung wurde am Ende vom künftigen Bräutigam gelöst. In den Briefen an Ruth wird *das* Problem der Isaaks auch diesmal nicht zur Sprache gebracht, aber mit Sicherheit spielte für den unglücklichen Ausgang der Verlobung der Antisemitismus eine Rolle. Der Auserwählte, ein Angestellter beim Gericht in Memel, kam nämlich aus einer deutschen protestantischen Familie, und seine Eltern hatten sich immer gegen diese gemischte Ehe gewandt, während die Isaaks sie schließlich akzeptierten.

Rosa vertraut ihrem »Ruthilein« an: »Geredet wurde von einem Witwer, der ein Kindchen von zwei Jahren hat. Das Kind ist aber goldig, ich habe ein Bild gesehen. Auch der Vater sieht recht gut aus, er ist fünfunddreißig Jahre alt. Jedenfalls, ihm habe ich sehr gut gefallen. Nur eins, er ist sehr fromm und will ein Mädel, wenn schon ohne Geld, wenigstens aus sehr frommer Familie! Es wurde mir auch noch jemand aus Kaunas vorgestellt. Er ist dreißig Jahre alt, sieht gut aus, nur hinkt er etwas. Er ist, als er vom Militär kam, verunglückt. Jedenfalls, ein netter, lieber Kerl. Ihm habe ich auch sehr gut gefallen, und er will durchaus herkommen. Er besitzt ein Möbelgeschäft. Ruth, stell Dir vor, er ist so begeistert von mir, daß er anfangs 5.000 Litas in bar verlangte und von seinem Geld weitere 5.000 Litas zugeben will, um seinem Vater zu sagen, ich habe 10.000 gegeben. Nun hat er auch schon Erkundigungen eingezogen und gute Auskunft erhalten, nur haben wir kein Geld. So will er jetzt nur 3.000 Litas in bar und 3.000 in Wechsel, den mir Sally geben will. Hermann verhält sich zögernd, es scheint, er will nicht mehr als 1.000 Litas zusteuern. Ich bin sehr böse auf ihn.«

Dreitausend Litas entsprachen sechs anständigen Monatsgehältern; auf dem Immobilienmarkt konnte man dafür höchstens ein großes Zimmer kaufen; tausend Litas betrug beispielsweise die Geldbuße, wenn die Juden jüdische oder jiddische Wörter auf ihren Ladenschildern verwendeten. Nachdem er Informationen eingeholt hatte, verlangte der Prätendent – der anscheinend ein Holzbein und einen miserablen Charakter hatte – dann tausend Litas mehr.

In Wirklichkeit will der Bruder keineswegs mit der Mitgift geizen, sondern versucht immer mehr Druck auf seine nächsten Verwandten auszuüben, damit sie sich zur Emigration entschließen. Es sei zwar wahr – sagt er –, daß die USA keine Juden wollten, aber die Kanadier seien anscheinend bereit, einige Bauernfamilien [die es unter Juden nur äußerst selten gab] aufzunehmen, wenn sie sich schon im voraus dazu bereit erklärten, für 1.500 Dollar ein Stück Land zu kaufen, um es zu roden und für mindestens fünf Jahre zu bebauen. Weil der Schwiegervater eine kleine Pferdezucht betreibt, dürfte es nicht schwer sein, die ganze Familie als Bauern gelten zu lassen. Sie sähen doch genau, daß jetzt nicht der richtige Zeitpunkt für eine Heirat sei, noch dazu für eine eingefädelte! Wirklich eine geniale Idee, sich in die Lage zu bringen, weitere 1.500 Dollar für die Auswanderung einer neuen Familie aufbringen zu müssen! Es sei keine Frage von Geiz, sondern es gehe darum, zu verkaufen und Bargeld zusammenzukratzen, um für die Familie eine Zukunft zu sichern!

Am Ende ihres Briefs fügt Rosa eine Bemerkung über ein weiteres Geschäft an, das vielleicht den unglaublichen Mangel der Familie an liquidem Kapital erklärt: »Pa wird in Berzischken arbeiten, wo er den ›Krug‹ übernommen hat. Wir haben ihm alle abgeraten, aber er will seinen Kopf durchsetzen.« Daraus scheint man entnehmen zu können, daß sich die Ansichten des Erstgeborenen zumindest in dieser Beziehung immer weiter von denen seines Vaters entfernen, ohne jedoch die Familienbande ganz zu zerreißen. Rosa, die zum damaligen Zeitpunkt am meisten unter der Haltung des Bruders leidet, ermahnt jedenfalls Ruth immer wieder: »Schreib auch immer ein paar Sätze für Hermann. Er legt großen Wert darauf, Deine Briefe zu lesen, bevor Pa sie bekommt.«

Die schwierigen Verhandlungen um Rosas Verheiratung ziehen sich bis in den Oktober und November hinein.

Ruths Familie kann natürlich nicht wissen, daß Hitler am 5. November 1937 während einer Geheimkonferenz, die später durch die sogenannte Hoßbach-Niederschrift bekannt wurde, seinen engsten Mitarbeitern gegenüber seine Vorstellungen über das »wann« und »wie« zur »Gewinnung eines größeren Lebensraums« im Osten erläutert. Um diese Zeit charakterisiert der amerikanische Botschafter in Moskau die Versuche der drei baltischen Staaten, sich zu retten, als einen Drahtseilakt »auf dem zwischen Deutschland und Rußland gespannten Seil«. Auf diesem Seil müssen auch die Isaaks balancieren.

»Wenn ich allein zu Hause bin«, schreibt Ida, »da ist mir so schwer das Herz, weil alle meine Vögelchen so früh weggeflogen sind, und lege ich die Bilder von Euch auf den Tisch und spreche zu Euch und weine, und nach dem wird mir leichter.«

Der vielversprechendste Heiratsanwärter der Tochter scheint sich zurückgezogen zu haben. »Wann Rosa kommen wird, weiß ich nicht«, berichtet Ida Ende Oktober. »Wenn man Dir nicht schreibt, dann ist nichts daraus geworden. Rosa hat einen traurigen Brief geschrieben. Der betreffende Herr hat ihr gut gefallen und soll sehr reich sein. Sie soll ihm auch gefallen haben, aber er wollte sich erkundigen. Wenn er gute Auskünfte bekommt, ist es gut, und wenn nicht, ist es nichts. Kannst Du Dir denken, daß mir auch das Herz sehr weh tut?«

Um ihre Schwiegermutter in Triest zu beeindrucken, hat Ruth Ida um einige Rezepte gebeten und erhält folgende Antwort: »Heute haben wir einen schweren Kampf gehabt. Abends war Hermann da und sagte, tausend gibt er bar und über tausend einen Wechsel. Wir müssen warten mit Geduld, vielleicht kommt noch was von woanders. Nun will ich Dir die Rezepte schreiben: Piroggen macht man aus Hefeteig, und sie werden im Fett gebacken. Für Kröpchen wird ein Eierteig gemacht, und dann sollen sie in der Suppe kochen. Beide füllst Du mit zermahlenem Fleisch, das soll nicht zuviel gekocht sein, etwas Gänsefett, gehackter Zwiebel und ein Ei. Du kannst auch Reste verwenden.«

Aus Idas Briefen entsteht ein Bild, das nicht mit dem Stereotyp der klassischen jiddischen *Mame* übereinstimmt, der in manchen jüdischen Witzen das Verdienst – oder die Schuld – am Entstehen der Psychoanalyse zugeschrieben wird. Ida ist eine einfache Frau. Auf den Fotos sieht man, daß sie klein und korpulent ist. Da sie an Diabetes und Bluthochdruck leidet, gibt ihre Leidenschaft für Süßigkeiten den Familienangehörigen immer wieder Anlaß zur Sorge. Obwohl sie Tochter eines ziemlich wohlhabenden Rabbiners ist, hat sie keine weiterführende Schule besucht und gibt ohne

Zögern zu, daß große Argumentationen nicht ihre Stärke sind. Abends zieht sie sich gern unmittelbar nach dem Abendessen ins Bett zurück, um einen jener Herz-Schmerz-Romane zu lesen, die ihr die Kinder in großer Zahl aus der deutschen Bücherei in Memel mitbringen. In ihren Briefen taucht ab und zu eine Strophe aus einem deutschen Volkslied oder eine Figur aus den Märchen der Brüder Grimm auf. Ihre Briefe schreibt sie in deutscher Schrift, fast ohne Satzzeichen, selten mit Datum, nie mit Jahresangabe. Dennoch kann man die Briefe zeitlich leicht einordnen, denn sie nimmt fast immer auf wichtige familiäre Ereignisse wie Heiraten, Geburten oder Krankheiten Bezug. Neben orthographischen macht sie viele syntaktische Fehler wie jemand, der aus dem Jiddischen ins Deutsche übersetzt. Ebenso wie die anderen Familienangehörigen beachtet auch sie nicht die jüdische Tradition, G_tt statt Gott zu schreiben, oft aber benutzt sie die Abkürzung G.s.D für Gott sei Dank. Ihre ungeteilte Liebe gilt der Familie, der sie ihr Leben voll und ganz widmet, und am liebsten würde sie die Sorgen jedes Familienmitglieds auf sich laden. Ihre größte Freude ist es, alle um den Tisch versammelt zu sehen, in freudiger Erwartung der gefüllten Gans, deren Zubereitung eine ganze Woche in Anspruch nimmt. Sie hat nahe am Wasser gebaut, scheint ganz mit den schlichten Aufgaben des Alltags ausgefüllt und erkennt doch neben Hermann als einzige die zunehmende Verschlechterung der Lage der Juden in Litauen mit aller Deutlichkeit.

Am 3. Dezember 1937 teilt Ida Ruth mit, daß Rosas Heirat nun so gut wie sicher ist: »Ich hatte Dir schon Andeutungen gemacht, nur bestimmt wußten wir noch nichts. Man will doch nicht schreiben, bevor man bestimmt weiß. Rosa ist zu Schabbes nach Polangen zum Vater gefahren, er wollte sie kennenlernen, Mutter hat er keine. Rosa ist noch jung und ist hübsch geworden, sie ist eine glückliche Braut, und jeden Tag ruft er an. Den Tag, wie sie wegfuhr, rief er an, sie soll nur in zweiter [statt dritter Klasse] fahren, er ist ein ganz reizender Mensch. Rosa soll nur menschlich sein, dann wird schon alles gutgehen. Sie ist jetzt das Tagesgespräch für Prökuls und Memel. Kein Mensch glaubt, daß sie heiraten wird. Du schreibst, liebes Ruthchen, ich soll das Büffet nicht verkaufen, wo sollte ich denn das Geld nehmen, man braucht doch viel. Das andere Büffet ist auch ganz gut. Die Hauptsache ist, daß Rosa ist aus dem Hause, was hätte sie sonst angefangen. Jetzt in Stellung gehen, es wäre ja sehr traurig. Dieser Bewerber ist ein großes Glück, man sieht, es ist da ein Gott und eine Bestimmung.«

Gute Nachrichten treffen auch aus Palästina ein: Ruth hat eine Nichte! »Meine Kleine ist acht Tage alt«, schreibt ihre Schwester Dina. »Ich liege jetzt auf der Couch, und mein Mädele liegt nebenan in ihrem Bettchen. Montag um 10 Uhr fing es an. Boris war in der Arbeit, und ich bin ganz allein ins Krankenhaus gefahren. Man wollte nach ihm telefonieren, ich habe es aber nicht erlaubt. Helfen konnte mir Boris da auch nicht, er hätte sich nur aufgeregt. Als er ins Krankenhaus kam, fand er mich lachend im Bett. Meine liebe Ruth, Du kannst Dir nicht vorstellen, wie glücklich ich bin! P. S.: Raya heißt unsere Tochter und schickt an Tante Suti auch ein Küßchen.«

Rosas auf Deutsch und Jiddisch verfaßte Heiratsanzeige wird auch nach Triest geschickt: »Herr und Frau Leo Isaak und Mordechai Gurwitz geben die Hochzeit ihrer Kinder Rosa und Isi bekannt.« In Anbetracht der Zeitläufte hatten die Gurwitz' auf ihr Ladenschild ihren Namen lieber auf Litauisch, »Gurvicius«, geschrieben.

Im Dezember und Januar kommt es zu einer Reihe von Zwischenfällen an der polnischen Grenze. Die Beziehungen zwischen den beiden von autoritären und ultranationalistischen Regierungen geführten Staaten waren äußerst gespannt, seit Polen 1920 Wilna, die historische Hauptstadt Litauens, besetzt hatte. Nachdem die Grenzen immer wieder verschoben worden waren, war die polnische Besetzung 1923 durch eine internationale Konferenz in Paris als Status quo anerkannt worden. Zu Jahresbeginn 1938 droht die Entwicklung erneut außer Kontrolle zu geraten.

Am 10. Januar 1938 berichtet ein Brief an Ruth von der Hochzeit, die sicher nach jüdischem Ritus begangen wurde: Unter dem Baldachin aus blauem und purpurnem Samt und umgeben von den gedrehten Kerzen wird Isi zum Zeichen der Besitznahme Rosa auf den Fuß getreten sein. Beide sind weiß gekleidet, um ihres Todes eingedenk zu sein, und gemeinsam zerbrechen sie ein Glas: »Damit keine Frau trinke, was von deinen Lippen berührt worden ist, damit kein Mann seine Lippen netze, wo ich die meinen genetzt habe, und damit dieser zerbrochene Becher in unserem Leben und in unserem Tod bleibe, wie er ist...« Dann werden sie sich das Aschezeichen auf die Stirn gemacht haben, das an die Zerstörung des Tempels erinnert. Die Melodie von *Fiehren die Mechutomin* [die Eltern des Brautpaars], *aheim,* ist wirklich herzzerreißend, und ich frage mich, warum man eine so traurige Musik zur Hochzeit spielt. Ida aber spricht von all dem nicht, sie hat nur Augen für ihre Tochter: »Rosa hat gut ausgesehen und war auch sehr glücklich. Der Bräutigam und sein Vater, zwei Brüder und eine Cousine kamen morgens uns abholen. Um 11 gab es so ein Frühstück – Heringssalat, Gänseleber, Sülze von Gänseklein –, und dann fuhren wir mit zwei Autos nach Polangen. [Nach jüdischem Brauch wird die Hochzeit in der Gemeinde des Bräutigams gefeiert.] 1/24 kamen wir zurück, dann gab es das Essen, gefillte Fisch, Gänseleber, Gemüse, Putenbrust, Zunge, und gab es auch Gänse, Enten, Kalbsbraten, als Beisatz Gurken, Kürbis und Birnen, dann Obstsalat von Apfel, Apfelsinen, Pflaumen, Aprikosen, Kirschen und Nüssen, es hat wunderbar geschmeckt. Wir haben nur die Tische gedeckt, Hermanns Frau und die Köchin haben es gut gemacht. Isi hat mir schon geschrieben, er ist auf seine Frau stolz, alle fragen ihn, wo er hat eine so hübsche, nette Frau bekommen, und sie hat den ersten Mittag gekocht, hat so gut geschmeckt, so wie eine alte Wirtin hat sie es gemacht. Er ist sicher, daß sie werden glücklich sein beide, er ist ein guter Mensch, aber ein bißchen pedantisch. Er schreibt mir, Rosa hat sich einen guten Mantel arbeiten lassen, den hat sie unterwegs vergessen, und er hatte soviel Mühe, bis er ihn hat zurückbekommen. Sie hat versprochen, solches wird nicht mehr vorkommen. Liebes Ruthchen, Du schreib ihr, wie man muß mit dem Mann umgehen, aber darfst nicht meinen Namen erwähnen.« Zwei Wochen später schreibt Ida erneut: »Rosa hat mich angerufen. Sie bangt sich sehr und will paar Wochen später zum Besuch kommen, ich möchte auch schon sehr gerne mit ihr sprechen, wie sie so lebt, habe schon oft gebeten, sie soll mir doch von alles schreiben, aber es kommt nichts heraus. Deinen Brief habe ich erhalten und will hoffen, daß Du mir die Wahrheit schreibst, daß Du gesund und munter bist und 118 Pfund wiegst. Du könntest noch was zunehmen, Du bist groß. Gänsebrust war nicht zu bekommen, aber Wurst und Schinken haben wir Dir geschickt.«

In den folgenden Schreiben berichtet Ida ihrer Tochter die letzten Neuigkeiten aus dem weiteren Familienkreis. Der Erstgeborenen von »Dina und Bavilski« in Palästina gehe es gut. »Papa meint, eine Tochter ist besser als ein Sohn. Wenn eine Tochter heirat, bekommt man zu einen Sohn, aber wenn ein Sohn heirat, verliert man ihn.« Der Cousin soundso hat geheiratet, der Soundso »hat schon seine junge Frau gebracht. Jetzt muß die Tante [Idas Schwester] ganz still sein, sie hat es verdient.« Eine Cousine hat ihr erstes Kind bekommen, und ein anderer Cousin namens Isi hat, obwohl er aus unerklärlichen Gründen sehr klein geblieben ist, eine schöne und sympathische Frau gefunden. Leo hat sich in seinem »Krug« gut eingerichtet und sich sogar ein Radio gekauft. Der Erstgeborene und seine Frau besuchen ihn dort oft. Vor kurzem haben Hermann und Hilde die Mutter zu einer Aufführung des jiddischen Theaters nach Memel mitgenommen, weil sie wissen, wie sehr auch ihr solche Tanz- und Gesangsdarbietungen gefallen. Die Mutter ist ein wenig besorgt, weil nach Rosas Mitgift für Putti nur noch ein Dutzend Handtücher und ein paar Daunenbetten übrigbleiben. »Sie ist doch noch so jung, soll ich mich sorgen für ein Mädel von neunzehn Jahren oder für eine von einunddreißig? Wenn Gott will, daß wir noch leben sollen, werden wir schon auch für Puty sorgen.« Dann folgt eine merkwürdige Nachricht: »Von Tita [einer Cousine] ist gar nichts zu hören. Es ist im ganzen Memelgebiet keiner da, der sagen kann, was mit ihr ist.« Ist das eine Andeutung, um zu verstehen zu geben, daß eine weitere Verwandte geflüchtet ist? Glaubt Ida wirklich, Ruth weismachen zu können, eine Cousine habe sich spurlos in Luft aufgelöst?

»Durch Rosas Heirat sind wir sehr erfreut geworden, kann gar nicht sagen, wie schön es war. Oft hört man die Wunder, was halt geschehen, und wir haben heut erlebt so ein Wunder: Kommt ein bildschöner Mensch, vermögend, lieb und gut, und verliebt sich in unsere Rosa. Er sagt zu mir, Mutter, ich weiß Roschens Fehler, und trotzdem heirate ich sie, weil ich sie liebe. Sein Vater und seine Brüder hat sie auch gut gefallen. Ich bitte Dich, liebes Ruthchen, schreibe ihr einen Brief, wie sie sein soll gegenüber ihrem Mann und nicht auf andere Männer achten soll. Ich werde Dir nachher etwas deswegen schreiben, aber erwähne meinen Namen nicht. Habe heute Teyglach Pomeranzen [eine glückbringende Süßspeise der aschkenasischen Juden] gekocht, die hast Du ja so gern, ich will für Puty ein Päckchen schicken [nach Riga, wo sie studiert und bei den Hoffs zu Gast ist, einer sehr reichen Industriellenfamilie, mit der Sie nahe verwandt sind]. Sie ist so nervös, sie kann nicht schlafen, das kommt vom vielen Lernen. Die was lernen weniger, kommen viel besser fort in der Welt. Wir sehen es doch an unserer Jenny in Palästina, eine andere wäre schon längst verheiratet, aber sie macht mir solche Sorgen.«

Ruth ist schon lange von ihrer Lungenentzündung genesen, aber die Mutter macht sich weiterhin Sorgen, ob ihre Tochter genügend ißt und sich warm hält. Deshalb schickt sie eines Tages zwei Daunenbetten, für die sie in mühseligster Arbeit den Flaum jeder einzelnen Feder vom Kiel getrennt hat. Ich male mir aus, wie sie die Gänse in der üblichen Art bei lebendigem Leib rupfte, nachdem sie ihnen zur Schmerzbetäubung eine Mahlzeit von in Wein eingeweichtem Brot gegönnt hat. Ein und dasselbe Tier wird mehrmals im Jahr gerupft, und die gerade wieder nachgewachsenen Flaumfedern sind die wertvollsten.

Im Winter erwähnt Ida in ihren Briefen fast immer, daß sie einen Gänseschinken oder eine Gänseleberwurst geschickt hat oder in Kürze schicken wird. Meine Mutter führte diese kulinarische Tradition auch in unserer kleinen Küche in der Via Giulia fort. Anstelle des Kachelofens von Prökuls hatten wir zwar nur einen gußeisernen Ofen, der die Heizung speiste, doch das Ritual war das gleiche geblieben. Die anstrengende Vorbereitung der Gans war in gewisser Weise das beherrschende Ereignis der Herbsttage, an denen Ruth mich wegen der »bora scura«, dem eiskalten Nordwind, nicht in den Park bringen konnte, um mich entweder mit dem »Grünen« oder dem »Silbernen« aus dem Fahrradverleih herumsausen zu lassen. An solchen Tagen mußte ich allein mit meinen Soldaten spielen, die ich, hinter meiner Sammlung von Mineralien und Fossilien verbarrikadiert, in zwei Fronten gegeneinander aufstellte, um einmal von der einen, dann von der anderen Seite einen Gummipfropfen aus meinem Spielzeuggewehr abzuschießen. Manchmal durfte ich mich auch auf einem um den Schrubber gewickelten Wollappen durch die Wohnung ziehen lassen oder neben Ruth nähen oder flicken lernen. Einige Tage aber nahm immer die Zurichtung der Gans in Anspruch, an der ich teilnehmen durfte. Ein solches Tier wog manchmal mehr als acht Kilo. Dabei habe ich gelernt, daß die Innereien nicht nur Abfälle und ziemlich abstoßend sind wie beim Huhn oder, noch schlimmer, bei den Fischen, die meine Mutter im Spülstein hinrichtete. Dabei stieß sie kleine angewiderte Schreie aus, wenn ihr eine Flunder aus der Hand glitschte. Die Innereien der Gans dagegen wurden betastet, gestreichelt und gelobt: »Oh, diese Leber ist größer als die vom letzten Jahr, ich meine, es werden mehr als sechzig *Deka* [600 gr] sein. Schau her, die Gallenblase muß man vorsichtig mit den Fingern abtrennen und aufpassen, daß sie nicht kaputtgeht, und dann, zack, ein Schnitt mit der Schere und ... hoppla!, so viel Fett an den Nieren! Zwei dicke Bauchtaschen Fett, das ist ja ein richtiger Luxus. Und das Herz? Wenn man es zerkleinert und durch den Fleischwolf dreht, wird die Pastete noch zarter. Da sind sogar noch drei unfertige Eier! Daraus machen wir einen Kuchen... In Prökuls haben wir die Gans noch im Federkleid abhängen lassen, den Bauch mit zerknülltem Papier gefüllt. Aus der Haut am Hals mit seinen ganz feinen Federchen machte man Puderquasten.«

Der Ofen knackte und knisterte, wenn meine *verrückten* Roßkastanien, mit denen ich eingeheizt hatte, aufplatzten, während aus den mit Zucker und selbstgemachter Zwetschgenmarmelade gefüllten Bratäpfeln der Sirup zischend auf die heiße Herdplatte tropfte. Wenn die Gans ausgenommen war, begann die Jagd nach den Fettansammlungen, an denen auch ich mich beteiligte. Jeder Winkel in der Bauchhöhle und im Hals, jede Falte der Haut und der Eingeweide wurde nach großen, aber auch nach den allerkleinsten Fettansammlungen durchsucht. Das Fleisch der Gans an sich ist fett genug und braucht nichts dazu. Wenn dann die Untersuchung beendet war und in der Küche noch der leicht brenzlige Duft der Bratäpfel und des karamelisierten Zuckers schwebte, kamen unzählige Einmachgläser und das Ölpapier auf den Tisch. Wenn das Fett auf kleiner Flamme ausgelassen war, wurde es auf die Gläser verteilt, um es fest werden zu lassen, aber nicht, ohne vorher die *frize*, die Grieben, herauszufischen, die Guido so gern mochte. Wie jedes Jahr kam nun endlich der Augenblick der tausend Düfte der Gans. Die Gläser wurden erst geschlossen, wenn das Schmalz fest war, und um zu vermeiden, daß die Gläser wegen des plötzlichen Temperaturwechsel zersprangen, ließ Ruth sie lange dampfend auf der Küchenanrichte »ruhen«, bevor sie sie ins Kalte auf die Terrasse stellte. Alles wie in der lärmerfüllten Küche in Prökuls ... mit dem Unterschied, daß Großmutter Ida ausschließlich das graugrüne Fett aus den Gläsern zum Braten von Fleisch verwendete, während das Gänseschmalz in Triest zu einer gastronomischen Spezialität »deklassiert« worden war. Zum Ausgleich war es der Stolz und das Geheimnis von Ruths Kochkunst, ein Schatz, mit dem sie geizte. Ein Teelöffel genügte: Bei uns zu Hause gab es im Winter keinen Rinder- und Schweinebraten, kein Gulasch und kein Ragout, das nicht nach Gans duftete. Das ausgenommene Tier wurde mit in Milch eingeweichtem und dann ausgedrücktem Brot, mit Salbei und anderen Kräutern, mit Ei, Speck und gekochtem Schinken gefüllt und im Rohr gebraten, vorausgesetzt, es paßte hinein. In strenger Befolgung der Tradition, die angesichts dieser Ingredienzien wenig *jiddisch*, dafür um so mehr *Mame* war, waren für Guido und mich die besten Stücke, die sogenannten *omboli*, reserviert. Bis heute weiß ich nicht, wo die Gans diese Teile versteckt hält, aber ich kann mich noch genau an sie erinnern, an diese Art kleiner Rechtecke aus weichem Fleisch, das sich leicht von den beiden L-förmigen Knochen löste, mit der dicken knusprigen Haut, deren köstlichen Duft ich noch in der Nase spüre. Aus der elastischen, besonders wohlschmeckenden Haut des Gänsehalses bereitete Ruth eine Art Zampone zu, der in der Kasserole gebraten wurde. Doch da auch das schönste Spiel einmal zu Ende geht, brachte Mama gegen Frühjahr eines Tages mit trauriger Miene das Essen auf den Tisch und verkündete, daß das Unvermeidliche eingetreten war: Was sie uns serviere, sei unwiderruflich der letzte gute Braten in diesem Jahr, denn das Gänseschmalz sei aufgebraucht.

In Prökuls geht der Winter zu Ende. Am 15. März 1938 schreibt Ida an Ruth: »Morgen werde ich Dir wieder Butter schicken, so lange kalt ist, kann man noch schicken. Bei uns ist noch sehr kalt, schreibe bitte, ob alles noch gut hinkommt, wenn soll erleben nächsten Winter, werde ich probieren, Ente ohne Knochen zu schicken. Wenn das Päckchen schnell hinkommt, wird es möglich sein. Morgen haben wir Purim [das Fest »des Schicksals«, gemeint ist das Schicksal des jüdischen Volkes]. Ich habe wie immer Hamantaschen gebacken, bin aber so allein und hätte Dir gerne welche geschickt.«

Es scheinen hundert Jahre vergangen zu sein seit der Zeit, als Ida zu Hause in Lettland mit ihren Brüdern die traditionellen Maskenspiele vortrug, die an die überstandene Gefahr der Ausrottung der Juden während der Babylonischen Gefangenschaft erinnern sollen. Der diabolische Minister des Königs, der grausame Haman, und seine Frau in Männerschuhen und mit Hörnern auf der Stirn und der dumme König Ahasver mit dem langen Bart aus schwarzem Werg. Idas älterer Bruder spielte die Rolle des ehrlichen Mordechai, ihre kleinere Schwester die mutige Esther, die den perfiden Plan vereitelt. Alle lachten, wenn Ida als Mordechais Frau sich auf die Zehenspitzen stellte, um den Nachttopf über ihren Vater, den strengen Rabbiner, auszukippen, der bei dieser Gelegenheit den hohen, dreieckigen Papierhut und das Pappschwert des bösen Haman trug. Natürlich waren die Erwachsenen, wie es sich bei solchen Gelegenheiten gehört, ein bißchen beschwipst. An jene Tage ausgelassener Fröhlichkeit erinnerten in Prökuls nur die dreieckigen, mit Mohn oder Zwetschgenmarmelade gefüllten Blätterteigtaschen, die die Gier des bösen Ministers symbolisierten. Um die gleiche Zeit wurde an den Kiosken die neueste Ausgabe des »Stürmer« verkauft, in der Julius Streicher verbreiten ließ: »Das Wissen vom jüdischen Ritualmord ist so alt wie der Jude selbst. [...] Der ehemalige Oberrabbiner (und spätere Mönch) Teofiti erklärt z. B., daß die Ritualmorde vornehmlich anlässlich des jüdischen Purimfestes (Erinnerung an den Persermord) und des Passahfestes (Erinnerung an den Christusmord) ausgeführt werden. Die Vorschriften sind folgende: Den Opfern ist das Blut mit Gewalt abzuzapfen. Es soll beim Passahfest im Wein und im Mazzen Verwendung finden. Das heißt: Ein kleiner Teil des Blutes ist in den Mazzenteig und in den Wein zu schütten. Die Vermischung geschieht durch den Familienvater.«

»Wir haben Rosa zum Geburtstag gratuliert«, fährt Ida in ihrem Brief fort, »Gottlob ist die Lage besser wie voriges Jahr. Ihr Geburtstag war jedes Mal ein Trauertag, wieder ein Jahr älter. Gott möchte auch Jenny helfen, sie schreibt jämmerliche Briefe, mir bricht mein Herz vor Mitleid, und ich kann ihr nicht helfen. In Memel hat sie 450 im Monat verdient, wo Familien davon leben, und sie ist kaum ausgekommen, wie soll sie in Palästina auskommen mit ihrem jämmerlichen Verdienst. Liebes Ruthchen, ich muß Dir auch sagen, Du sollst Wäsche allein nicht waschen, das ist zu schwer für Dich. Du mußt nachher, Gott behüt, mehr für Arznei ausgeben als was Du sparst, wenn Du Dir nicht helfen läßt. Wegen Papa brauchst Du keine Sorgen haben, er ist gesund und munter, nur faul zum Schreiben, wenn er nach Hause kommt, liest er alle Eure Briefe. Heute ist bei mir ein Posttag, habe an alle meine Kinderchen geschrieben. P. S. Soeben bekam ich von Jenny einen sehr munteren Brief, sie kommt nach Haifa als Filialleiterin. Sie wird wohl bei Dina wohnen und schreibt Nachrichten, so nett und erfreulich, daß ich ganz aufgeregt bin vor Freude.«

Die darauffolgenden Neuigkeiten klingen jedoch ganz anders, und Idas Brief vom 29. März dürfte Ruth eher in Unruhe versetzt als beruhigt haben: »Wegen uns braucht Ihr Euch keine Sorgen zu machen. Die Zeitungen übertreiben. Kann aber nicht verheimlichen, daß es sehr schlimme Tage für uns waren. Man hat gewartet, es konnte jeden Augenblick losgehen. Du kannst Dir vorstellen, wie mir zu Mut war, Litauen mußte am Ende nachgeben. Einer sagte, der Pole kommt, und der andere, Hitler kommt, und Du weißt«, schreibt Ida mit ungewohntem Sarkasmus, »die sind beide gut für die Juden. Man wußte gar nicht, wo man soll hin, aber gottlob, jetzt ist alles ruhig.«

Aufgeben, fliehen? Was und zu wem?

Am 11. März, als die Nationalsozialisten ihren Druck zum »Anschluß« Österreichs bis zum Äußersten trieben, hatte Polen erneut einen Grenzzwischenfall provoziert. Das eigentliche Ziel Warschaus schien (und scheint) der Erwerb des Memelgebiets gewesen zu sein. Zwei Tage später beschuldigte die polnische Regierung Litauen der Provokation, das seinerseits unter Unschuldsbeteuerungen die Einsetzung einer internationalen Untersuchungskommission forderte. Statt einer Antwort setzte Polen das eigenartige und nur scheinbar harmlose Ultimatum, zwischen den beiden Staaten innerhalb von achtundvierzig Stunden wieder »normale« diplomatische Beziehungen herzustellen, die 1923 wegen des Streits um Wilna unterbrochen worden waren. Ida spielt auf die Tatsache an, daß Litauen, nachdem es vergeblich versucht hatte, internationale Unterstützung zu erhalten, die Rückkehr zu »freundschaftlichen« Beziehungen hatte akzeptieren müssen, um einen Krieg zu vermeiden. Dies bedeutete praktisch einen Verzicht auf die Stadt, die Litauen als seine historische Hauptstadt betrachtete, während Polen seine Ansprüche auf das Memelgebiet damit keineswegs aufgegeben hatte. Das polnische Expansionsstreben in diese Richtung wurde nach Aussage ausländischer Diplomaten in Berlin mit großer Beunruhigung betrachtet, denn dort wollte man das Memelgebiet ganz für sich.

Die Situation hat die Isaaks in so große Unruhe versetzt, daß Ida keinen Ausweg mehr sieht: »Flüchten kann man nirgends. Man muß bleiben, wo man ist. Eva Skwirblis ist geflüchtet von Wien nach Slowakien und kann nicht heraus, weil sie kein Visum bekommt.« Innerhalb weniger Tage hatten die Isaaks demnach die Nachricht von der Flucht einer ihrer Verwandten aus dem vom Deutschen Reich annektierten Österreich erhalten. Natürlich sind sie nicht darüber im Bilde, daß nach dem »Anschluß« Tausende österreichischer Juden inhaftiert und ein Teil von ihnen interniert wurde, aber wissen sie wirklich nicht, warum Eva und 120.000 ihrer Wiener Glaubensgenossen geflüchtet sind? In der Hauptstadt haben die Judenverfolgungen sofort und oft spontan eingesetzt. Die Korrespondenten vieler internationaler Zeitungen berichten darüber, daß Hunderte von Juden mit Gewalt gezwungen wurden, unter der Aufsicht junger Männer in brauner Uniform das Pflaster zu putzen; daß Eigentum beschlagnahmt wurde und daß SS-Trupps in der Plosslgasse Silber, Teppiche und Gemälde aus dem Haus des Barons Louis de Rothschild wegschleppten.

»Rosa und ihr Mann«, fährt Ida fort, »ziehen heute von Kidani [Kėdainiai] nach Ponewes [Panevėžys]. Puty ist immer in Riga bei Hoff und lernt fleißig. Das Schinkchen [gemeint ist natürlich Gänseschinken] und die Butter schickt Dir Papa. Er ist immer in Berzischken und hat viel zu tun mit dem Krug und dem Fahrrad.« Der Brief schließt mit den Worten: »Ich sorge mich so sehr um Euch, schreibst Du immer die Wahrheit?«

Wahrscheinlich deutet Ruth manches nur an, wie es ja auch ihre Mutter tut, aber sie weiß einfach wenig von der wachsenden antisemitischen Propaganda in Italien. Ihr Mann meint weiterhin, sie durch sein Schweigen schützen zu können, und hat ihr sicher nichts davon gesagt, daß auch beim Lloyd immer mehr Antisemiten beschäftigt sind. Am 24. März beispielsweise konnte der Sekretär der faschistischen Partei in Triest über ein Telefongespräch zwischen zwei Arbeitskollegen Guidos nach Rom berichten: »In diesen Momenten würde ich am liebsten den Hintern der Triester Juden sehen«, beliebte einer der Gesprächspartner zu äußern.

Drei Wochen später meldet sich Leo direkt aus Berzischken, schreibt aber auf Papier mit dem Briefkopf des Geschäfts in Prökuls, auf dem es heißt: »KAUFHAUS MAX BEER – PRÖKULS, Inh.: Leo Isaak, Fil.: Saugen, Telephon Nr. 20, Gegründet 1896, Tuch-, Manufaktur- und Konfektionswaren/ Webegarne/ Kolonial- und Materialwaren /Distillation/ Mehl, Getreide u. Saaten.« Fettgedruckt und auf der Zeilenmitte zwischen zwei Schnörkel gesetzt, wird das Geschäft auch als »~ Fahrradhandlung ~« angepriesen, offensichtlich der ganze Stolz des Besitzers. Wie üblich datiert Leo den Brief genau und schreibt in halb lateinischer, halb deutscher Schrift sehr gerade und ordentlich, obwohl er kein liniertes Papier unter das Schreibpapier legt. Er beherrscht das Deutsche vollkommen und wirkt wie ein Mann, der mit sich selbst im reinen ist, optimistisch und manchmal scharfzüngig. Ruth erzählt, daß sie aus den Briefen den Eindruck gewann, er sei noch derselbe wie zwanzig Jahre zuvor. Als damals Vierzigjähriger hatte er aus Karlsbad die berühmten Scherzpostkarten geschickt, die Ida die Schamröte ins Gesicht trieben: Typisch etwa das Bild einer Gruppe von Männern mit vor Anspannung knallroten Gesichtern, weil sie so dringend müssen, die schreien *Rauß muß er*! Dabei versuchen sie den Besetzer des Klohäuschens dadurch zu vertreiben, daß sie es in die Höhe heben, so daß darunter ein paar heruntergelassene Hosen mit roten Hosenträgern sichtbar werden. Hätte er vielleicht die Postkarten mit den alten hakennasigen Juden schicken sollen, die sich an die Röcke empörter Damen hängen, wie sie mancher deutsche Landsmann an seine in Prökuls gebliebene Ehefrau schrieb? Wahrscheinlich nahm Leo diese Art Postkarten nicht einmal wahr, denn er wollte sich nicht unnötig aufregen. Auf seine Art war er ein Gesundheitsapostel: So ließ er sich beispielsweise im Winter morgens einen Eimer voller Schnee ins Schlafzimmer bringen, rieb sich damit ausführlich ab und trällerte dabei Lieder vor sich hin, vielleicht deutsche Volkslieder. An den Poststempeln kann man ablesen, daß er Briefe, die für einen bestimmten Anlaß, wie beispielsweise einen Geburtstag oder eine Hochzeit, gedacht waren, immer zu spät abschickte, als daß sie rechtzeitig hätten ankommen können. Mit keiner Silbe geht er auf die schwierige politische Situation zum damaligen Zeitpunkt ein, die seine Frau so sehr beunruhigt. »Der Krug«, schreibt er, »war fürchterlich abgewirtschaftet, und um ihn wieder auf einen zumutbaren Stand zu bringen, habe ich hart arbeiten und viele Kosten tragen müssen. Jetzt geht es so einigermaßen, und ich bemühe mich, das Geld für die Reise nach Triest zu sparen. Zu meinem Geburtstag habe ich von Hermann einen schönen Sommeranzug geschenkt bekommen, er scheint sich gebessert zu haben. Deine Briefe und die Briefe von Putti, Dina und Jenny lese ich immer mit viel Liebe. Hat Dir das Schinkchen geschmeckt? Ich werde mich erkundigen, ob ich Dir noch welchen schicken kann. Hier habe ich mich so einigermaßen eingelebt, und es gefällt mir so ziemlich. Von den alten Angestellten habe ich noch immer Fräulein Knoll, ohne sie hätte ich dieses Geschäft gar nicht übernehmen können. Die anderen Damen haben mich stets beklaut. Am 1. Mai ist großes Fest, hoffe, daß es auch in der Cassa zu merken sein wird.«

Auch wenn die Kinder, die sie früher an der Hand genommen hatten, damit sie die Brotkrumen unter den Schränken suchten, längst weit entfernt in Triest, Haifa, Panevėžys und Riga leben, feiern Leo und Ida mit Hermann zusammen das Passahfest 1938 in Prökuls auf die bestmögliche Art. Nach fünf Monaten Ehe ist Rosa schon im vierten Monat schwanger, ihr Mann sei Gold wert, sagt sie. Bei Hermann steht die Geburt seines ersten Kindes ins Haus. Ida schreibt: »Gott gebe, es soll nur alles gutgehen. Mir ist das so komisch, das Bettchen und alles ist fertig, und kein Kind ist noch nicht da.« Ein Paket von Ruth und Guido ist gerade am Vorabend des Feiertags angekommen; aus Palästina hat Dina geschrieben, das Töchterchen gedeihe wunderbar, und Boris habe ihr zu Passah ein Rosenthal-Service geschenkt. [Seit 1936 ist die Porzellanfabrik des deutschen Juden Philipp Rosenthal durch den Hinauswurf der Erben vollständig »arisiert«. Die neuen Eigentümer haben die angesehene jüdische Marke beibehalten, finanzieren aber die antisemitische Presse. All dies ist jedoch in der Öffentlichkeit nicht bekannt.] »Nur mit Jenny ist immer das alte Lied«, schreibt Ida, »zum Heiraten findet sie immer nicht den Richtigen, ich bin so verärgert. Ich schreib ihr, solche Tröpfe wie in Memel kann sie nirgendwo finden.«

In der Zwischenzeit erreicht die Krise wegen Hitlers Ansprüchen auf das »Sudentenland« ihren Höhepunkt.

»Habe schon auf Deinen Brief sehr gewartet«, schreibt Ida, »denke an Dich und beantworte gleich, das ist doch meine einzige Freude, wenn ich von Euch Nachricht habe. Mir geht es so ziemlich gut, man lebt so dahin. Ich gehe jeden Tag zum Hermann, er ist sehr nett zu mir, auch Hilde, bei ihnen erwartet man jeden Tag etwas. Rosa und ihr Mann werden wohl umziehen, weil er ja auch Geschäft hat in Schaulen, ich werde noch nicht so bald fahren. Im

Sommer ist Prökuls sehr schön, die Mingus und der Wald so nah. Ich denke, so Ihr mit Gottes Hilfe kommen sollt, wie schön es möchte sein, man braucht nirgends hinzufahren. Wir können hier sein, und Du kannst Milch und Sahne und alles Gute haben.«

Ida war anscheinend darüber informiert, daß bei Hitlers Staatsbesuch in Rom, Neapel und Florenz die dort ansässigen deutschen Juden »vorsorglich« verhaftet wurden, denn sie fügt ihrem Brief den ansonsten unverständlichen sarkastischen Satz bei: »Der gute Mann [Hitler] hat bei Euch so ein großes Aufsehen erregt, man kann die Zeitung gar nicht mehr lesen.«

Am 25. Mai, fünf Tage nach der Mobilmachung in der Tschechoslowakei infolge des Bekanntwerdens von Hitlers Weisung zur »Erledigung der Resttschechei«, antwortet Ida auf ein Schreiben Ruths, die offensichtlich die Befürchtung geäußert hatte, eine Reise werde nicht möglich sein: »Wegen Dein Kommen weiß ich Dir nicht zu raten, Du kannst Dir denken, wie ich würde mich freuen. Auch Rosa und Puty wollen dann kommen, wann Du hier bist. Ich mache mir viel Sorgen um Rosa, was sie anfangen wird. Hoffe, Gott möchte ihr helfen, ihr Leib ist doch schon geschnitten, und sie muß doch in ein Krankenhaus gehen. Ich sorge mich sehr, und Du weißt ja, wie Rosa ist. Hilde ist furchtbar stark, man wartet schon seit vierzehn Tagen, Gott möge ihr helfen. Sie sagt, ich soll Dir ihre zwei berühmten Rezepte für Erdbeerkonfitüre und Kirschensirup schicken, Du sollst nicht vergessen, es in Emailtöpfen zu machen.«

Am 9. Juni 1938 ist es endlich soweit: »Die Tochter von Hilde ist da! Ganz mein Abbild, aber leider ein kleines, schwaches Kind, aber Gott gebe, sie soll wachsen und gedeihen. Habe schon so manche Stunde von der Freude gezehrt, daß Du kommen wirst, aber leider, wie die Lage ist, kann ich mir nicht denken, es ist zu machen, es muß viel Geld kosten, und Euer Geld ist hier so wenig wert. [....] Der Papa war heute hier, ihm geht es sehr gut und macht gute Geschäfte, nur mit Sally geht es nicht, wie es sollte.« Als ob sie gewollt hätte, daß Sally den ihm geltenden Vorwurf auch lese, hat Ida ihren Sohn gebeten, unmittelbar nach diesem Satz einige Worte einzufügen. Sally ist wie immer sehr wortkarg: »Zu Deinem dreiundzwanzigsten Geburtstag wünsche ich Dir alles Gute und Beste.« Ida schließt den Brief mit der Ankündigung, eine weitere Gänseleberwurst sei unterwegs.

Nach der Veröffentlichung des sogenannten »Rassenmanifests« im Juli zeichnet sich ab, daß es in Italien neue Gesetze mit schwerwiegenden Auswirkungen geben wird. In Triest macht sich Ruth große Sorgen und scheint auch ihrer Mutter gegenüber Andeutungen gemacht zu haben, denn im September antwortet diese: »Wie viel ich an Dich denke, kannst Du Dir gar nicht vorstellen. Was wirst Du leiden müssen unter die neuen Gesetze. Ich mache mir Sorgen, ob Guido soll nicht entlassen werden.«

Angesichts von Idas Reaktion berichtet Ruth nicht weiter über die Ängste, die sie und Guido seit Anfang September bewegen. Sie verschweigt die Verabschiedung eines Gesetzesdekrets durch den Ministerrat, das allen Juden, die sich nach 1919 in Italien niedergelassen haben, die Staatsbürgerschaft entzieht und sie ausweist. In Prökuls weiß man nicht, daß die Tochter offiziell staatenlos geworden ist.

In Triest dagegen rät Guidos Mutter Gisella, die ihrer jungen ausländischen Schwiegertochter »von Herzen gut« ist, einen Weg zu suchen, um ihre Situation zu legalisieren. Eine Möglichkeit könnte sein, die Sache dem neuen Bischof vorzulegen, denn eine kirchliche Heirat könnte vielleicht nützlich sein. Ruth ist unsicher. Man hat ihr zwar nichts davon gesagt, daß die Kurie von Görz in ihrer Zeitschrift über einen »Krieg gegen Gott« schreibt, der »reichlich vom Satansmist in den Händen der Juden finanziert wird, denen gesunde Völker längst mit Verbannung drohen«. Doch entsprechende Passagen aus der katholischen Zeitschrift von Triest, über die jedermann spricht, hat man Ruth nicht verheimlichen können. Soll sie diesem Bischof nur deshalb trauen, weil die Diözesanzeitung schreibt, »nicht alle Quellen, aus denen der Antisemitismus sprudelt,« seien »von kristallner Klarheit«? Oder weil die »katholische Kirche, die durch ihre Herkunft und ihre Kämpfe ihrem Wesen nach die antisemitischste aller menschlichen Vereinigungen ist, allen Juden die Rettung durch die Taufe« anbietet?

Seit geraumer Zeit zeigt sich die deutsche Botschaft in Rom darüber besorgt, daß die größte Zeitung in Triest einem Juden gehört, der freilich fast Finanzminister der ersten Regierung Mussolini geworden wäre. Schließlich wird zwei Wochen vor dem Besuch des Duce in Triest vom deutschen Konsulat ein vertraulicher Bericht angefertigt, der sofort nach Berlin geht und heute in London archiviert ist: Darin heißt es, es sei »bereits eine interessante Umstellung in den Besitzverhältnissen der bedeutenden Triestiner Tageszeitung, des ›Piccolo‹, vollzogen worden. Der ›Piccolo‹ war bisher ausschließlich Aktienbesitz des Juden Senator Mayer, dessen Sohn als administrativer Direktor in der Redaktion des Blattes tätig war. Der bisherige Chefredakteur Rino Alessi, ein Schulkamerad des Duce, hat vor kurzer Zeit eine Reise nach Rom unternommen und in engster Fühlungnahme mit dem Duce und, wie es heißt, mit dem italienischen Außenminister Graf Ciano binnen 24 Stunden das nötige Kapital aufgebracht, um Senator Mayer vollkommen aus dem Besitz des Blattes auszuschalten. [...] Das neue Kapital, auf das sich Herr Alessi zur Zeit stützt, soll, wie mir versichert wurde, restlos aus arischen Händen kommen.«

In diesen Tagen lebt die jüdische Gemeinde von Triest, die nach der römischen die meisten Mitglieder zählt, in großer Unruhe. Zu den Ängsten wegen der befürchteten Konsequenzen der Rassengesetze kommen die wegen des bevorstehenden Besuchs Mussolinis in Triest. Hoffnungen und Befürchtungen wechseln sich ab, und man fragt sich, ob Mussolini die jüngsten Maßnahmen bestätigen oder die Juden beruhigen wird. Am Tag des Besuchs erlebt Triest anscheinend einen Höhepunkt des faschistischen Führerkults: Das Lokalblatt begrüßt den Duce wie eine Gottheit und sieht ein unvergeßliches Schauspiel der Massenanbetung voraus: »Dich sehen, Deine Stimme hören«, steht in Riesenlettern auf der Titelseite: »An der Seite Deiner Körperlichkeit im Lichte Deines erhabenen Geistes stehen! Welche Erleuchtung wird uns Dein von der ganzen Welt erwartetes Wort bringen? DUCE, Triest ist mit Dir, glaubt an Dein Denken und an Dein Wort, glaubt mit religiöser Inbrunst an Dein großes Werk.« Solche Worte müssen sogar die Erwartungen der Deutschen übertroffen haben, denn eine vergleichbare Hymne war selbst dem Führer in Deutschland noch nie dargebracht worden.

Auch im Hause Siro herrscht an diesem Tag Hochspannung. Gisellas Tochter, damals eine glühende Faschistin, ist nicht da, weil sie außerhalb von Triest als Lehrerin arbeitet. Deshalb möchte Gisella, Monarchistin und überzeugte Nationalistin, von einem anderen Familienmitglied begleitet werden, um den Duce zu sehen. Zuerst bittet sie ihren Gatten, sie zu begleiten. Giuseppe jedoch lehnt fast knurrend ab und erklärt, er dürfe bei seiner Kartenspielrunde im Café Stella Polare nicht fehlen. [In der Familie munkelt man, Großvater habe dieses Lokal für seine regelmäßigen Treffen mit Freunden gewählt, weil es als Eigentum der örtlichen griechischen Gemeinde sozusagen neutrales Terrain war und weil die Richtung der »stella polare«, also des Polarsterns, die den Freundeskreis einende Anhänglichkeit an das alte Österreich-Ungarn andeutete. Auch wollte er damit seine Frau, die natürlich das Café Rex vorzog, reizen, und außerdem hätte er wissen müssen, daß das Stella Polare an diesem Tag geschlossen sein würde.] Angesichts dieser Abfuhr versucht Gisella es mit ihrem Sohn. Guido hätte lieber seine Karriere ruiniert als Parteimitglied zu werden, antwortet aber seiner Mutter höflicher als der Vater, er habe sich dringende Arbeit nach Hause mitgenommen, was merkwürdigerweise schon seit der Zeit vor Palästina nicht mehr geschehen war. Also bleibt nur noch Ruth, und die akzeptiert. Wie hätte sie auch zu ihrer lieben Schwiegermutter nein sagen können, die ihr hingebungsvoll Italienisch oder, genauer gesagt, den Triestiner Dialekt, und die Zubereitung der Gerichte, die Guido so gern mag, beibringt? So geht die »Arierin«, die sich durch und durch als Italienerin fühlt, Arm in Arm mit der ausländischen, ja eigentlich staatenlosen Jüdin auf die Piazza della Borsa, beide im Sonntagsstaat mit Hut und Handtasche. Von den Tischen vor dem Rex, das an der Stelle, wo man die schöne alte Synagoge des Ghetto abgerissen hat, in einem typisch faschistischen Bauwerk untergebracht ist, kann man den Mann bewundern, der für die eine der beiden Frauen Herr eines künftigen italienischen »Impero« ist, für die andere das Staatsoberhaupt des Landes, das sie anscheinend ausweisen will.

»Mussolini sprach auf der Piazza dell'Unità d'Italia von einer riesigen Tribüne herab«, erzählt Ruth. »Sie stand auf zwei Schiffsrudern, die bis über das dritte Stockwerk des Rathauses reichten. Das Radio verbreitete seine Stimme bis nach Sizilien, auf den Straßen und Plätzen der Umgebung tönten Lautsprecher. Man war auf die Rede sehr gespannt, denn in den Zeitungen war eine Nachricht aufgegriffen worden, die Palazzo Venezia an die internationale Presse verbreitet hatte. Es hieß, der Duce werde die italienische Haltung zu den jüngsten Rassengesetzen erläutern. Überall war eine ungeheure Menschenmenge unterwegs, und Gisella sagte mir ganz begeistert, in Triest habe man etwas Vergleichbares noch nicht erlebt. Sie mußte sogar eingestehen, daß selbst der erste Besuch von König Vittorio Emanuele nach der Befreiung Triests ›vom österreichischen Joch‹ längst nicht so viele Menschen mobilisiert habe. Organisierte, Fahnen schwenkende Kundgebungsteilnehmer und Gruppen von Schwarzhemden marschierten auf dem Corso vor den Tischen des Rex auf. Die Menge reckte den Arm zum römischen Gruß und unterstrich die entscheidenden Passagen der Rede mit nicht endenwollenden Ovationen. Ich war wie betäubt, aber nach den ersten Sätzen in bezug auf die Juden schien Mussolini nicht allzu hart gegen sie vorgehen zu wollen. ›Wer denkt‹, sagte er mit Betonung auf jeder Silbe, ›daß die Faschisten bei den Rassengesetzen die anderen (die Deutschen) nachahmen würden, ist ein Dummkopf!‹ Ich dachte, es bestehe Hoffnung, aber sogleich fuhr Mussolini fort: ›Das internationale Judentum ist der unversöhnliche Feind des Faschismus‹, und bei diesen Worten verwandelte sich der Beifall in einen Donnerhall, der überhaupt nicht mehr aufhören wollte. Während Mussolini auf dem Platz schwieg, schien sich der Donner auf uns zuzubewegen. Zuerst war ein endloses ›Du-ce! Du-ce!‹ aus den Lautsprechern zu hören, gleich darauf stimmte die dichtgedrängte Menschenmenge vor dem Café ein. Mir war zum Heulen zumute. Als freue er sich darüber, die Stimmungslage der Menge getroffen zu haben, erhob Mussolini die Stimme und brüllte, Italien sei bisher mit den ›semitischen Elementen‹ allzu nachsichtig umgegangen, die das Land ›regelrecht wie Piraten‹ zu überfallen versuchten. Deshalb hätten sie eine ›Politik der Trennung‹ verdient. Was sollte das heißen? Der Schluß der Rede war schrecklich und eine einzige Erpressung, die in etwa lautete: Mißbraucht unsere Großzügigkeit nicht, sonst ›zwingt ihr uns zu einem radikalen Kurswechsel‹. Plötzlich war ein dumpfes Brausen zu hören, das sich wie eine Welle durch die Masse der auf dem Platz zusammengedrängten Menschen fortbewegte: Der Duce fuhr langsam in einem offenen Wagen vorbei, und wenn er den Arm zum Gruß erhob, gebärdeten sich die Leute wie verrückt, auch die Besucher des Cafés sprangen auf und meine Schwiegermutter mit ihnen. Vier Monate später ›erblühten‹ – wie man damals sagte – auch vor dem Rex Schilder mit der Aufschrift: IN DIESEM LOKAL SIND JUDEN UNERWÜNSCHT. Ich weiß nicht, wie, aber plötzlich war auch ich wie angesteckt von den anderen aufgesprungen und erhob mit Tränen in den Augen den Arm zum römischen Gruß. Dafür habe ich mich immer geschämt und kam mir wie eine Übeltäterin vor. In Litauen zitterten die Meinen um ihr und mein Schicksal, das durch den Rassismus hier wie dort am seidenen Faden hing, und ich ließ mich fast von der Menge anstecken...«

Außer der Nachricht über die Geburt von Hermanns und Hildes Tochter ist die Neuigkeit des Tages in Prökuls die bevorstehende

Heirat der nur zwanzigjährigen jüngsten Tochter Putti. Der Verlobte heißt Leo wie Puttis Vater, mit Nachnamen Segal. Die künftige Braut ist bis über beide Ohren verliebt: »Auch wenn er nicht so bildhübsch ist wie auf dem Foto, das ich Dir geschickt habe, groß ist er, und vor allen Dingen hat er einen wunderbaren Charakter und ist sooo gut. Ruth, ich bin glücklich! Ich gewinne ihn immer lieber! Auch geschlechtlich ist er mir angenehm, und ich denke, daß das doch wichtig ist, nicht wahr?« »Gottlob«, erklärt Mama Ida, »wird Puty sich gut verheiraten, der Bräutigam hat Grund. Zwei Geschäfte und bares Geld, wird alles auch auf ihren Namen eingetragen, die Puty ist gleich eine reiche Frau. Der Bräutigam immer auf Besuch, er ist sehr gut und macht, was Puty sagt und will, und bringt immer teure Geschenke.«

Wir befinden uns am Vorabend der Münchner Konferenz, bei der es nicht nur um das Schicksal des »Sudetenlands« geht. Leo und Ida fürchten die weitergehenden Ansprüche der Deutschen, aber auch der Polen auf das Memelgebiet. Am 20. September erklärt ein bekannter litauischer Journalist und offizieller Sprecher der Regierung in Kaunas als »Privatmann« in Berlin, die Deutschen des Memelgebiets würden sicher auf ihrem Selbstbestimmungsrecht bestehen. Angesichts ihrer überwältigenden numerischen Überlegenheit sei der Ausgang einer Abstimmung vorhersehbar: »Es ist deshalb ratsam, daß Litauen endlich ganz offen über die Abtretung des Memelgebiets an Deutschland verhandelt. In Kaunas ist man sich darüber im klaren, daß man die Unabhängigkeit des Staates selbst in Gefahr brächte, wollte man das Problem umgehen.«

»Liebes Ruthilein!« schreibt Putti, »Muttchen und ich sitzen am Tisch, die ›Petroleumfunzel‹ brennt, und auf meinem Schoß sitzt Sussi, mein Kätzchen, und will mich nicht schreiben lassen. Hast Du den Brief mit der litauischen Zigarette erhalten? Und die letzten Päckchen? Die Zollbestimmungen sind noch die gleichen? Glaub mir, wie gern wir Dich jetzt sehen und hierhaben möchten. Außer der Gans und der Butter hätten wir Dir auch so gern das Geld geschickt, aber Leo [ihr Mann]hat sehr große Ausgaben gehabt. Wegen der Vermählung hat er sich einen Anzug, einen Smoking und einen Mantel arbeiten lassen. Das kostet fast 1.000 Litas, dann die Möbel, Gardinen und die übrigen Wirtschaftssachen für unsere zukünftige Wohnung. Ich wollte eigentlich meinen Ring abgeben, aber Ma sagt, das sieht nicht schön aus, wenn ich Leos Geschenk weggebe. Sonntag haben wir eine herrliche Wohnung in Tauroggen gemietet [in Litauen, wenige Kilometer von der Grenze des Memelgebiets entfernt, wo der Bräutigam eine Bäckerei-Konditorei besitzt]. Sie ist sehr schön, in einem Neubau mit Zentralheizung: drei große, sonnige Zimmer, Balkon, Entree, Küche, Badezimmer, Wasserklosett, Mädchenkammer, Bodenraum, Keller und Waschküche. Du siehst, es wird alles schön und bequem sein, wenn Guido und Du zu uns kommen werdet. Das wird jetzt Dein Zuhause in Litauen sein, das sollst Du *immer* wissen.

Meine kleine Ruthi, ist Dir nicht sehr traurig zu Mute unter den jetzigen Umständen? Möge Gott geben, daß die Konferenz vom 1. Oktober nicht zu schlimme Beschlüsse macht! Überhaupt ist die Lage jetzt so ernst. Wie stellt sich Italien zum tsch.-dtsch. Konflikt? Weißt Du das Neueste? Norbert [ein Cousin aus der Familie Isaak] hat sich mit Ulla, einem Mädel aus Tilsit, verlobt. Sie ist sehr fein und nett, aber ganz arm, und Onkel und Tante sind sehr wenig davon entzückt, besonders, da es ihnen jetzt auch geschäftlich so mies geht [genauso schlecht gehen auch die Geschäfte von Leo Isaak, seinem Sohn Sally, Rosas Mann und einer wachsenden Zahl von Juden]. Das Hochzeitskleid will ich weiß haben so wie Dina, im griechischen Stil, es ist doch jetzt sehr modern. Doch genug jetzt von diesem oberflächlichen Quatsch. Mein liebes, liebes Ruthchen, mir tut das Herz so weh, wenn ich an Dich denke. Wie mag es nur noch bei Euch werden? [Beim Lloyd Triestino zeichnet sich die Entlassung der Juden und vielleicht auch die der mit Jüdinnen verheirateten Angestellten ab.] Eins bitte ich Dich, sei immer ehrlich zu mir, versprichst Du es mir? Du weißt doch, ich werde Dir immer helfen, soweit es in meiner Kraft steht. Ruth, ich habe Dich doch so lieb und bange mich so schrecklich um Dich.«

17. Oktober 1938. Seit zwei Wochen hat das Dritte Reich das Sudetenland annektiert, unmittelbar gefolgt von Polen, das sich das Grenzgebiet von Teschen einverleibt, beides ehemalige Gebiete der Tschechoslowakei. Doch Ida geht anderes im Kopf herum, sie ist glücklich: »Denke Dir bloß, unsere Rosa hat heute morgen eine Tochter geboren, ich bin ganz gruslig vor Freude, wie ich habe gewartet auf den Kaiserschnitt, habe ich gestern den ganzen Tag geweint, und heut früh endlich... Ich denke, heute alle kriegen nur Mädels. Gottlob, daß schon alles vorüber ist. Habe viel zu tun mit der Hochzeit, man will nicht viel aufrichten, aber mein Herz ist schwer, daß von Euch kann keiner kommen. Wer weiß, ob Hermann wird noch kommen können, er ist zur Übung eingezogen. Daß der Zoll die Wurst zurückbehalten hat, hat mir viel Ärger gemacht.«

Vier Tage später gibt Hitler in aller Heimlichkeit den Befehl zur »Erledigung der Resttschechei« und »Inbesitznahme des Memellandes«.

Ende des Monats heiratet Putti ihren Leo.

In Triest läßt sich Ruth um diese Zeit weiter von ihrer Schwiegermutter in die Geheimnisse der Zubereitung typischer Gerichte wie der mit Marillen, *chifeletti*, gefüllten Knödel einweihen. Gemeinsam gehen die beiden Frauen zur sogenannten *Madonna del guato*, dem überdachten großen Fischmarkt, der aussieht wie eine Kirche. Ruth hat inzwischen gelernt, die besten Makrelen, die frischesten *riboni* und natürlich die *guati*, die lebend ins kochende Öl geworfen werden müssen, auszusuchen. Guidos junge Ehefrau aus Litauen eignet sich demnach die Gewohnheiten ihrer neuen Umgebung an. Es ist Herbst, die Zeit der Astern und Chrysanthemen. Wenn in Triest die ersten Sträuße in den Blumengeschäften oder an Straßenecken von slowenischen Frauen aus der Umgebung oder aus dem Karst angeboten werden, denkt man sofort an die blumengeschmückten Friedhöfe für das bevorstehende Allerheiligenfest. Der Chrysanthemenstrauß gehört zu den Gewohnheiten, die uns wie selbstverständlich erscheinen, ebenso selbstverständlich wie der Olivenzweig als Friedenssymbol und die Farbe Schwarz als Zeichen der Trauer... Man denkt normalerweise gar nicht daran, daß bei anderen, keineswegs weit entfernten Völkern wie etwa den Juden die Chrysantheme eine Blume der Freude ist wie alle anderen Blumen auch, oder daß der Olivenzweig für die palästinensischen Araber Kampf bedeutet, oder daß z. B. die litauischen Juden nicht wie wir eine Farbe der Trauer kennen.

Gegen Ende Oktober erreicht Guido und Ruth aus Prökuls ein Brief, dessen Umschlag eleganter erscheint als gewöhnlich, einer jener typischen Umschläge für förmliche Mitteilungen. Da Ruth inzwischen schon an die italienischen Traditionen gewöhnt ist, klopft ihr beim Öffnen das Herz, denn man erkennt schon von außen, daß der Umschlag mit lila Seidenpapier gefüttert ist, genau in dem Farbton, den man in Italien für die Paramente bei Leichenbegängnissen verwendet. Doch statt einer Todes- handelt es sich um Puttis Hochzeitsanzeige, denn bei ihnen ist Lila eine x-beliebige Farbe! Ihre Ehe ist nicht von den Eltern verabredet worden, und vielleicht aus diesem Grund haben die Brautleute eine einfache weiße Karte mit einem für die damalige Zeit ungewöhnlichen Text nur auf Deutsch gewählt: »Ihre am 30. Oktober 1938 stattfindende Vermählung zeigen an

NORA ISAAK LEO SEGAL
Telegrammadr. Isaak, Priekulė (Lietuva)«.

Fünf Tage später schreibt »Frau Segal« an ihr »liebes, liebstes Schwesterlein! Euer Telegramm kam am Morgen der Vermählung als erstes an, und Dein Brief gerade, als wir bei der Tafel saßen. Vielen innigsten Dank. Du kannst Dir also vorstellen, wie Leo und ich uns gefreut haben. Mein Ruthchen, ich bin sehr glücklich und hoffe, es auch immer zu sein, und ich werde mir Mühe geben, alles immer im Guten zu schlichten, was auch immer in unserem gemeinsamen Leben vorkommen mag. Doch will ich Dir alles von Anfang an erzählen. Die Hochzeit war sehr schön, alles klappte, wir haben schöne Stunden verbracht und bis sechs Uhr morgens gefeiert und getanzt. Wir hatten auch ein Klavier, Dora, Harry und Leos Schwager haben abwechselnd und auch vierhändig gespielt.

Zur Hochzeit bekam ich: sechs silberne Teelöffel von Norbert und Ulla, weitere sechs von Jordan, einen silbernen Kompottlöffel von Konitzki, die Konfektürenschälchen von Herta, eine herrliche, große Kristallschale von Leo Cohn, zwei kleine von Doras Eltern, von den Mädels aus Riga eine Schüssel mit sechs Tellerchen aus Rosenthalporzellan, eine Kristallvase von Herrn Makuschewik, zwölf Weingläser von den Cohns, eine große Tischdecke von Mia gehäkelt, ein schönes Sofakissen von Mary, einen großen Teppich von Sascha, Leos Bruder, eine Ambraschatulle, natürlich eine Karpus-Erzeugung, eine Geflügelschere vom Fleischer Schmulowitz und Bettwäsche von den Saugenern und Heydekrugern. Was soll ich Dir noch schreiben? Ich bin noch ganz die alte, obgleich ich nun schon wirklich ›Frau‹ bin. Ruthchen, das erste Mal hat es so schrecklich weh getan, war es bei Dir auch so? Ich mußte mich zusammennehmen, um nicht zu weinen, und sagte mir die ganze Zeit ›Du mußt tapfer sein, einmal muß es doch geschehen und fertig!‹ Ich bin sehr froh, daß ich mich früher mit keinem Jungen abgegeben habe, ich glaube, dann liebt der Mann seine Frau noch viel mehr, wenn er weiß, daß sie nur ihm gehört. Es ist rührend, wie lieb und gut Leo zu mir ist, genau so wie am ersten Tag unserer Verlobung. Wirklich, ich bin sehr glücklich und zufrieden: Das Gefühl zu wissen, daß man selbständig ist und daß man einen Menschen hat, der einem gut ist, ist sehr schön. Unsere Wohnung ist fertig, nur der Fußboden muß noch trocknen. Die Möbel sind auch schon da, sie sehen sehr hübsch aus. Wenn wir in der Wohnung sein werden, muß ich drei Abende machen, aber nicht zu aufwendig, da werde ich bestimmt auch noch was bekommen. Ich will zum ersten unsere Arbeiter einladen, sie sind alle so tüchtig und uns zugetan, dann Leos Freunde, zuletzt die Offiziere.

Mit Martha [Ruths beste Freundin, die sich mit einem Junker verlobt und ihr damals wegen ihrer Religionszugehörigkeit eine schwierige Zukunft vorausgesagt hatte] war folgendes: Du weißt doch, sie lebt jetzt mit ihrem Mann in Königsberg. Einmal traf ich sie zufällig in Prökuls und sagte ihr, daß sie mich wohl von ihrem Kommen verständigen und doch einen Augenblick bei mir vorbeikommen hätte können. Nach einer Woche kam ein Brief von ihr – sie sei so traurig, daß ich so verbittert gewesen bin, es soll doch alles gut sein zwischen uns usw. Sie wollte mir noch einmal schreiben und ihre Adresse schicken. Ich habe aber nichts mehr von ihr gehört und konnte ihr daher nicht einmal meine Hochzeit anzeigen. Siehst Du, so endet die große Freundschaft. In Leos Geschäft habe ich vorläufig noch nicht viel zu tun, ich mache Kasse und helfe Leo bei den Abrechnungen. Nur ist es jetzt so komisch, wenn man mich mit ›Frau‹, ›Ponsa‹ oder ›Madame‹ anredet. Ich denke immer, ich bin gar nicht damit gemeint. Leo läßt Dich vielmals grüßen und läßt Dir sagen, daß er Dir nicht Deine liebste Schwester geraubt hat, sondern daß er nur die liebste Frau geheiratet hat. Ruthchen, für Dich bin ich immer dieselbe, und zwischen uns soll es immer so bleiben: zwei Schwestern, die besten Freundinnen, auch wenn wir zehnmal verheiratet wären. Im Gegenteil, noch vertrauter werden wir uns sein, weil wir doch jetzt über vieles sprechen können, was ich vielleicht früher noch nicht verstanden hätte. Liebes Ruthchen, ich werde Dir immer all meine kleinen und großen Sorgen schreiben, ich werde Dir alles schreiben, was mich bedrückt oder was mich glücklich macht. Kurz und gut, wir beide wollen immer all unser Freud und Leid teilen. Versprichst Du mir das? Ruthchen, was soll es schon, daß es Euch nicht möglich war, uns Euer Hochzeitsgeschenk haben zu lassen? Das schönste Geschenk ist für mich Deine Liebe, Deine Freundschaft und Dein Vertrauen. Das einzige, was mir in Litauen fehlt, ist meine Suthi. Mein liebes Ruthchen, ich hoffe, Euch – so Gott will – bald bei uns zu haben. Wenn man nur im Memelgebiet leben könnte! Der Kriegszustand ist jetzt aufgehoben, und nun können die Jeckes tun, was sie wollen. Liebe Grüße an Suthi alias ›Frau Ruth Siro‹ von Deiner Putti alias ›Frau Nora Segal‹.«

VI

Am 9. November 1938 kam es in ganz Deutschland zu gewaltsamen und blutigen antijüdischen Pogromen, die sich über mehrere Tage hinzogen und von den Nationalsozialisten als »Reichskristallnacht« bezeichnet wurden. Zwischen dem 10. und 13. November wurden allein im Konzentrationslager Buchenwald mehr als 10.000 Juden vorübergehend festgehalten, wo sie physischer und psychischer Folter ausgesetzt waren. Die Häftlinge mußten beispielsweise stundenlang halbnackt aufgereiht in der Kälte ausharren, während ein Lautsprecher folgende Mitteilung verbreitete: »Jeder Jude, der den Wunsch hat, sich zu erhängen, wird gebeten, ein Stück Papier mit seinem Namen in den Mund zu nehmen, damit eine Identifizierung möglich ist.« Nach dem Krieg wird Ruths Bruder Hermann erzählen, daß die antisemitischen Pogrome in Deutschland im Memelgebiet unmittelbare Wirkung zeigten. Schon eine Woche zuvor hatten die Deutschen dort einen Fackelzug unter Hakenkreuzfahnen veranstaltet, um den Anschluß zu fordern. Einige deutsche Freunde des Vaters gingen so weit, ihn anzuspucken, wenn sie ihn auf der Straße trafen. Aber Leo behauptete weiterhin hartnäckig, daß sie es nur taten, um die Nazis zu beschwichtigen.

18. November: »Siehst Du, Ruthchen, es kommt immer anders im Leben, als man denkt. Was mich betrifft, hoffe ich nur, daß ich im Leben immer so glücklich sein werde wie jetzt mit Leo. Sally hat leider Konkurs anmelden müssen. Unser Bruder tut mir so leid, weil er jetzt so mutterseelenallein ist. Schreib mal an ihn, aber erwähne nur nichts wegen des Konkurses. Im Memelgebiet ist es ganz schrecklich, alle Juden laufen nach Litauen. Am 14. Dezember sind

Wahlen, und dann wird es nur noch schlimmer sein.« Mit diesen Worten spielt Putti auf die Wahlen für den Landtag des Memelgebiets an, bei denen, wie sie es vorausgesehen hat, die Deutschen gewinnen werden, so daß der »Anschluß« unvermeidlich wird.

Am nächsten Abend, dem 19. November, wird die Synagoge von Memel in Brand gesteckt. Gruppen von Zivilisten in Naziuniformen verhöhnen die jüdischen Familien, die über das Kopfsteinpflaster der Innenstadt in Richtung Bahnhof hasten. Die kleine Schwester scheint Ruth beruhigen zu wollen, denn sie schreibt in ihrem Brief vom 18. November: »Du weißt doch, daß ich bisher immer einigermaßen vernünftig war, und ich werde es auch weiter sein. Gerade heute, wo das Leben so schwer ist, muß man sich vertrauen, zusammenhalten und zusammenarbeiten, nicht wahr? Als Dein letzter Brief kam, half ich gerade Ma zu packen...« Dieser Satz bricht mitten in der Zeile ab, als wäre Putti nahe daran, sich zu verraten und einzugestehen, daß die Isaaks Angst haben und fliehen wollen. Doch ein paar Sätze weiter scheint sie mit einem etwas zusammenhanglosen Satz alles wieder zurücknehmen zu wollen: »Nein, nein, Du brauchst keine Angst zu haben, wir wollen noch keine Kinder. Ich bin noch so jung und will noch ein paar Jahre mit Leo das Leben genießen. Wenn ein Kind da ist, ist man mehr gebunden und hat mehr Sorgen. Wie kannst Du überhaupt daran denken, Ma zu Dir zu nehmen, wo Rosa und ich so besorgt um Euch in Italien sind. In den Zeitungen liest man so viele schreckliche Nachrichten. Schreibst Du mir auch alles?« Das Leben der Juden ist im Memelgebiet in Gefahr, nicht in Triest. Stellt Putti diese Frage nur, um von ihren eigenen Ängsten abzulenken? Dennoch hat sie fast ins Schwarze getroffen. Denn am selben Tag, an dem der Brief geschrieben ist, gibt die Triestiner Lokalpresse ausdrücklich bekannt: »Gestern wurden beim Lloyd Triestino neun jüdische Angestellte entlassen.« Kurze Zeit später wird verbreitet, daß erste Ehen zwischen »Ariern« und Juden annulliert werden, »weil solche Verbindungen gegen die Rassengesetze verstoßen«.

Ruth hat ihrer Schwester nicht nur ihre Befürchtungen wegen der Zuspitzung der Lage in Triest verschwiegen, sondern auch ein kleines Geheimnis. Dem Drängen ihrer Schwiegermutter nachgebend, hat sie sich schließlich zu dem Gespräch mit dem Bischof bereit erklärt, von dem schon lange die Rede war. Um diese Zeit schreibt die Diözesanzeitschrift, daß »die Juden die Welt mit ihren schmutzigen Zeitungen und Romanen verpesten, mit ihren pornographischen [sic!] Filmen. Darin sind List, Täuschung und Betrug, Wucher, Bestechung und Bestechlichkeit, Verrat usw. nichts Unwürdiges, sondern Pflichterfüllung.«

»Wir betraten das Büro von Monsignore Santin«, erzählt Ruth. »Gisella küßte seinen Ring und bat ihn um Rat, wie man die Gefahr von Rassemaßnahmen gegen mich und Guido wenn schon nicht bannen, so doch mindern könne. Sie machte deutlich, daß sie in großer Sorge sei.

›Kann man etwas tun‹, fragte ich, ›damit ich wenigstens nicht die Staatsbürgerschaft verliere und nicht ausgewiesen werde?‹

›Um ganz ehrlich zu sein‹, antwortete der Bischof von Triest, ›muß ich gestehen, daß die Kirche nicht die Kraft hat, die Regierung daran zu hindern, wenn diese auf ihrer Diskriminierungspolitik besteht. Aber ... wäre Frau Siro denn bereit, sich taufen zu lassen?‹

›Nein‹, antwortete ich ziemlich verwirrt in meinem gebrochenen Italienisch, ›auch wenn ich keine strenggläubige Jüdin bin, fühle ich mich doch an die Tradition meiner Familie gebunden. Soll ich sie gerade jetzt verraten, wo sie in Gefahr ist?‹

›Ich respektiere Ihre Gefühle‹, sagte der Bischof, ›aber ich halte es in jedem Falle für notwendig, daß Sie nach katholischem Ritus heiraten, denn zur Zeit lebt Herr Siro in Sünde.‹

Nachdem er erklärt hatte, daß das kanonische Recht auch die Möglichkeit einer Ehe zwischen einem katholischen und einem nichtkatholischen Partner vorsehe, reichte mir der Bischof, da wir zustimmend nickten, eine Bibel. Er bat mich zu schwören, mich nicht dagegen zu wehren, wenn Guido diesen Schritt tue, und zuzulassen, daß eventuelle Kinder getauft würden. Ich schaute zuerst das Buch an, dann den Bischof und muß wohl ein ziemlich bestürztes Gesicht gemacht haben. Er legte das Buch jedenfalls zur Seite und sagte: ›Gut, gut, es macht nichts. Wir haben denselben Gott. Ich werde mich um alles kümmern.‹«

Nach den Novemberpogromen scheinen die Isaaks tatsächlich unmittelbar vor der Entscheidung zur Flucht zu stehen, denn anders ist die Nachricht nicht zu erklären, daß man dabei ist, die Möbel aus dem Haus in Prökuls zu verkaufen. Wo sie aber hingehen wollen, wird nicht klar. Die Mitteilung über den Möbelverkauf wird völlig überdeckt vom Nachhall der kürzlichen Hochzeit, von den Vorbereitungen für Puttis Umzug in ihre neue Wohnung und von einer bevorstehenden Reise mit ihrem Ehemann nach Kaunas, um einen Pelzmantel zu erstehen.

Bei den Deutschen des Memelgebiets ist die Zeitschrift der SS, »Das Schwarze Korps«, weit verbreitet, und deshalb haben Ruths Angehörige wahrscheinlich auch vom Inhalt eines am 24. November erschienenen Artikels erfahren, in dem es heißt: »Das Programm ist klar. Es lautet: völlige Ausscheidung, restlose Trennung! Was bedeutet das? Das bedeutet nicht nur die Ausschaltung der Juden aus der deutschen Volkswirtschaft, die sie durch ihren Mordanschlag und durch ihre Kriegs- und Mordhetze verwirkt haben. Das bedeutet viel mehr! Es kann keinem Deutschen zugemutet werden, daß er länger mit Juden als mit einer abgestempelten Rasse von Mördern und Verbrechern und Todfeinden des deutschen Volkes, unter einem Dach lebt. [...] Das in jeder Beziehung auf sich beschränkte Parasitenvolk wird aber in dieser Isolierung, da es zu eigener Arbeit weder willens noch fähig ist, verarmen. [...] Im Stadium einer solchen Entwicklung ständen wir daher vor der harten Notwendigkeit, die jüdische Unterwelt genau so auszurotten, wie wir in unserem Ordnungsstaat Verbrecher eben auszurotten pflegen: mit Feuer und Schwert. Das Ergebnis wäre das tatsächliche und endgültige Ende des Judentums in Deutschland, seine restlose Vernichtung.«

Noch im November entwickelt Hitler unter dem Decknamen »Transportübung Stettin« den Plan für eine Invasion des Memelgebiets von der See aus.

»Alle verlassen das Memelgebiet«, schreibt die Mutter einige Zeit später, »auch die Wald gehen nach Litauen. Wo wird Hermann enden, weiß Gott allein.«

Die unklare Bemerkung über das Kofferpacken und die Andeutung über den Verkauf der Möbel des Hauses in Prökuls kamen nicht von ungefähr. Als die Nationalsozialisten des Memelgebiets verlangten, die Nürnberger Gesetze auch dort anzuwenden, und als daraufhin die Synagoge brannte, haben die Isaaks wohl ernsthaft überlegt, ob sie nicht doch dem Drängen des ältesten Sohns nachgeben sollten, alle nach Übersee zu fliehen. Unter Hermanns Papieren in Kanada habe ich bei den Dokumenten, die er für die Einreiseerlaubnis brauchte, eine am 1. Dezember 1938 in Prökuls ausgestellte Geburtsurkunde des Vaters gefunden, und dasselbe für Ruth. Es ist daher wahrscheinlich, daß Leo sich doch noch entschlossen hatte, wenigstens die Papiere für eine Auswanderung vorzubereiten, und vielleicht wollte er auch Ruth vor den eventuellen Folgen einer antisemitischen Gesetzgebung in Italien absichern. Warum aber wurde nichts aus der Auswanderung, und warum wurde die Sache nicht mehr erwähnt? War es unmöglich, die Qualifikation als Landwirt zu erhalten? Ließen sich die Isaaks von den Meinungsumfragen abschrecken, aus denen erstmals der Antisemitismus der amerikanischen Bevölkerung hervorging? Oder vom Zynismus des amerikanischen Kongresses, der unmittelbar nach den Pogromen den Vorschlag Roosevelts ablehnte, innerhalb von zwei Jahren zwanzigtausend jüdische Kinder einreisen zu lassen? Wer weiß. Ich stelle mir jedenfalls vor, daß Leo beim Durchlesen seiner Geburtsurkunde ins Grübeln kam. Das Schriftstück zwang ihn in gewisser Weise, eine Bilanz seines bisherigen Lebens zu ziehen. Wollte er sie nicht mit roten Zahlen abschließen? Entschied er deshalb zu bleiben?

»Prökuls, der 24. April 1882. Vor dem unterzeichnenden Standesbeamten«, heißt es in der Abschrift aus dem Personenstandsregister, »ist heute erschienen Kaithner Jankel Isak, wohnhaft in Kallwischken, mosaischen Bekenntnisses, um anzuzeigen, daß seine Ehefrau Johanne Isak, geborene Schmul, mosaischen Bekenntnisses, am achtzehnten April des Jahres Achtzehnhundertzweiundachtzig, nachmittags drei Uhr, ein Kind männlichen Geschlechts zur Welt gebracht hat, das den Namen Judel, Mendel, erhalten hat. Laut vorgelesen, genehmigt und, weil der Anzeigende des Schreibens nicht mächtig ist, mit drei Kreuzen desselben unterzeichnet. +++« Der doppelte jüdische Vorname, der aus der fernen Vergangenheit der Schtetl im zaristischen Litauen stammte, aus denen sein Vater wahrscheinlich geflohen war, wurde 1938 vielleicht zum Staubkorn in Leos Auge, das es ihm unmöglich machte, seine Lage klar zu erkennen. Er fühlte, wie alle Sicherheiten, die er und seine Vorfahren sich zu schaffen versucht hatten, ins Wanken gerieten. Was hatte es genützt, ins preußische Memelgebiet zu kommen, um das elende Leben der ärmsten und ungebildetsten Juden Osteuropas hinter sich zu lassen, wenn man nun alles das, was drei Generationen geschaffen hatten, doch wieder aufgeben mußte?

Kainther Jankel Isak war vor den russischen Pogromen und vor den niederträchtigen *parnassim* [Gemeindeältesten] geflohen, die in Mißachtung der hergebrachten jüdischen Verpflichtung, Mitleid mit den Armen zu üben, unter dem Druck der zaristischen Regierung mehr als zwanzig Jahre lang die Söhne der ärmsten Familien anstelle der Kinder reicher Juden für den fünfundzwanzig Jahre dauernden Militärdienst ausgesucht hatten. Er sollte recht behalten: 1882, in Leos Geburtsjahr, kam es bis wenige Kilometer jenseits der Grenze zu großen Pogromen, aber in Preußen blieb alles ruhig. Seit damals hatte er beschlossen, nicht mehr zu fliehen, und es war ihm gelungen, ein Geschäft aufzubauen, ein schönes Haus zu mieten, er hatte einen gewissen Wohlstand erreicht, den Kindern eine gute Ausbildung ermöglicht und sie wie Deutsche aufwachsen lassen. Sie waren Juden, aber ohne dies nach außen zu zeigen. Zwar hatte es wohl einige »Zwischenfälle« gegeben, aber die hatten sie vergessen, denn sie hatten ehrlich gearbeitet, für das Reich als Soldaten gekämpft, hatten das Wohlwollen ihrer Mitbürger gewonnen und geglaubt, sich integriert zu haben. Wenn all dies vergebens war, wenn es wirklich wahr sein sollte, wie einige behaupteten, daß das *Volk der Dichter und Denker* zu einem *Volk der Richter und Henker* geworden war, hatte es da noch einen Sinn, mit fast sechzig Jahren wieder von vorn zu beginnen? Ein weiteres Mal zu emigrieren – doch wohin? – empfand Leo im Herbst 1938 eher als eigenen Verrat denn als Verratensein.

Am Vorabend der gefürchteten Wahlen für den Landtag des Memelgebiets, die den Deutschen fünfundzwanzig von neunundzwanzig Sitzen bringen sollten, kommt es zu riesigen Massendemonstrationen für den Anschluß ans Deutsche Reich, so daß man in Berlin daran denkt, früher als geplant offiziell und ultimativ die Rückgabe des umstrittenen Gebiets zu fordern. Die Zeitungen berichten, daß Frankreich und England bei der Reichsregierung protestieren, weil die Deutschen des Memelgebiets eine Revolte vorbereiten. Berlin antwortet lediglich, hier handle es sich um »unsere Angelegenheiten«. Am 30. Januar hält der »Führer« vor der jubelnden Menge eine Rede, die in der ganzen Welt verbreitet wird und den Isaaks sicher zu Ohren gekommen ist. Mit donnernder Stimme prophezeit der Redner: »Wenn es dem internationalen Finanzjudentum inner- und außerhalb Europas gelingen sollte, die Völker noch einmal in einen Weltkrieg zu stürzen, dann wird das Ergebnis nicht die Bolschewisierung der Erde und damit der Sieg des Judentums sein, sondern die Vernichtung der jüdischen Rasse in Europa!« Unmittelbar danach empfängt Hitler persönlich den Führer der Deutschen im Memelgebiet und versichert ihm, daß »die Angelegenheit« noch im Laufe des Jahres, am besten Ende März oder Mitte April, »geregelt« werde. Unterdessen wird der deutsche Außenminister beauftragt, den polnischen Expansionsgelüsten in Richtung Osten, in Richtung sowjetische Ukraine und einem Zugang zum Schwarzen Meer nichts entgegenzusetzen.

Es ist wieder die Zeit des Purimfests. Mindestens fünftausend deutsche Juden sind ins Memelgebiet geflohen. Die Isaaks sprechen nicht mehr davon, aus Prökuls zu fliehen. Gott hat das Volk Israel in Babylonien vor der Ausrottung durch den treulosen Haman gerettet und wird es auch diesmal beschützen.

»Heute hatten wir Purim, ich habe Hamantaschen gebacken, wie gern hätte ich Dir welche geschickt, kannst Du Dir gar nicht vorstellen.« Ida schreibt den gleichen Satz wie zu Purim ein Jahr zuvor, aber diesmal ist sie sich dessen bewußt, daß das Schicksal des Memelgebiets an einem seidenen Faden hängt, weil die litauische Diplomatie vom deutschen Außenministerium in die Enge getrieben wird. Dennoch läßt Ida ihrer Tochter gegenüber nichts davon durchblicken, und ähnlich wie bei Putti scheint sie ihre Ängste in eine andere Richtung zu lenken: »Wie viel ich an Dich denke, kannst Du Dir keinen Begriff machen. In der Nacht, wenn ich aufwache, nehme ich alle Deine Karten, um wieder zu lesen, wie es Dir geht. Ich habe Dich so lieb. Dann denke ich, dort hat man Dich vielleicht nicht so lieb.« Abrupt wechselt Ida das Thema: »Du wolltest das Rezept von Pudding [eine für die aschkenasischen Juden typische Variante] wissen: Kartoffel zerreiben, ein wenig stehen lassen, dann bleibt oben ein Wasser, das nimmt man weg, zwei Eier, drei Löffel Mehl, Zucker, Zimt und Rinderfett dazu...

Mir geht es gut«, schreibt Ida am 13. März 1939, »ich gehe spazieren und esse und trinke gut, nur die Gedanken an Euch machen mir Sorgen. Ich denke soviel an Dich und auch an Jenny. Sie wird schon einunddreißig Jahre, und von Heiraten ist keine Spur. Daß die soll sitzenbleiben, habe ich nicht gedacht, wo sie immer so viele Verehrer hatte und noch hat. Die Hoffnung muß man nicht aufgeben, vielleicht kommt es ganz unerwartet.« Schreibfaul wie immer, fügt Sally einige Worte hinzu, um Ruth über sein kaufmännisches Mißgeschick der letzten Zeit zu informieren, und schreibt dann noch: »Im Augenblick lassen sie uns in Litauen in Frieden.«

Mama Isaak hat diesen letzten Brief genau um die Zeit geschrieben, als deutsche Truppen in der Tschechoslowakei einmarschieren, um sie in das »Protektorat Böhmen und Mähren« und die scheinselbständige Slowakei aufzuteilen. Als der Brief Ruth erreicht, hat sich die Lage auch für das Memelgebiet dramatisch zugespitzt. Aller Wahrscheinlichkeit nach verfolgen Leo in seinem Zimmer in Berzischken und der Rest der Familie in Prökuls den Gang der Ereignisse gespannt am Radio. In Triest läßt sich Ruth von Guido bei der Lektüre der italienischen Zeitungen helfen. Was wird aus den Ihren werden? Sind sie vielleicht schon geflohen?

Am 19. März verlangt Hitler von Litauen die Rückgabe des Memelgebiets, andernfalls werde »der Führer blitzartig handeln«, und ohne auch nur die Antwort auf sein Ultimatum abzuwarten, fährt er am 22. März an Bord des Panzerschiffs *Deutschland* nach Memel. An Bord befinden sich auch einige Kisten mit neuen Briefmarken, die eigens für die Befreiung der Stadt gedruckt worden waren. Die wenigen verbliebenen Juden des Memelgebiets können dem Radio nur wenige fragmentarische Nachrichten entnehmen; die litauische Regierung scheut sich offensichtlich, die Bevölkerung über den tatsächlichen Fortgang der »Verhandlungen« zu informieren.

Am späten Nachmittag des 22. März treffen die litauischen Bevollmächtigten in Berlin ein. Sie versuchen ihre Gesprächspartner hinzuhalten. Hitler, an Bord der *Deutschland*, verlangt wütend, daß sie sich beeilen, denn zu allem Überfluß ist er auch noch seekrank. Nachdem Hitler über Funktelegramm zweimal ein Ultimatum gestellt hat, gibt Ribbentrop endlich um ein Uhr dreißig am Morgen des 23. März an das Panzerschiff die Nachricht durch, daß die Vertreter Litauens unterschrieben haben. Am Nachmittag feiert der Führer in Memel mit einer Rede vom Balkon des Stadttheaters seinen Triumph der »Heimkehr« des Memellands ins Reich. Dieses Theater an dem kopfsteingepflasterten, von zweistöckigen Fachwerkhäusern gesäumten Platz hatte Ida mit ihren Kindern so gern zu den Vorstellungen einer berühmten Truppe jiddischer Schauspieler, Sänger und Tänzer besucht.

»In Triest waren wir in jenen Tagen in allergrößter Sorge um meine Familie«, erzählt Ruth. »Wir wußten nicht, wo sie sich aufhielten und ob sie noch am Leben waren. In dieser Atmosphäre fand am 25. März 1939 die zweite Eheschließung mit Guido statt. Man kann sich meine Gemütsverfassung leicht vorstellen, und ich bin auch nicht der Meinung, an jenem Tag geheiratet zu haben. Entsprechend der Dispens für gemischte Ehen, die der Bischof uns gewährt hatte, vertrat mich an Guidos Seite irgendwer. Um zu unterstreichen, daß es sich nur um eine Farce handelte, ging Guido, der schon von Haus aus ein Pfaffenhasser war, mit den beiden Freunden, die als Trauzeugen fungiert hatten, zum Feiern in eine Kneipe, wo es nur Bier, *porzina e luganighe coi crauti* [gekochtes Schweinefleisch und Bratwürste mit Sauerkraut] gab. Natürlich haben wir meiner Familie nichts von der katholischen Eheschließung geschrieben; sie wären betrübt gewesen, und außerdem … wußten wir nicht, wohin wir die Nachricht hätten schicken sollen.«

Einige Tage später erfährt Ruth endlich durch ein Telegramm, daß ihre Eltern sich in Sicherheit haben bringen können. Auf ihre dringende Bitte um ausführlichere Berichte antwortet die Mutter fast postwendend. Ohne ausdrücklich die merkwürdige Eheschließung zu erwähnen, muß Ruth wohl die Schwierigkeiten wegen der Rassengesetze erwähnt haben, denn Ida antwortet: »Ich lebe immer in Angst und Sorgen, wer weiß, was bei Ruthchen gibt, Gott behüte Guido, soll seine Stelle nicht verlieren.« Bei ihrer Flucht aus Prökuls haben Ida und Leo alles verloren, dennoch sorgt sich die Mutter in erster Linie darum, ihre Tochter zu beruhigen, und spielt deshalb die Ereignisse der letzten Wochen herunter: »Schwer war das Wegfahren von Prökuls natürlich; war nicht leicht, alles aufzugeben und zu den Kindern gehen wie ein Bettler, aber die Zeit hat erleichtert das Wegfahren, weil die Stimmung war zu schlimm. Noch im Zug sagte ich zu Puty, man kann aufatmen, wenn man ist von da heraus.« Als wäre nichts geschehen, kehrt Ida dann zu der alten Frage zurück, ob Jenny einen Mann finden wird: »Ich wage gar nicht daran zu denken«, schreibt sie und fährt dann, ohne genauer auf die Umstände der Flucht einzugehen, fort: »Jetzt bin ich in Panevėžys [in Litauen] bei Rosa, und sie und ihr Mann sind sehr gut zu mir, ich kann es mir gar nicht besser wünschen, nur sie haben auch Sorgen, das Geschäft geht nicht besonders. Das Kindchen ist goldig, man kann es aufessen. Was mit Hermann sein wird, weiß nur Gott.«

In den folgenden Briefen scheint jedoch die Angst um das eigene Schicksal und das ihrer Familie, die sich Ida unmittelbar nach der Flucht aus Prökuls nicht hatte anmerken lassen, die Oberhand zu gewinnen: »Die Zeit ist so unruhig, nur Gott weiß, was auf uns zukommt.« Immer öfter finden sich Formulierungen wie: »Nur Gott weiß, was wir noch müssen durchmachen, aber man darf nicht den Mut verlieren und auf Ihn vertrauen für Besseres.« Auch die Nachrichten über die unmittelbaren Angehörigen werden immer pessimistischer: »Sally ist nach Kowus gefahren, er will doch auf den Kibbuz gehen, vielleicht wird es ihm möglich sein, dann nach Palästina zu fahren, hier ist doch nichts da, was anzufangen [...] Ich denke viel an Dich, mein goldenes Ruthchen, Du bist noch so jung und hast schon soviel müssen durchmachen. Man darf nicht aufgeben und muß in Gott vertrauen für bessere Zeiten [...] Hermann ist gezogen nach Mažeikiai, es ist doch überall so überfüllt von Menschen, man bekommt keine Wohnungen, dort hat er eine bekommen, und es sind auch die Walatz und Hildes [Hermanns Frau] Eltern da. Mein liebes, liebes Ruthchen, aus Deinem Kommen nach hier, denk ich, wird wohl nichts werden, die Zeit ist zu kritisch, mir tut mein Herz genug weh, Gott weiß, wo Du wirst hinkommen [Ruth plant keinen Umzug, Ida scheint hier wiederum die

Sorge um ihr eigenes Schicksal auf die Tochter zu projizieren] und ob wir uns noch sehen werden, nur man muß die Hoffnung nicht verlieren. Ich denke viel an Dich und alle anderen und kann keinem was helfen.«

Von Panevėžys aus, wo sie bei ihrer Tochter Rosa wohnt, besucht die Mutter ihren Mann Leo, der jetzt in Tauroggen in der Bäckerei-Konditorei des Schwiegersohns arbeitet. Am 15. Mai schreiben sie gemeinsam einen Brief an Ruth: »Unsere Hoffnung auf Dein Kommen ist zerstört«, schreibt Ida, » es ist zu unruhig die Zeit, man kann so eine Fahrt nicht wagen. Ich bin jetzt wieder ganz allein ohne meine Kinder, Puty ist bei ihrem Mann in Panevėžys, sie sucht eine Wohnung, und ich bin hier und passe auf ihre Wohnung auf. [Hier waren sie gerade erst eingezogen, aber nicht zufrieden, und hatten sich offensichtlich entschlossen, das allzu grenznahe Tauroggen zu verlassen.] Mein Herz ist so schwer, ich kann Euch doch gar nicht helfen. Kaunas ist überfüllt mit Menschen, was suchen Arbeit, Hermann wird wohl nach Amerika gehen, wer weiß, wo soll man bleiben, die Zustände sind überall dieselben. Wenn er weggeht, wird er mir was geben, muß doch meinen Notgroschen haben, und wenn es mit Jenny gutgeht, muß man ihr doch auch geben. Hermann war hier und brachte mir schönen Stoff zum Mantel. Jenny hat bald Geburtstag, aber für sie ist keine Zukunft. Die unruhige Zeit hilft auch nicht. Welcher junge Mann will schon heiraten?« Und Leo, der Tauroggen anscheinend nicht verlassen will, fügt hinzu: »Ich habe mich von den letzten Schlägen noch nicht erholt.« Zu dem, was er mit einem Euphemismus »Übersiedlung« nennt, schreibt er: »Unsere ganzen Ersparnisse [Haus, Geschäft und alles übrige werden nicht erwähnt] sind anläßlich der Übersiedlung flötengegangen. Ich bin wirklich ein Pechvogel, im Leben habe ich verschiedene verheerende Erfahrungen erlebt. Wir wollen aber hoffen, daß auch für uns Erleichterung eintrifft.«

Während der folgenden Wochen gilt Idas Sorge vor allem Sallys Zukunft. In einen Kibbuz zu gehen ist sinnlos, denn man müßte zu lange auf die Einwanderungsgenehmigung warten. Aus Palästina schreibt Jenny, man könne diese Genehmigung in der Schweiz bekommen. Doch um dorthin zu gelangen, bräuchte Sally einen Paß, den er nicht hat. Die Reise illegal zu unternehmen würde zu viel Geld kosten. »Ich verbringe Stunden«, fügt Ida diesen Überlegungen hinzu, »wo ich mir vorstelle, Du bist hier. Es tut mir so weh für Dich, daß Du sein mußt so jung und so weit von zu Hause, und ich muß weinen. Nur Gott weiß, was sein wird. Ich habe keine Ruhe, muß immer an alles denken, und tut mir mein Herz so weh, wenn ich sehe, daß Papa sich nicht sorgt.« Einen gewissen Trost findet Ida nur an Putti, die im Geschäft und im Haushalt außerordentlich tüchtig ist, ganz im Gegensatz zu der unordentlichen Rosa: »Liebes Ruthchen, Du würdest unser kleines Putichen nicht erkennen, eine elegante Dame in einem sehr hübschen Mantel mit Silberfuchskragen und Muff und einem reizenden Hütchen, mit einem Wort, elegant. Sie ist glücklich und zufrieden, und das kann sie auch sein, ihr Mann ist ein seelenguter Mensch.«

Ruth ist verwirrt von diesen abwechselnd traurigen und erfreulichen Sätzen, vor allem deshalb, weil sie nach wie vor nichts Genaues über die inzwischen bereits zwei Monate zurückliegende Flucht ihrer Angehörigen aus Prökuls weiß.

»Die Synagoge wird abgebrochen« und »Komm lieber Mai und mache von Juden uns jetzt frei« steht auf großen Plakaten zu lesen, die die nazifreundlichen Behörden in Danzig an der Großen Synagoge der Stadt haben anbringen lassen. Ohne jeden Zweifel hat man auch in Litauen erfahren, daß die ungefähr zehntausend Juden in Danzig gezwungen waren, ihr Gotteshaus und den Friedhof zu verkaufen, um die Kosten ihrer Vertreibung zu bezahlen.

Unterdessen wird am 22. Mai 1939 zwischen Deutschland und Italien der sogenannte »Stahlpakt« geschlossen. Am nächsten Tag informiert Hitler in einer geheimen Besprechung die Wehrmachtsführung über seine Pläne: »Danzig ist nicht das Objekt, um das es geht. Es handelt sich für uns um die Arrondierung des Lebensraums im Osten und Sicherstellung der Ernährung. Aufrollen des Ostsee- und Baltikumproblems.«

Ein Brief ihres Bruders Hermann bringt Ruth in Triest endlich etwas Klarheit darüber, wie es der Familie Isaak tatsächlich ergangen ist und ergeht: »Also erstens will ich Dir zu Deinem Geburtstag gratulieren und wünsche Dir alles Gute. Leider gehen die Wünsche meistens nicht in Erfüllung. Hoffen wir für die Zukunft das Beste. Hoffentlich wird die Sonne auch für uns wieder scheinen. Wir sind ebenso wie alle anderen in der Nacht vom 22. zum 23. März aus Prökuls geflüchtet und haben als ersten Zufluchtsort Gargždai [zwei Kilometer jenseits der Grenze zum sogenannten *Großlitauen*] gewählt. Über das *Wie* könnte man Romane schreiben. Alles stehen lassen, eine gute Brotstelle, Möbel und Kleider, und wie die Bettler rausgehen. Einiges bekamen wir nachgeschickt, es ist aber der größte Teil unserer Sachen gestohlen worden, da keiner beim Packen dabei war. Obwohl ich mein Lager verkaufen konnte, erlitt ich doch einen Verlust von 10.000 Litas, und das ist schon ein ordentlicher Betrag. In Gargždai hatten wir zwei kleine Zimmer, und in diesen waren wir zeitweise zwölf Personen, Du kannst Dir ja vorstellen, welche Zustände das waren. Am 15. Mai sind wir dann nach Mažeikiai übersiedelt [im äußersten Norden des Landes; auch Hermann und Hilde wollten so weit wie möglich von Deutschland weg]. Hier haben wir drei Zimmer in einem Holzhaus. Ein schöner, großer Garten umgibt das Haus, so daß es ganz idyllisch ist. Wir leben mit dem Geld, das wir mitgebracht haben. Die Menschen hier sind ganz anders als im Memelgebiet, ein Kontrast wie Tag und Nacht. [Die Isaaks waren an eine deutsche, hauptsächlich protestantische Umgebung gewöhnt. Nun befanden sie sich in Samogitien unter den katholischen litauischen Bauern und den wenigen, meist bitterarmen Juden, die nicht Deutsch sprachen.] In Prökuls haben wir stets über alle und alles gestöhnt, wenn man erst in der Fremde ist, sieht man, was man verloren hat. Aber Klagen hilft ja auch nichts. Vorläufig müssen wir abwarten. Kanada, wohin wir zuerst wollten, verlangt 2.000 Dollar, in Amerika hinterlegt, und infolge der Wechselgesetze kann man kein Geld vorausschicken. Sonst geht es uns gut. Am 2. Juni war Judy ein Jahr, am selben Tage hat sie auch die Flasche weggeworfen. Ich lege Dir zwei Bilderchen bei, damit Du wenigstens auf den Bildern unsere Maus siehst.

Putti war vorige Woche hier, sie ist jetzt die Hauptstütze der Isaaks (ich ausgenommen). Gott sei Dank. Jeden Monatsanfang schicke ich Mama eine kleine Hilfe, aber ohne Putti weiß ich nicht, was wir angefangen hätten. Papa hilft Puttis Schwager in Tauroggen in der Bäckerei. Papa wollte doch noch im Memelgebiet bleiben und hat deswegen vor der Flucht nichts weggeschickt. Als er dann, auf gut Deutsch gesagt, rausgeworfen wurde, hätte er wenigstens seine ganzen Möbel mitnehmen können, denn das war erlaubt. Nein, er hat alles der Wirtin anvertraut. Stell Dir bloß vor, wie es ausgegangen ist! Jetzt wundert er sich, daß er nichts hat. Jeder hat alles Unentbehrliche eingepackt und nach Großlitauen geschickt. Weißt Du, wie man sich bettet, so schläft man. So ist er nun einmal.« Seine Frau Hilde fügt Grüße von sich und der kleinen Judith an: »Wir leben hier in Mažeikiai wie im Urlaub. Wer weiß, wo wir im nächsten Jahr um diese Zeit sein werden, denn für uns J. [mit dieser Abkürzung scheint Hilde den Fluch auf ihrem Volk bannen zu wollen] sind die Aussichten nicht gerade gut. Ich bin den ganzen Tag damit beschäftigt, hinter unserer Kleinen her zu sein, die jetzt ihre ersten Schritte zu macht. Ich habe kein Dienstmädchen, auch wenn sie hier billig sind, aber wir müssen jeden Pfennig umdrehen.«

Doch auch Hilde und Hermann sagten Ruth nicht die ganze Wahrheit. »Der 23. März war ein Mittwoch«, erzählt mir Tante Hilde, die mit ihren fast vierundachtzig Jahren den fünfeinhalb Meter langen alten Buick ihres verstorbenen Mannes noch hervorragend durch den Verkehr steuert. »Seit zwei Tagen verbreiteten zuverlässige Quellen die Nachricht vom bevorstehenden Einmarsch der Deutschen. Hermann hatte soweit wie möglich alles verkauft. Erst abends um zehn Uhr fanden wir ein Taxi. Wir mußten meine Eltern abholen, die gut drei Stunden entfernt wohnten. Auf den Straßen waren überall Soldaten der Wehrmacht, alle Brücken waren bewacht. Ich betete zu Gott, daß sie uns nicht kontrollierten. Weil das Auto bis obenhin voller Gepäck war und ich Judy in eine Decke gewickelt im Arm hielt, war klar, daß wir auf der Flucht waren. Morgens um zwei Uhr erreichten wir Dawillen. Ungefähr um fünf Uhr morgens kam der deutsche Ortspolizist, der uns seit eh und je kannte, um uns davor zu warnen, daß die Gestapo bereits eine Liste der Juden hatte und gleich kommen würde, um Papa zu verhaften. Wie er war, rannte Papa durch die Felder in Richtung Grenze. Mit Hilfe einiger Leute aus dem Ort, die halbe Schmuggler waren und die richtigen Schleichwege kannten, konnten wir Papa nach ein oder zwei Tagen folgen.

Von wegen Urlaub! Abgesehen von allem anderen, worüber wir uns in unserer ersten Unterkunft, einer Art Räuberhöhle, in Gargždai Gedanken machten, quälte uns vor allem die Sorge, daß unser Geld für die Flucht nach Kanada nicht reichen könnte. Als von den Russen, die das Land praktisch bereits kontrollierten, in einer litauischen Zeitung bekanntgemacht wurde, daß die aus dem Memelgebiet geflüchteten Juden zurückkehren könnten, um ihre transportable Habe zu holen, entschlossen wir uns zu einem Versuch. Anscheinend hatten sich Russen und Deutsche verständigt, doch es hieß auch, daß die ersten Männer festgenommen worden waren, kaum daß sie ihren Fuß wieder auf den Boden des Gebiets gesetzt hatten. Vielleicht aber verhafteten sie auch nur die, die bei ihrer Flucht Schulden hinterlassen hatten. Für Hermann und meinen Vater, die ein Geschäft und ein Gasthaus mit einer kleinen Pferdezucht besaßen, war die Gefahr sehr groß. Deshalb beschloß ich, es zu versuchen. Die kleine Judy vertraute ich meiner Mutter an und fuhr los. Es muß Ende März gewesen sein, und auch wenn es nicht in den Geschichtsbüchern steht, mußte man an der Grenze von Litauen ins Memelgebiet seinen Paß bereits den Russen und nicht den litauischen Zöllnern zeigen, und die Russen waren äußerst streng. Beim Verlassen des Landes durfte man höchstens die lächerliche Summe von fünf Litas mitnehmen, was nicht einmal für die Bahnfahrkarte reichte. Deshalb mußte ich die ganze Strecke zu Fuß gehen und bei Freunden oder Bekannten übernachten, die mir auch etwas zu essen und Geld gaben. Meine Schulden habe ich nicht mehr zurückzahlen können, denn sie sind alle umgebracht worden. So sah ich unser Memel wieder, wo, abgesehen von den deutschen Soldaten und den Hakenkreuzfahnen, alles wie immer war. Ich warf einen Blick aufs Gymnasium und ging an unserem Kino vorbei; es liefen die üblichen Filme. Ich mischte mich unter die Menge, die wie immer die Innenstadt bevölkerte, und begrüßte einen Ladenbesitzer, den ich kannte. Dabei hatte ich den Eindruck, daß er mich mit einem merkwürdigen Gesichtsausdruck anschaute. Plötzlich schrie ein Kerl ein Mädchen an, das daraufhin sofort den Bürgersteig verließ. Erst in diesem Augenblick bemerkte ich die anderen Leute, die am Rand des Fahrwegs entlangliefen. Es war schrecklich! Die Juden durften sich nicht mehr unter andere Menschen mischen. Ich beeilte mich, in Richtung Süden davonzukommen. Nachdem ich einige Möbel meiner Eltern in Dawillen geholt hatte, ging ich nach Prökuls, wo unser Marktplatz voller Leute und Soldaten war. Ich erinnere mich noch genau an die kreischende Stimme inmitten absoluter Stille und dann an die Begeisterungsstürme der Menge: Hitler persönlich! Man sagte mir, daß er das Memelgebiet zur offiziellen Inbesitznahme bereise. Unsere deutschen Bekannten strahlten vor Glück über die ›Heimkehr ins Reich‹. Nur die siebzigjährige deutsche Hausbesitzerin der Isaaks schien aufs höchste erzürnt, ausgerechnet sie, die uns seit einigen Jahren immer wieder gesagt hatte, ihr letzter Wunsch sei es, den ›Führer‹ zu sehen, dann könne sie ruhig sterben. Ausgerechnet ihr hatte Ruths Vater all sein Hab und Gut anvertraut, um es ihm nach Litauen nachzusenden! Als ich jedoch mit ihr in meine ehemalige Wohnung über Leos Laden zurückgekehrt war, sagte sie mir, der Führer sei zwar gekommen, aber seine Soldaten hätten alles Eßbare requiriert.

Es war mir nicht erlaubt, die Möbel am Ort zu verkaufen, und es war schon vorgekommen, daß die Sachen beim Transport gestohlen wurden. Was sollte ich also tun? Da ich von einigen Nachbarn gehört hatte, daß der neue deutsche Kommissar ein Gentleman sei, sprach ich bei ihm vor. Beim Betreten seines Büros zitterten mir die Knie, doch dieser Krüger war von ausgesuchter Höflichkeit. ›Meine Dame‹, sagte er, ›Sie scheinen sich nicht im klaren darüber zu sein, daß hier binnen kurzem ein schrecklicher Krieg ausbrechen wird. Jeder Stein wird von Blut besudelt sein. Glauben sie mir, es ist fast unausweichlich, und wenn es so ist, wage ich mir kaum vorzustellen, was aus den Juden werden wird. Fliehen Sie nach Kanada, wohin Sie können, möglichst weit weg, solange sie noch Zeit dazu haben.‹ Genau das sagte er! Er fügte hinzu, ich solle, sofern möglich, den Transport der Möbel begleiten, und gab mir die Garantie, daß der an der Grenze ausgestellte Passierschein auch für die Möbel galt. Was aber mit den Pferden meines Vaters tun? Die könne ich für den Transport benutzen! Gesagt, getan: Ich ließ alles auf einige Wagen laden, und in einer Karawane brachen wir in Richtung Grenze auf. Dort angekommen, verband ich die Gespanne untereinander und stieg auf den Kutschbock des ersten Wagens. Alles lief ganz glatt.

Um einen Familienrat abzuhalten, stieß später auch Papa Leo in Mažeikiai zu uns. Er hatte sich eine Mitfahrgelegenheit suchen müssen, und wir ließen Ruth davon natürlich nichts wissen. Wir diskutierten bis spät in die Nacht, diesmal aber nicht in so scharfem Ton wie 1938. Leo sagte, er habe beschlossen, in Litauen zu bleiben, denn er war sicher, daß er vor Verfolgungen durch die Nazis sicher sei, weil er im Ersten Weltkrieg Soldat gewesen war. Meiner Meinung nach war sein Entschluß dadurch beeinflußt, daß er seit einigen Jahren nicht mehr zu Hause lebte. Ich weiß nichts Genaues, aber es gab Gerüchte, daß er eine Geliebte hatte. Hermann und ich dagegen bekräftigten, daß wir so bald wie möglich nach Kanada aufbrechen wollten. Meine Eltern wußten nicht, was sie tun sollten. Sie hätten mit uns kommen wollen, aber sie konnten meine zwei jüngeren Brüder nicht im Stich lassen, die ihren Militärdienst noch beenden mußten. Da sie auf der Ausreiseerlaubnis meiner Eltern eingetragen waren, hätten sie uns allein später nicht folgen können. Schließlich entschieden meine Eltern, noch abzuwarten. Sie haben nicht überlebt.«

Wenige Tage, nachdem Hermanns langer Brief Triest erreicht hat, melden die Zeitungen den Abschluß von Nichtangriffspakten zwischen Deutschland und Estland, Lettland und Dänemark. Das ist endlich eine Nachricht, die Guido auch an Ruth weitergeben kann. Da er ja von Anfang an versucht hat, Ruth vor den Nachrichten über den wachsenden Antisemitismus in Italien zu »schützen«, muß er die Leitartikel des Chefredakteurs des »Piccolo« immer durchlesen, bevor er nach Hause kommt. Darin geht es um Statistiken, die beweisen, daß in Triest zu viele »Nichtarier« in freien Berufen tätig sind; es wird berichtet über eine achttägige Haftstrafe wegen versäumter Selbstanzeige als Jude beim Einwohnermeldeamt; man feiert die »überwältigende Liebe [Mussolinis] zu Adolf Hitler … die auf gemeinsamen moralischen Grundsätzen beruht« und »der Geschichte Überschwang verleiht«, und man verurteilt die demokratische Welt unter dem Einfluß »jenes haarspalterischen jüdischen Geistes, der wie eine Infektion in die Blutbahnen eindringt, und von dem sie nur durch den Tod geheilt werden kann«. Bevor Guido den Aufzug nimmt, läßt er den »Piccolo« unbemerkt in der Mülltonne verschwinden.

»Puty hat sich ein Fahrrad gekauft«, schreibt Ida am 9. Juni, »das war schon lang ihr Wunsch, sonst lebt sie sparsam und solid, möglich, daß sie werden schon nach vier Wochen eine Wohnung bekommen. Sally war auch hier auf ein paar Tage. Er ist wieder weggefahren, Beschäftigung suchen. Wegen Palästina muß man noch abwarten, es ist die Zeit zu unruhig.« Seit der nationalsozialistischen Invasion des Memelgebiets sind weniger als drei Monate vergangen, und dennoch wird bei den Isaaks schon wieder ein eventueller Besuch von Ruth und Guido in Litauen in Erwägung gezogen.

Pünktlich, das heißt mit der üblichen Verspätung, treffen die Glückwünsche des Vaters zum Hochzeitstag seiner Tochter in Triest ein [natürlich ist es der Jahrestag der standesamtlichen Trauung von 1937]. Leo faßt die Lage der Familie zusammen, die Ruth schon aus Idas und Puttis Briefen kennt, und fügt dann hinzu: »Was Sally machen wird, weiß ich nicht, die Zeiten sind jetzt so schwer. Auch Rosa geht es nicht besonders, sie ist auf alle böse, weil wir ihr kein Geld borgen können. Wenn man wenigstens Hoffnung hätte, es zurückzubekommen.«

Etwa um dieselbe Zeit veröffentlicht die »Prawda« groß aufgemacht die folgende Erklärung des Kreml: »Die Frage der Aufrechterhaltung der Neutralität der drei baltischen Staaten ist unter sicherheitspolitischen Gesichtspunkten für die Sowjetunion von vitalem Interesse.« Nach dem Abkommen zwischen Litauen und Deutschland scheint diese eindeutige Stellungnahme endlich ein wenig Hoffnung auf Frieden und Sicherheit zu gewähren, doch inzwischen ist nicht nur Hermann der Ansicht, daß man sich nur erneut einer Illusion hingeben würde. Im August schreibt Ida aus dem Hause ihrer Tochter Rosa in Panevėžys, daß Hermanns Entschluß gefaßt ist: »Hermann fährt schon Mitte September ab. Er hat erklärt, er ist Landwirt und muß mindestens fünf Jahre Boden besorgen. Nachher kann er machen, was er will. 1.500 Dollar muß man haben, dann kann man fahren. Auch Sally wollte mitgehen, er war nicht angemeldet und konnte nicht mit. Judithlein ist goldig, ganz blond. Hermann will mich trösten, sagt, er wird bald zu Besuch kommen von Kanada, kostet nicht so viel die Reise, aber Gott weiß, ob ich das erleben werde, wer weiß, wo ich hinkomme, man lebt immer in Angst und Sorgen.« Ida scherzt über ihren Diabetes: »Ein Kindchen hat Rosa, süß wie ein Zucker, ich könnte sie aufessen, aber der Arzt sagt, nein, ich muß abnehmen. […] Gott weiß, was wird mit Jenny werden, ob sie wird was finden, alle Mädels finden was, nur von ihr hat sich Gott abgekehrt, oder hat sie selbst Schuld.«

Doch Jenny hat in Palästina einen sehr amüsanten jungen Mann, einen gewissen Doktor Zangen, kennengelernt, der vor einem knappen Jahr illegal eingewandert ist. Mama Ida jedoch weiß davon noch recht wenig und macht ihrer Tochter Ruth gegenüber ihrem Unmut Luft: »Um Jenny ist ganz still geworden, alle tun heimlich, wer weiß, was vorgeht. Mir hat sie geschrieben, aber konnte gar nichts verstehen, und dabei wissen alle was hier. Jetzt schreibt sie gar nichts darüber. Wahrscheinlich ist doch auch nichts daraus geworden. […] Rosa und Puty wollen, daß ich schlanker werde, aber ich werde nicht, nur die Zähne kommen vor, wie die Frau Holle seh ich aus […] Gestern war Hermann da und Hilde, sich verabschieden war schwer, und ich habe viel geweint. Hermann war sehr gut zu mir, ließ auch etwas Geld zurück und hat mir versprochen, was zu schicken, wenn er dort ist.«

»Glücklicherweise«, erzählt Tante Hilde weiter, »konnten wir den Verkauf der Pferde und Möbel früher als erwartet zum Abschluß bringen und unsere Abreise aufgrund einer Reihe glücklicher Umstände auf den 20. August vorverlegen. Mein Schwiegervater bestand darauf, bis nach Mažeikiai zu kommen, um sich von uns zu verabschieden und uns auf dem ersten Teil der Fahrt im Zug zu begleiten. Das Abschiednehmen fiel uns sehr schwer. Ich hatte den Eindruck, auch er fühlte, daß wir uns zum letzten Mal sahen. Ich winkte ihm aus dem Zugfenster nach, Hermann schien ganz niedergeschlagen. Eine Reise … eine Reise … die Deutschen verfolgten uns, und wir mußten, um zu flüchten, ihnen direkt in die Arme laufen! In Berlin hatten wir einen langen Aufenthalt. Es war schrecklich. Irgendwie mußte sich die Nachricht verbreitet haben, daß in dem Zug viele Juden auf dem Weg in die Emigration saßen. Auf dem Bahnsteig fing irgend jemand zu schreien an, und bald bildete sich eine Ansammlung von Zivilisten, die uns beschimpften und gegen die Fenster spuckten. Polizisten und Soldaten taten ihr Möglichstes, um die Ordnung aufrechtzuerhalten. Es klingt merkwürdig, aber während der ganzen Fahrt verhielten sich die Soldaten, die in den Zug kamen, sehr korrekt. Sie kontrollierten unsere Pässe ohne jeglichen Kommentar. Am 22. August schifften wir uns von Antwerpen aus nach England ein, und von da nach Halifax in Neuschottland.«

Einen Tag nach der Abreise von Hermann und Hilde aus Europa schließt die UdSSR mit dem Deutschen Reich einen Nichtangriffspakt. In dem geheimen Zusatzprotokoll wird Litauen zunächst der »Interessensphäre Deutschlands« zugeschlagen.

Der August neigt sich dem Ende zu. In den Zeitungen ist zu lesen, daß es Krieg geben wird, und Ruth wartet mit klopfendem Herzen auf Nachrichten von ihren Angehörigen und vor allem von Hermann, von dem sie nichts weiß. Endlich trifft ein Brief aus Litauen ein: »Ich schreibe, ob Du wirst bekommen den Brief, weiß ich nicht. Von Dir bekomme ich nichts. Ich schreibe, so kann ich mich beruhigen, und Gott weiß, wie es geht mit meinen Kindern. Hermann ist abgefahren, und keine Post kommt von niemand von Euch. Ein neues Jahr kommt [nach dem jüdischen Kalender], soll der gute Gott helfen und jedem seine Wünsche erfüllen. Dir und Guido wünsche ich ein gutes, gesundes Jahr, man soll alle Frieden im Herzen haben, und jeder von uns soll wissen, was mit den anderen ist.«

Diese Zeilen schreibt Ida Isaak am 6. September 1939. Seit fünf Tagen ist der Zweite Weltkrieg ausgebrochen.

VII

Nach dem Einfall in Polen organisiert die SS unter Mithilfe der Wehrmacht großangelegte Pogrome. Für die Menschen in Litauen ist es ein Auf und Ab widersprüchlicher Nachrichten. Die ersten paar Tausend geflüchteten Juden erzählen, daß nur ein Bruchteil ihrer Glaubensgenossen hat fliehen können, während die anderen überrumpelt wurden und in die Falle gerieten. Ida und auch Leo haben Gelegenheit, mit Flüchtlingen in Kontakt zu kommen, aber sie hüten sich davor, Ruth davon etwas zu berichten.

Nachdem Stalin seinerseits in Ostpolen einmarschiert ist, kommt am 28. September ein deutsch-sowjetischer »Grenz- und Freundschaftsvertrag« zustande, der der UdSSR in Litauen, Lettland und Estland freie Hand läßt. Das geheime Zusatzprotokoll sieht vor: »Sobald die Regierung der UdSSR auf litauischem Gebiet zur Wahrnehmung ihrer Interessen besondere Maßnahmen trifft, wird zum Zwecke einer natürlichen und einfachen Grenzziehung die gegenwärtige deutsch-litauische Grenze dahin rektifiziert, daß das litauische Gebiet, das südwestlich der in der anliegenden Karte eingezeichneten Linie liegt, an Deutschland fällt.« [Der sogenannte Suwalkizipfel südöstlich des Memelgebiets] Am 30. Oktober ordnet Himmler die Deportation von 550.000 Juden nach Osten über die Weichsel an. Ein Jahr später sagt er vor dem Führungskorps der Leibstandarte Hitlers: »Genau dasselbe hat bei 40 Grad Kälte in Polen stattgefunden, wo wir Tausende und Zehntausende und Hunderttausende wegtransportieren mußten, wo wir die Härte haben mußten – Sie sollen das hören und sollen das aber gleich wieder vergessen –, Tausende von führenden Polen zu erschießen. [...] Meine Herren, es ist bedeutend leichter in vielen Fällen – und das möchte ich Ihnen einmal, Sie werden mir das gern zugeben, wieder ins Gedächtnis rufen. Es ist bedeutend leichter in vielen Fällen, mit einer Kompanie ins Gefecht zu gehen, wie mit einer Kompanie in irgendeinem Gebiet eine widersetzliche Bevölkerung kulturell tiefstehender Art niederzuhalten, Exekutionen zu machen, Leute herauszutransportieren, heulende und weinende Frauen wegzubringen.« Im Oktober 1939 scheint sich auch für die litauische Regierung die Gelegenheit zu bieten, an der Aufteilung Polens zu partizipieren: Unter dem wohlwollenden Blick der Sowjets, die die Stadt gerade besetzt haben, kann Litauen am 28. Oktober endlich Wilna in Besitz nehmen. In Wirklichkeit aber entreißt Stalin als Gegenleistung für dieses Geschenk dem Land seine Unabhängigkeit. Mit den 90 bis 100.000 Juden der Gegend um die alte Hauptstadt, einem der größten Zentren jüdischer Kultur in Europa, steigt die Gesamtzahl der litauischen Juden auf bis zu 250.000.

Auch die Isaaks haben sicher von den Ereignissen gehört, die die Annexion der Stadt begleiten. Die heftigen Spannungen zwischen der polnischen und litauischen Bevölkerung, die jedoch beide katholisch sind, entlädt sich in einem antijüdischen Pogrom mit einem Toten, zweihundert Verletzten und der Verwüstung vieler Geschäfte. Man versteht überhaupt nichts mehr: Der Strom jüdischer Flüchtlinge aus den von Deutschen besetzten Gebieten Polens – in Wilna sind bereits ungefähr 15.000 angekommen – kreuzt sich mit dem derjenigen, die zu Tausenden vor Stalin in die von Nazis besetzten Gebiete fliehen. Sie sind getrieben von der Erinnerung an den russischen Antisemitismus und der Hoffnung auf die traditionelle deutsche Gastfreundschaft.

Doch das Leben muß weitergehen. »Wir haben Deinen Brief zu Mamas Geburtstag erhalten«, schreibt Putti unmittelbar nach den Pogromen in Wilna, »sonst keinen mehr. Bei uns gibt es nichts Neues, außer was Du schon aus den Zeitungen weißt. Wir sind alle G. s. D. gesund. Mein Liebes, schreib bald und teile mir mit, ob Du die Bilder erhalten hast. Ma, Sally, Leo und ich küssen Dich innigst.« Vier Tage später erklärt Hitler gegenüber der Wehrmacht, das besetzte polnische Gebiet diene der »Vorbereitung künftiger deutscher Operationen«. In einer geheimen Besprechung äußerst ein anderer Naziführer seine Befriedigung darüber, daß nun in Polen »billige Arbeitssklaven« zur Verfügung stünden.

Die litauische Regierung übt eine strenge Pressezensur aus. Es kursieren unkontrollierbare Gerüchte über Gewaltakte gegen polnische Juden. Doch solche Nachrichten wollen Putti, Ida und Ruth anscheinend lieber verdrängen und von etwas anderem reden. Sie beschäftigen sich mit einem alten Thema aus der Zeit vor der Flucht aus Prökuls, als Ruth eine Nähmaschine kaufen wollte. Da sie befürchtete, ihre Tochter wolle nun anfangen zu schneidern, warnte die Mutter sie mehrmals: »Hör zu, Du wirst mehr für Arzneien ausgeben, als Du kannst sparen, wenn Du Dich abquälst mit Nähen.« Auch Putti kommt unter einem anderen Blickwinkel auf das Thema zu sprechen: »Es ist viel schwieriger geworden, denn wie die Zeiten jetzt sind, kann man nicht mehr monatlich abzahlen. Aber da das Geld immer weniger wert ist, ist es auch besser, bar zu bezahlen. So eine Nähmaschine kann schon bald mehr Wert haben als Geld.«

Nachdem besondere Vereinbarungen getroffen worden sind, »optieren« große Gruppen von Deutschen für eine Umsiedelung in die baltischen Staaten, wo ihnen von Polen und Juden »gesäuberte« Gebiete zugewiesen werden. In Deutschland und im Ausland wird in hoher Auflage ein vom deutschen Außenministerium herausgegebenes Buch verbreitet. Als Rechtfertigung für die Invasion Polens werden die »polnischen Greueltaten an den Volksdeutschen in Polen« dokumentiert. Vielleicht gelangte eines dieser Bücher in die Hände der Isaaks, so daß sie sich die zahlreichen Bilder verstümmelter Leichen und die Nahaufnahmen von bereits verwesenden Gesichtern mit leeren Augenhöhlen anschauen konnten, die als »Beweise« für die gegen die Deutschen gerichteten Verfolgungen nun von den deutschen Sondergerichten »dokumentiert« wurden. Die Einleitung des Buchs enthüllt die Stoßrichtung der Publikation, wenn die Herausgeber schreiben, die polnische Presse habe »unter starkem jüdischen Einfluß« gestanden. Schon allein wegen dieser Worte schenken die litauischen Juden der Beschreibung der angeblichen antideutschen Verfolgungen durch die Polen wohl kaum Glauben: »Als Horden bewaffneter Zivilisten mitten auf der Straße Deutsche umbrachten und erschossen, schritten anwesende polnische Soldaten und Polizisten nicht ein, sondern ließen alles geschehen. [...] So wurden Unbekannte ermordet, einfach weil die Verfolgten, Verschleppten und Mißhandelten Deutsche waren, und die mußten verschwinden. Diese Losung hatte die Regierung ausgegeben, und sie war zum Allgemeingut geworden. [...] Art und Umfang der von den Polen an den Deutschen verübten Grausamkeiten haben in der Geschichte der Verbrechen des 20. Jahrhunderts einen besonderen Stellenwert. Die Zahl der ermordeten und erschossenen Kinder im schulpflichtigen und vorschulpflichtigen Alter ist symptomatisch dafür, wie unerbittlich die von der Regierung ausgegebene Losung der Ausrottung des Deutschtums in die Tat umgesetzt wurde. Und nicht weniger symptomatisch ist es, daß die Opfer des fanatischen Hasses bestialisch gefoltert wurden, und daß viele, bevor sie ermordet wurden, sich mit eigenen Händen ihr Grab schaufeln mußten. [...] Ein Kind, das um sein Leben bettelte, erregte ebenso wenig Mitleid wie das Jammern eines kleinen Jungen, der sich angstvoll an den Arm seiner Mutter klammerte, und das Flehen um Gnade wurde mit Faustschlägen beantwortet. [...] Alle an der deutschen Minderheit begangenen Grausamkeiten waren nicht persönliche Racheakte, nicht Exzesse, die aus Armut oder Klassenhaß zu erklären wären, sondern *politisch motivierte Kollektivmaßnahmen und organisierter Massenmord.*« [Hervorhebung im Original] Wenn man in diesem Text die Worte »Deutsche« und »Deutschtum« für die Opfer durch »Juden« und »Judentum« ersetzt, erhält man eine genaue

Beschreibung der Methoden, die die Deutschen zu diesem Zeitpunkt gegenüber den polnischen Juden und eineinhalb Jahre später auch gegenüber den ungefähr 190.000 litauischen Juden anzuwenden beginnen. In Panevėžys jedoch konnten die Isaaks nicht auf die Idee kommen, daß man in Berlin einfach die Wirklichkeit verdrehte, und ebensowenig, daß man dort bereits die systematische Vertreibung der Juden plante.

»Weshalb sorgst Du Dich so viel um uns«, schreibt Ida im November an ihre Tochter in der Ferne, »es geht uns G. s. D. ganz gut. Meine einzige Sorge ist um Euch. Von Hermann bekomme ich oft Briefe, er soll eine Farm von 320 Morgen kaufen. Er sagt, daß alles sehr schön sei. Sally möchte gern zu ihnen gehen, so bald wird es wohl nicht, er ist doch wieder eingezogen.« Ida schreibt weiterhin an ihre in der ganzen Welt verstreuten Kinder und hat sich inzwischen daran gewöhnt, daß diese, um ihr keine Sorgen zu bereiten, ihr nicht die ganze Wahrheit erzählen. Sie hat sogar herausgefunden, daß ihre Kinder manchmal heimlich untereinander Briefe wechseln, um sich ihre Ängste anzuvertrauen. Aber auch Ida selbst schützt ihre Tochter in Triest weiterhin durch Verschweigen vor den besonders beängstigenden Nachrichten. Ihrem Erstgeborenen dagegen, der sich inzwischen wirklich in Sicherheit befindet, vertraut sie sich weit mehr an, als sie dies der Tochter gegenüber je tun würde: »Lieber Hermann, Du kannst froh sein, daß Du heraus bist. Der Anti. [eine weitere typische Abkürzung] ist hier so groß, daß wir abends Angst haben, auf die Straße zu gehen. Nach neun sind die Straßen wie ausgestorben, und wer schon gehen muß, der hat etwas mit. Leo hält auch sein Geschäft nur bis zehn auf. Es wurden schon Juden auf der Straße geschlagen. Wie Sally hier war, kam er auch einen Abend mit ein blaues Auge und hat mir nichts sagen wollen. So lebt man mit viel Sorgen.« Dennoch verschweigt Ida selbst Hermann gegenüber die besonders beunruhigende Tatsache, daß Judenverfolgungen in vielen litauischen Städten gleichzeitig ausgebrochen und somit zentral gesteuert sind.

Die überlebenden Schwestern Isaak und ihre Ehemänner 1947 in Haifa. Von links: Fjershel, Dina, Jenny, Ruth, Guido und Boris.
»In der Mitte sitzt meine Mutter Ruth; dem Aussehen nach könnte sie eine junge Frau aus dem Turin der zwanziger Jahre sein: schwarze, gelockte Haare, die sie kurz trägt wie bis heute. Vor ihr steht eine merkwürdige kleine Pappschachtel, es könnte eine Schuhschachtel sein.«

Der Marktplatz von Prökuls; im Hintergrund ganz rechts das Haus der Isaaks. »Wenn Mittwoch Markt- und zugleich Gerichtstag war, standen auf dem ganzen Marktplatz Verkaufsstände. Wie ich es dir als Kind erzählt habe, gab es Süßigkeiten, Spielzeug, Holzschuhe, handgewebte Decken, Pilze, Waldbeeren, lebende Aale und Hechte, Fässer und Besen … und die immer von Kindern umlagerte Bude des Billigen Jakob.«

Ruths Elternhaus mit dem Geschäft. Vor der Ladentür Dina und Rosa in Sommerkleidern und Sally in Jackett und Krawatte, neben einigen Angestellten. Auf der Rückseite des Bildes ist in der Schönschrift der vierzehnjährigen Ruth zu lesen: »Zur steten Erinnerung an das Personal der Firma Leo Isaak, Juli 1929.«

oben: Prökuls 1927. In der Mitte: Sally (mit dem Bleistift hinter dem Ohr), Jenny und Ruth (mit den Stoffäffchen in der Hand), dahinter im weißen Kleid Dina, aufgenommen vor dem Geschäft, zusammen mit einigen Angestellten.

unten: 1931: ein Schulausflug ans Kurische Haff. Die sechzehnjährige Ruth in der Mitte unten.

oben: Klassenfoto vom Gymnasium in Memel, 23. März 1932. Auf der Rückseite in Ruths Schrift: » Die VIIa zum letzten Mal vollzählig zusammen«. Stehend, von rechts: Nora Karpus, ein junger Lehrer, Ruth, Martha Kapust.

unten: Ruth umarmt ihre beste Freundin, die protestantische Deutsche Martha Kapust. Sommer 1932.

»Was auch kommen mag – ich will immer zu Dir stehen! Zum steten Gedenken gewidmet von Deiner Freundin Martha, im Juni 1932.«
Zwei Monate nach Hitlers Machtergreifung klagt Martha in einem Brief an Ruth, »...daß wir es nicht so offen allen sagen können: Wir sind Freunde!«

Ruth (links) mit ihren Cousins Daniel und Nora Karpus in Memel, Dezember 1931

Von links: Nora und Gretel Karpus, Ruth in der Innenstadt von Memel, ca. 1933

Ruths Cousine Etta, die ihr »mehr als eine Schwester« war, während ihres Studiums an der Universität Freiburg 1933, kurz vor ihrer Emigration nach Palästina.

»Im November '35 brach ich zu meiner Reise in den revisionistischen Kibbuz von Atlit nach Rosh Pina im oberen Galiläa auf. ... Wir waren jung, und alles fiel uns leicht, denn wir fühlten, daß unser Leben endlich einen Sinn hatte, weit weg von diesem verdammten Europa.« Ruth im Sommer 1936 mit einem Unbekannten im Kibbuz von Atlit, fotografiert von Boris.

Ruth (links), Boris und Dina in Haifa, 17. Juni 1936.

Ferdinand Zangen (Onkel Fjershel). »Das Foto haben sie in Addis Abeba einige Monate nach Kriegsende geschossen. Willst du es haben? Es war nie zu etwas gut. Jedes Mal, wenn ich es jemandem zeigte, wurde ich gefragt, wer von den beiden Doktor Zangen sei.«

Ruths Bruder Hermann Isaak in Proküls, Mai 1933. Der Vater nannte ihn nach jüdischer Tradition »Obermahador«, Familienoberhaupt.

Leo Isaak, Ruths Vater, »ein gutaussehender Mann mit einem prachtvollen Knebelbart«, um 1938.

Rosa bittet ihre Schwester Ruth bei ihrer Abreise nach Palästina: »Denk auch ein bißchen an mich«. März 1935.

Sally Isaak in einer Aufnahme für Ruth, 1. März 1935.

3. März 1937: Ruths Lieblingsschwester Nora Isaak (»Putti«) mit der Mütze, die traditionell den besten Abiturienten des deutschen Gymnasiums verliehen wurde. »Heute war der schönste Tag meines Lebens… Ich habe geschrieben, daß alle, die mit aufrichtiger Überzeugung für eine Idee kämpfen, diese auch verwirklichen werden … Jetzt bin ich jedoch tieftraurig, ich möchte am liebsten heulen. Die Schule ist nun wahrhaftig vorbei.«

Putti im Juli 1938 in Prökuls.

Zu diesem Foto ihrer Mutter schreibt Putti der Schwester: »Ma lacht über die Faxen, die ich mit dem Fotoapparat mache. Sie sagt, der Apparat sei zu klein, sie werde nicht hineinpassen.«

Panevėžys, Sommer 1939. Von links: Leo Segal, Ida Isaak und Putti nach der Flucht aus dem von den Deutschen annektierten Memelgebiet. Putti schreibt auf der Rückseite: »Für Ruth und Guido. Gefällt Euch Leo?«

Ruth und Guido in Triest am Tag ihrer Hochzeit, 24. Juni 1937.

Ruth und Guido bei einem Ausflug auf den Monte Sabotino (Görz), 17. April 1938.

Triest, März 1944. Ruth mit dem Sohn der befreundeten Familie Lussin, bei der sie sich versteckt hält.

Noni mit seiner Mutter Bertl nach ihrer Flucht in Tauroggen, im sowjetischen Litauen, erste Jahreshälfte 1941.

Das letzte Foto von Noni in Tauroggen 1941.

Der Autor vor dem ehemaligen Haus der Isaaks in Prökuls, 1993.

»Wollen Sie die letzte Synagoge von Panevėžys sehen?« sagen die Mechaniker grinsend und laden uns ein einzutreten. Der Vorsitzende der israelitischen Kultusgemeinde, die nur noch 20 Mitglieder hat [gegenüber den ca. 10.000 im Jahr 1941] bleibt auf der anderen Straßenseite stehen und blickt zu Boden. 1993.

Daß Hermann wirklich in einem weitentfernten Land einfach Bauer werden kann und unter Menschen zurechtkommt, die eine andere Sprache sprechen, will Ida nicht recht glauben: »Hoffe, daß alles so ist, wie Du schreibst, und ihr seid zufrieden mit dem Kauf von der *Farm*, wie man dort sagt. Puty und Leo sind nach Tauroggen gefahren, sehen, wie der Alte [Idas Mann; er ist er siebenundfünfzig] wirtschaftet. Schmerl [ein anderer aus Prökuls geflohener Jude] will wo anders Geschäft aufmachen. Von den Kindern habe ich bis jetzt regelmäßig Briefe bekommen, nur ein Zeichen, daß man lebt. Sonst ist das Leben mal besser, mal schlechter. Der Laden vom Mann von Rosa geht gar nicht gut, werden ihn verkaufen und eine Wohnung suchen, da kann er auch dasselbe verkaufen und er spart die Miete. Sehne mich sehr nach Judithchen [Hermanns Töchterchen], ihre süßen Küsse, wie sie hat Verstecken gespielt, Gott weiß, ob ich werde sie noch mal sehen. Raschele [Rosas dreizehn Monate altes Töchterchen] ist auch ein goldiges Kind, sie plappert schon, und wenn ich hingehe, ist sie ganz glücklich und ruft Bobe.«

»Vor zwei Wochen«, schreibt Putti am 29. November 1939, am Vorabend des Angriffs der Sowjetunion auf Finnland, »als mobilisiert wurde, war eine Panik hier, schrecklich! Die Menschen haben Lebensmittel gekauft wie die Verrückten, und Mama hat wegen Sally so geweint. Er geht doch nicht in den Krieg! Wir konnten sie kaum beruhigen. Leo und ich sind in Kaunas gewesen. Die Manufakturgeschäfte sind total ausgeplündert, bis ich zwei Paar Strümpfe bekommen habe, bin ich ungefähr in fünfzehn Geschäften gewesen. Überhaupt verkauft man nur ein Paar Schuhe, ein Kleid, ein Anzug usw. Ich konnte mir ein Paar schwarze Schuhe, eine schwarze Handtasche und schwarze Handschuhe kaufen, einen blauen Filzhut mit großem Rand, hinten hochgebogen. Für Raschele konnte ich ein entzückendes weißes Plüschmäntelchen finden. Er steht ihr wirklich gut, sie sieht wie ein Eisbär aus. Ich habe einen schönen Stoff, den ich Dir gern schicken möchte:

schwarze, weiche Wolle mit roten und blauen, ganz dünnen Streifen – wirklich vornehm. Mir gefällt der Stoff sehr gut, es sind drei Meter da, und er ist 1,30 breit. Davon kannst Du Dir schon ein feines Kleid mit Faltenrock arbeiten lassen. Bitte erkundige Dich beim italienischen Zoll, ich möchte nicht, daß sie Dich zuviel zahlen lassen. Ruthele, jetzt haben wir uns schon seit eineinhalb Jahren nicht mehr gesehen.

Wann werden wir uns wieder umarmen können? Ich kann mir schon gar nicht mehr vorstellen, wann dieser Traum in Erfüllung gehen wird. Man macht so viele Pläne ... Die Tage vergehen still und ruhig«, lügt Putti, »am Morgen gehe ich meistens auf den Markt, um Fleisch zu bekommen, dann kram ich zu Hause rum oder ich helfe Leo im Geschäft. Manchmal gehen wir ins Kino, sonst leben wir ziemlich zurückgezogen. Viel Zeit verbringe ich mit Lesen. Mama geht jeden Morgen spazieren, dann kocht sie das Essen, während das Mädchen sauber macht. Am Abend sitzt sie meistens im Geschäft, auch um Menschen zu sehen: Manchmal sitzt sie auch an der Kasse, dann können Leo und ich ein wenig ausgehen. Wenn wir ins Kino gehen, nehmen wir sie immer mit. Ruthele, mein Ruthele, ich küsse Dich innigst, fühlst Du es?«

Seit Herbst 1939 wird in den vom Dritten Reich annektierten Teilen Polens im ehemaligen Westpreußen, dem Gebiet von Lódz, Poznan und Katowice den Juden das Tragen eines Davidsterns gesetzlich vorgeschrieben, der »sichtbar auf der linken Brustseite« und auf dem Rückteil der Kleidung befestigt sein muß.

Vor Weihnachten erhält Ruth einen langen Brief ihres Vaters. Vielleicht will er seine Tochter nicht beunruhigen, oder vielleicht ist die Lage in Tauroggen nahe der Grenze zum Memelgebiet wirklich so ganz anders als in Panevėžys mitten in Litauen, wo der »Anti.« herrscht, jedenfalls schreibt Leo: »Meine lieben Kinder, Purzelchen und Guido! Nach langer Zeit sende ich wieder ein Lebenszeichen. Ich habe, nachdem ich mich aus Dawillen fortmachte, verschiedene Enttäuschungen erlebt, die Gründe dazu sind

Euch zur Genüge bekannt. In Dawillen hatte ich das Geschäft schon sehr gut emporgebracht, und als die Konkurrenz es bemerkte, wurde ich herausgemietet. Das war für mich ein großer Verlust. Dann habe ich in Berzischken ein abgewirtschaftetes Geschäft übernommen, das – wie das Geschäft in Dawillen – niemand wollte. Es brauchte nicht lange, da brachte ich es ebenfalls hoch, und wenn der Fall mit dem Memelgebiet nicht gekommen wäre, dann hätte ich heute schon ein schönes Vermögen gehabt. So habe ich auch den hohen Kautionsbetrag verloren. Ich hoffe, daß der litauische Staat mir diesen Betrag ersetzen wird, denn es waren meine Ersparnisse für den Besuch bei Euch in Italien. Ich habe in meinem Leben viele solche Enttäuschungen gehabt, vielleicht bin ich unter einem schlechten Stern geboren, aber, gottlob, ich fühle mich noch einigermaßen gesund und stark, so daß ich noch immer den Kopf nicht hängen lasse. Hier in Tauroggen habe ich bis zum 1. November die Bäckerei und Konditorei für meinen lieben Schwiegersohn Leo geführt, der einige Schulden hatte, die ich bereits herauswirtschaften konnte. Nun führe ich das ganze allein. Außer dem Laden habe ich einen Wagen und ein Pferd, zwei Bäckermeister, zwei Verkaufsdamen, zwei Arbeiter, einen Konditor und eine Reinigungsfrau. Ich lebe in einer Zweizimmerwohnung mit Küche und halte eine Wirtin, die ich aber zu entlassen gedenke, um zu sparen. Das Geschäft ist gut eingeführt, aber die großen Ausgaben fressen alles auf. Ich denke, ab 1. 1. 40 das Geschäft so hinzustellen, daß die Ausgaben den Verdienst nicht übersteigen. In jedem Betrieb gibt es manchmal Ärger und anstrengende Arbeit, aber Arbeit macht das Leben süß und Faulheit schwächt die Glieder, sagt man. Ich bin ans Arbeiten gewöhnt, und wenn ich nichts zu tun habe, fühle ich mich nicht wohl. Im Leben kommt es immer anders, als man meint, der Mensch denkt, nur Gott lenkt.

Nun beginnt wieder ein neues Leben für mich, die erste Zeit fühlte ich mich hier nicht wohl, aber jetzt habe ich mich schon so einigermaßen eingelebt. Wie immer bin ich bei meiner Kundschaft, die gut und groß ist, sehr beliebt. Ich will zu Gott hoffen, daß der Frieden in unserem Land bleibt, ich keine weiteren Enttäuschungen erfahren muß und das ganze jüdische Volk bewahrt werde. Wenn es nur irgendwie möglich sein wird und falls ich gesund bleiben sollte, gedenke ich auch auszuwandern. Wie lautet das schöne Lied? *Das Wandern ist des Müllers Lust.*

Es freut mich zu hören, daß mein liebes Purzelchen eine so harmonische Ehe führt. Wie geht es Euch sonst? Habt ihr vom Krieg auch zu spüren? Hier merkt man schon, daß Krieg ist, es gibt so manches nicht für Geld zu kaufen, und das ist vorläufig nur der Anfang. Ich bin, gottlob, mit allem so einigermaßen eingedeckt, Kleider, Schuhe, Lebensmittel und Holz für den Winter. Das Geschäft von Rosas Familie geht leider schlecht, auch die Brautgift ist bereits dahin, möge ihr Gott helfen! Vor einigen Tagen habe ich ihr eine Gans geschickt, und Putti bekommt nächstens eine. Hier ist die Witterung kalt, viel Regen und daher ungesund.«

VIII

In Litauen ist der erste Kriegswinter außergewöhnlich kalt, Schnee und Eis machen die Straßen unpassierbar, deshalb kann Leo seine Familie in Panevėžys einige Monate lang nicht besuchen. Nicht einmal zum Begräbnis seiner Schwester Frida im neunzig Kilometer entfernten Tauroggen kann er kommen, weil es für den Pferdeschlitten zu weit ist.

»Dieser verwünschte Winter ist so streng«, schreibt Leo im Februar 1940, »daß er auch das Geschäft hindert. Das Gebäck wird bald alt, und es wird auch wenig gekauft, da der Verkehr vom Land fehlt. Der Frost ist so stark, daß man die Nase fast nicht aus dem Haus stecken kann, hoffentlich geht's bald zu Ende. Hunger kann man ertragen, aber Hunger und Kälte zusammen sind furchtbar.

Denke Dir, liebes Purzel, Dein Cousin Heini vom Onkel Jakob hat sich in Wilna verlobt. In vier Wochen bekommt er eine hübsche Braut mit 20.000 Litas und Besitzungen in Wilna. Das alte Sprichwort, daß der dümmste Bauer die besten Kartoffeln hat, trifft zu. Unser Sally findet immer noch nichts, aber ich glaube, er hat selbst Schuld. Kaum wird er mit einem Mädel bekannt, ist seine erste Frage, wieviel Geld hast Du, es muß sofort bei der Verlobung bei der Bank hinterlegt werden usw. Natürlich bekommen sie da Angst und laufen davon. Die Geschäftsschulden konnte ich noch nicht alle begleichen, aber ich vertraue in Gott, daß ich mich auch diesmal durcharbeiten werde. Bis jetzt habe ich es immer geschafft – ich werde sparen. Ich hatte kein leichtes Leben, aber wenn ich sehe, welch Unglück über viele andere Menschen kommt, wäre es ein Frevel, mich zu beklagen, und ich muß zufrieden sein. Trotzdem muß ich immer an die Zeit zurückdenken, wo meine lieben

Kinderchen klein waren, und Ihr mitunter alle auf mir herumgesprungen seid; wie glücklich haben wir uns alle gefühlt. Die Besetzung des Memelgebiets hat alles zerstört, und jetzt leben wir jeder woanders. Niemand kann sagen, wie lange dieser Krieg dauern und welche Folgen er mit sich bringen wird. Aber einmal wird schon ein Ende sein, die Sonne kündigt noch immer den neuen Tag an, und es gibt doch noch einen Gott im Himmel, oder nicht?

Zum Glück habe ich mir genügend Brennholz eingekauft, ich habe mir gerade heute zum zweiten Mal mein Zimmer eingeheizt und habe mir auch gleich am Ofen frischen Kaffee gebrüht, und jetzt esse ich Kuchen aus unserer Fabrikation. Wie gerne möchte ich Dir diese schmackhaften Leckerbissen zureichen, ich weiß doch, Du warst sehr dafür, mein kleines Süßmäulchen.

Man weiß noch immer nicht, wo unsere Dokumente aus Memel hingekommen sind. Es besteht die Gefahr, daß wir die litauische Staatsbürgerschaft nicht erhalten können. So könnten wir staatenlos bleiben, das wäre wohl das Letzte. Auf der Wand vor mir habe ich ein Bild mit drei Katzen angebracht: Vater und Mutter mit ihrem Kätzchen, sie schauen auf Deinen Brief, und zusammen mit mir senden sie die besten Grüße.«

Wahrscheinlich erfährt man in Litauen, daß die Deutschen mit der Besetzung Dänemarks und Norwegens beginnen, aber man weiß wohl kaum, daß in Polen bereits 20.000 Polen und Juden umgebracht worden sind.

In Panevėžys freut sich Ida an ihrer kleinen Enkelin, die sie liebevoll Raschinken nennt, kümmert sich um Puttis Haushalt, macht manchmal einen Spaziergang und ist immer noch darüber besorgt, daß zwei ihrer Kinder nach wie vor keine Familie gründen wollen. Auch wenn Ruth aus Italien nicht über Ausbrüche von »Anti.« wie in Litauen berichtet, fürchtet sie dennoch, daß ihre Tochter auch dort verfolgt wird: »Gott möge Mitleid haben und den Frieden geben, man lebt wie ein Vögelchen auf dem Ast und weiß nicht, was morgen sein wird. Schreib mir oft, ich bitte Dich, mit einer Karte bin ich auch zufrieden. Ich weiß, daß Du in Triest ein schweres Leben hast, aber schreibe trotzdem die Wahrheit, die anderen verheimlichen mir alles. Wenn Du wärst geblieben in Palästina, hättest Du es gewiß besser gehabt, aber man muß sich doch Gottes Willen fügen. Es gibt keine Hoffnung mehr.«

Die beiden Schwestern berichten einander in langen, vertraulichen Briefen über die kleinen Ereignisse des täglichen Lebens. Aus Italien haben Putti offenbar gewisse Vorwürfe erreicht, weil sie manchmal ohne ihren Mann zum Tanzen ging, der sein Geschäft wie in Litauen üblich auch nach dem Abendessen noch offen hielt. »Natürlich, wenn ich mit einem bestimmten Herrn allein ausgehen würde, wäre auch er böse«, antwortet Putti, »aber ich war doch immer in großer Gesellschaft. Und Ruth, noch eins, vergiß nicht, daß die Stellung der Frau in Italien eine andere ist als hier und Guido als Italiener mehr an den Traditionen hängt.« Die Schwester in der Fremde macht sich Sorgen um die Eltern, aber Putti versucht sie zu beruhigen: »Meine Liebe, Du brauchst Dich nicht so sehr zu sorgen. Hoffentlich ist der Krieg bald vorbei. Papa und Ma fehlt nichts, freue Dich, daß es uns unberufen gut geht.« Putti ist ganz mit ihrem Wunsch nach einem Kind beschäftigt und berichtet, daß sie nach Auskunft des Arztes eine »etwas schwache Gebärmutter« habe und deshalb bestimmte Arzneien einnehmen und oft Sahne trinken müsse: »Wir gebrauchen schon zwei Monate keinen Schutz, und bei mir ist keine Spur von Schwangerschaft. Ich fühle mich wie eine taube Nuß und schäme mich etwas vor Leo, ich glaube, er wünscht sich ein Kind, obgleich er nie davon spricht. Er ist rührend um mich besorgt, und nächste Woche fahre ich nach Kaunas und werde wieder zu Levitan gehen. Oh, wie ich mir ein Kind wünsche! Wenn ich auf der Straße fremde Kinder sehe, möchte ich sie immer in die Arme nehmen und abküssen. Ich spreche darüber zu keinem Menschen, nur zu Dir, mein Liebes. Ich möchte Dich auch bitten, wenn Du an mich allein schreibst, so schicke die Briefe an die Geschäftsadresse: *16. Vasario g-vė 15*, weil

Ma immer Deine Briefe aufmacht, auch wenn sie an mich adressiert sind.« In einem Brief aus derselben Zeit läßt Ida erkennen, daß sie die harmlosen Versuche durchschaut hat, mit denen ihre Kinder versuchen, sie vor beunruhigenden Nachrichten zu schützen: »Du schreibst mir nicht immer die Wahrheit«, wirft sie Ruth liebevoll vor, »bei Putti habe ich gefunden einige sehr traurige Briefe von Dir, und mir war das Herz so schwer beim Lesen.«

Passah 1940. »Es ist wohl bei Euch an allem kurz«, schreibt Ida, »und tut mir mein Herz weh. Wir haben von allem, und man kann nicht mal ein Päckchen schicken. Wenn Gott würde schon einmal Frieden gewähren. Rosa und Isi kommen zum Seder, wie gerne hätten wir Dich auch hier gehabt. Gott weiß, ob man dort weiß von Seder.«

Die Familie weiß überhaupt nicht darüber Bescheid, was in Polen vorgeht, und natürlich erst recht nicht, was die Nazis vorhaben. Statt dessen machen sie sich weiterhin Sorgen um Ruth: »Man hört wenig Gutes von der Politik«, schreibt Putti acht Tage vor dem Kriegseintritt Italiens. »Laß Dir noch einmal gesagt sein: Im Notfall, was Gott verhüten soll, Du weißt doch, was ich meine, ist Dein Heim hier; ein Mensch mehr zum Essen spielt wirklich keine Rolle. Denke daran, daß Du dort, abgesehen von Guido, der Dich liebt, mutterseelenallein bist, während hier eine ganze Mannschaft ist, die Dich gern hat. Wir leben ruhig und still, Ma und ich sitzen viel im Garten, machen Handarbeiten und unterhalten uns. Später im Sommer werden wir irgendwohin fahren zur Erholung.

Ruthi, nur Du sollst es vorläufig wissen: Es ist schon über zwei Monate, daß meine Regel nicht kommt. In den nächsten Tagen werde ich zum Arzt gehen, um Gewißheit zu haben. Leichte Übelkeit habe ich auch schon!

Geburtstagskindl, ich wünsche Dir alles Schöne und Beste, was es nur auf der Welt gibt. Gott weiß, wo Du diesen Tag verleben wirst. Wir erhalten schon so lange keinen Brief von Dir und sind in großer Sorge um Dich. Hast Du denn nicht meinen zweiten Brief erhalten? Schreibst Du nicht, oder geht die Post nicht? Bist Du noch in Triest?

P. S.: Eben erhalten wir Deinen Brief!!« Am Ende des Briefs fügt Ida noch hinzu: »Raschik [ein weiterer Kosename für Rosas Tochter] ist süß wie Zucker!« Das letzte Wort hat Putti durchgestrichen und in Anspielung auf Idas Diabetes korrigiert: »Nicht wie Zucker, sondern wie Süßstoff!«

Mussolini hat bereits das Wort ausgesprochen, daß die dichtgedrängte Menge auf der Piazza Venezia und in den umliegenden Straßen verlangte: »Krieg!« Guido ist mit einer Gebirgsjägerkompanie schon an der Front in Frankreich. Mit ihren aus dem Ersten Weltkrieg stammenden Geschützen geringer Reichweite können die Soldaten nichts anderes tun, als vor der französischen Artillerie gut in Deckung zu gehen, während unterdessen die Deutschen in Paris unter dem Arc de Triomphe durchmarschieren. Der italienische Polizeipräsident hat die Internierung aller Juden angeordnet, die wie Ruth durch die italienische Gesetzgebung als staatenlos gelten, doch Putti und ihre Mutter wissen nichts davon. »Gott gebe«, schreibt Ida verzweifelt, »Du sollst nur Deinen Guido gesund und unversehrt wiedersehen. Jetzt bist Du ganz allein mit soviel Sorgen. Auch um Boris sorge ich mich, Gott weiß, was in Palästina ist, ob Boris ist eingezogen. Es war hier in der Zeitung, daß von Haifa alle geflüchtet sind, man weiß gar nicht, um wen man sich mehr sorgen soll.«

Als etwa 4.000 italienische Juden, denen man die Staatsbürgerschaft entzogen hat, verhaftet werden, telegrafiert Ruth, daß sie zwar allein sei, aber alles sei in Ordnung. »Schreibe mir stets die Wahrheit, denn es ist besser als nagende Ungewißheit«, mahnt Putti aus Panevėžys am 23. Juni postwendend. »Auf alle Fälle gebe ich Dir eine andere Adresse, an die Du Wichtiges schreiben kannst, ohne daß Ma es liest, Du weißt schon, was ich meine. Ich freue mich, daß Du das Geld erhalten hast. Eine Sendung von 44 Lire habe ich geschickt, die anderen beiden eine Frau von hier, Du sollst sie an ihre Tochter in Italien weitersenden.« Putti will den Mann, der vor allem die Ängste der Familie verursacht, nicht einmal beim Namen nennen, oder vielleicht fürchtet sie, daß jemand ganz anderes als ihre Mutter ihre Briefe öffnen könnte. Jedenfalls versucht sie auf etwas naive Art, ihre Botschaft zu verschlüsseln: »Was sich bei uns tut, wirst Du wohl aus den Zeitungen schon erfahren haben. Einige Stunden später, und Hamann wäre einmarschiert.« In diesem bitteren Wortspiel setzt Putti durch die Verdoppelung des »n« Hitler mit Haman, dem bösen Assyrer, gleich, der als Reinkarnation des Amalek, der Moses beim Auszug aus Ägypten angriff, die Juden vernichten wollte. »Es war schon ein Putsch dafür vorbereitet«, fährt Putti fort, »Wir haben ja gar nicht gewußt, in welcher Gefahr wir uns befunden haben. Jetzt ist schon wieder alles ruhig und still.«

Putti geht nicht auf die Ereignisse der vorangegangenen Woche ein, die zur Einsetzung einer Marionettenregierung geführt haben, denn sie muß annehmen, daß Ruth alles in der Zeitung gelesen hat. Am 14. Juni um 23 Uhr hatten die Sowjets der litauischen Regierung die ebenso brutale wie überflüssige Forderung gestellt, dem Einmarsch russischer Truppen in Litauen zuzustimmen, und die Regierung in Kaunas hatte wohl oder übel nachgegeben. Das gleiche Schicksal ereilte zwei Tage später auch Lettland und Estland, und die Marschkolonnen der Roten Armee durchquerten die baltischen Länder in allen Richtungen. Viele Juden, die sich aus Angst, es kämen die Deutschen, zunächst in ihren Häusern eingeschlossen hatten, empfingen die Sowjets mit der Erleichterung dessen, der Schlimmeres befürchtet hat. Im Gegensatz dazu begleiteten die litauischen Polizisten in ihren blauen Uniformmänteln mit Goldknöpfen und dem mit weißen Federn geschmückten runden Käppi mit finsteren Kommentaren den Einmarsch der Invasoren auf den Pferdewagen: »Hört nur den Lärm, den die großen Wecker machen, die sie wie Armbanduhren tragen, und die fast das Hufgetrappel auf dem Pflaster übertönen! Und schaut nur, wie die

Juden klatschen, wenn die Russen hinter ihren Maschinengewehren Akkordeon spielen!«

Die scheinbar unbekümmerte Bemerkung Puttis in diesem ersten Brief nach der Besetzung, alles sei jetzt wieder »ruhig und still«, läßt vermuten, daß auch die Isaaks längst erwarteten, Litauen werde zwischen Deutschland und der Sowjetunion zermalmt werden. Dabei hielten sie offenbar die Kommunisten wenigstens unter dem Gesichtspunkt des »Anti.« für weniger schlimm als die Deutschen. Sicher wissen sie jedoch nicht, daß die Geschichte von dem angeblich geplanten Staatsstreich der Getreuen H.-*Manns* bloß ein Taschenspielertrick war, um zu vertuschen, daß die Besetzung der baltischen Staaten mit Hitler abgekartet war. Ebensowenig konnten die Isaaks wissen, daß Stalin zum Zeichen seiner Freundschaft gerade sechshundert in die Sowjetunion geflüchtete deutsche Kommunisten, in der Mehrheit Juden, an Hitler ausgeliefert hatte und damit dem Vorbild des russischen Zaren während des Ersten Weltkriegs gefolgt war.

»Der Blutzucker ist etwas gesunken«, fährt Ruths Schwester fort, »nur sagt der Arzt, Ma ist noch zu stark für ihre Größe, sie muß dünner werden. Jetzt muß sie zweimal in der Woche Gemüsetag machen, an diesen Tagen fühlt sie sich so schwach, daß sie den größten Teil des Tages im Bett bleibt. Auch ich war beim Arzt: Ruthele, es ist wahr! Ich erwarte ein Baby! Ich muß Dir sagen, ich fühle mich, unberufen, wunderbar, keine Übelkeit mehr, doppelter Appetit, frisch und munter. Ich hoffe, es soll auch weiter alles so gutgehen. Jetzt bin ich schon im dritten Monat. Die Zeiten sind zwar sehr unruhig, aber man darf den Mut nicht sinken lassen.«

In Panevėžys und im ganzen Land fragen sich die Juden angesichts der widersprüchlichen Haltung der Russen ihnen gegenüber, was diese wirklich vorhaben. Auf der einen Seite scheinen die Besatzer vor allem damit beschäftigt, die litauischen Nationalisten zu zähmen, und haben fünf jüdische Kommunisten zu Volkskommissaren ernannt. Warum aber schaffen sie dann die hebräischen

Sprachkurse in den Schulen ab? Warum schließen sie jüdische Büchereien und Zeitungen und unterstellen die jiddischen Organisationen staatlicher Aufsicht, während sie gleichzeitig den Juden wieder den Zugang zu Universitäten und Berufen in Verwaltung, Justiz und Militär eröffnen, allerdings unter der Auflage, am Sabbat zu arbeiten? Soll hier gegenüber der Elite in Verwaltung und Geistesleben, die man vielleicht noch brauchen kann, eine Politik von Zuckerbrot und Peitsche betrieben werden?

»Die Ereignisse sind so auf uns eingestürmt«, entschuldigt sich Putti Anfang Juli, »daß wir keine Zeit und Ruhe zum Schreiben hatten. Wir hatten viel Arbeit im Geschäft, weil [nach dem Einmarsch der Russen] die beiden Angestellten frech geworden sind, bei der heutigen Zeit muß man das Personal mit viel Rücksicht behandeln. Auch hat der Besuch viel Unruhe mit sich gebracht [welcher ›Besuch‹, mag Ruth sich wohl gefragt haben], obgleich wir mit ihm soweit sehr zufrieden sind. Es ist zwar schade, daß wir auf Mas schönes Zimmerchen verzichten müssen, aber leider ist nichts zu machen. Ma wird im guten Zimmer schlafen, wir können froh sein, wenn wir überhaupt in unserer schönen, bequemen Wohnung bleiben können. [Der »Gast« ist ein Offizier der Roten Armee.]

Ruthi, ich bin schon ganz schön dick. Ich schäme mich direkt, ohne Mantel auf die Straße zu gehen [es ist Juli]. Stell Dir vor, es fängt schon ganz leise an zu krabbeln im Bauch, wie ein Vögelchen pickt es. Ma und ich nähen fleißig, und es ist schon fast alles fertig. Man sagt zwar, bei uns Juden ist es nicht angebracht, alles vorher vorzubereiten, aber in diesem Fall mußte ich es tun, weil ich nicht weiß, ob ich später noch soviel Geld dazu haben werde.« Ruth liest diese Zeilen mit einer Mischung aus Freude und Trauer, denn auch sie hat, ohne die Familie in Litauen etwas davon wissen zu lassen, alles für ein Baby vorbereitet, doch wenige Tage zuvor hat sie das »so sehr erwartete und ersehnte« Kind verloren.

»Mamachen geht es auch besser, ihr Blutzucker und Blutdruck sind gesunken. Aber ich muß Dir sagen, auf Ma aufzupassen ist keine leichte Arbeit, Du kennst sie doch, sie möchte am liebsten auch das Mädchen bedienen. Elegant ist unsere Mutti geworden, na, ich sage Dir, sie hat ein neues gestreiftes Seidenkleid, dazu einen dunkelblauen Wollgeorgettemantel, neue Schuhe, es steht ihr alles bestens. Sie hat wieder zwei Kilo abgenommen und fühlt sich viel besser. Wie Du Dir denken kannst, ist aus unserer Sommerfrische nichts geworden, ich bin nicht einmal baden gegangen. Na, ist auch nicht so schlimm, wir haben hier einen sehr schönen Garten.

Raschele ist ein goldiges Geschöpf. Letztens zeige ich ihr Dein Bild und sage: ›Sag Suthi.‹ Nach einigem Zögern küßt sie das Bild und ruft: ›Uthi, Uthi!‹« Aus Palästina kommt keine Post mehr. Ida weiß nicht mehr, wie es Jenny, Dina und ihrem Mann geht: »Jeden Tag küsse ich alle Bilder ab und lasse so manche Träne dabei, aber ich muß damit zufrieden sein. Der Sommer ist in diesem Jahr sehr schnell vergangen, es ist schon ganz herbstlich. Gebe Gott, daß ich den nächsten erlebe.« Die Pressezensur und die Unterbrechung der Postverbindungen ersparen der armen Ida weitere Sorgen und Kümmernisse: Der Angriff von fünf Bombenflugzeugen auf Tel Aviv hat hundertdreißig Tote und vierhundert Verletzte gefordert. Die Flugzeuge kommen aus Italien, dem Land »von Guido und Ruth«!

Die Sowjets herrschen mit eiserner Faust, verhaften sofort die führenden litauischen Politiker, schließen theologische Seminare, einige Synagogen, beschlagnahmen deren Besitz und verbieten alle politischen Vereinigungen und Organisationen. Ausgenommen von diesen Maßnahmen ist natürlich die kleine kommunistische Partei, von deren 2.000 Mitgliedern viele einen jüdischen Namen haben. Wahrscheinlich aber haben sie sich ebenso wie viele Mitglieder der sozialistischen jüdischen Organisationen in Osteuropa vom Glauben ihrer Väter abgekehrt. Obwohl ihre Zahl seit acht oder zehn Jahren stark abgenommen hat, beträgt der Anteil der Juden, oder besser, ehemaligen Juden, an den Mitgliedern der kommunistischen Partei ein Drittel und ist damit dreimal so hoch wie der an der Gesamtbevölkerung. Daraus läßt sich allerdings keineswegs der Schluß ziehen, daß die litauischen Juden tendenziell politisch links standen; es illustriert nur die Tatsache, daß die Juden aus historischen Gründen einen großen Teil der wirtschaftlichen und geistigen Elite des Landes bildeten. Umgekehrt waren die katholischen Litauer in ihrer Mehrzahl Bauern und daher für ›neue Ideen‹ weniger aufgeschlossen. Anscheinend hat es die Besatzungsmacht sogar mehr auf die wirtschaftlichen Interessen der Juden als auf die der katholischen Litauer abgesehen. Die Juden, die überwiegend in den Städten lebten, hatten fünfzig Prozent der Handelsunternehmen in der Hand, waren aber von dreiundachtzig Prozent der Verstaatlichungen betroffen.

Im Juli finden Wahlen mit Einheitslisten nach sowjetischem Muster statt, und zur gleichen Zeit kommt es zu einer ersten Welle von Deportationen. Die Agitpropkommandos halten im ganzen Land Versammlungen ab, und viele Juden sind erfreut darüber, daß auf den sogar in Jiddisch verbreiteten Plakaten der traditionelle litauische Antisemitismus angeprangert wird. Die neuen Behörden tapezieren mit diesen Plakaten selbst die gottverlassensten Schtetl.

Am 21. Juli »gibt sich« Litauen eine Verfassung nach sowjetischem Vorbild. Vier völlig unbekannte »illustre« Persönlichkeiten jüdischer Herkunft werden ins Parlament gewählt, und in manchen Wahlkreisen errringt die kommunistische Partei hundertzwanzig Prozent der Stimmen. Um dieselbe Zeit werden in einigen von den Nazis besetzten Orten Polens die »Judäer« öffentlich gefoltert und getötet.

Am 3. August wird Litauen unter die Sozialistischen Sowjetrepubliken »aufgenommen«, gefolgt von Lettland am 5. und Estland am 6. August.

Auf Ruths besorgte Anfragen über die, besonders wegen der Anwesenheit des »Gastes«, schwierigen Lebensumstände in Panevėžys antwortet Putti, die »Gäste« hätten bis jetzt keine größeren

Probleme bereitet. Noch bevor sie jedoch auf die Situation näher eingeht, will sie ihrer Schwester unbedingt berichten, wie sehr sie sich darüber gefreut hat, einen mit hellgrauem Fell gefütterten Mantel mit schwarzem Karakulschafkragen [Persianer] bekommen zu haben. »Unser Quartierant und seine Frau sind stille und bescheidene Menschen, wirklich sehr nett und gut. Nur eines ist schlecht, wenn Leo, der einzige, der Russisch spricht, nicht zu Hause ist, dann können wir absolut nicht zusammen reden. Jetzt nehme ich jedenfalls schon Russischstunden. Sally hat endlich eine Stelle bekommen, im Philips Radiogeschäft. Nächste Woche wird wahrscheinlich Pa zu den Feiertagen hierherkommen [zu Rosch Ha-Schana, dem jüdischen Neujahrsfest]. Da die Post jetzt sehr unpünktlich kommt, ist es wichtig, daß wir uns trotzdem regelmäßig schreiben, ohne uns gegenseitig die Schuld für die Verspätung zuzuschreiben. Liebes, wann werden wir Dich schon mal zu sehen bekommen und Guido kennenlernen? Wir sind sehr froh, daß er wieder zu Hause ist. [...] Vielleicht«, fügt Ida hinzu, »schenkt uns der gute Gott im Neuen Jahr den Frieden und daß wir alle das nächste erleben.«

Die Ankunft der russischen Ehefrauen erregte einige Verwunderung, denn in Litauen hatte man nie so jämmerlich gekleidete Frauen gesehen. In ihren geflickten Jacken und häßlichen Männerschuhen sahen sie mitleiderregend aus. Bald aber bereicherten sie ihre Garderobe mit modischer Kleidung und Pelzen, denn die Soldaten konnten zum großen Leidwesen der Kaufleute deren Bestände regelrecht ausplündern, indem sie mit ihren völlig wertlosen Rubeln zahlten. Sie kauften einfach alles. Besonders beliebt waren Nachthemden mit Stickereien, die die Russinnen im Theater trugen, in der Überzeugung, damit der allerletzten französischen Mode zu folgen.

Die Isaaks erwähnen nichts davon, aber Sallys neue Stelle in der holländischen Firma könnte von lebenswichtiger Bedeutung sein. Nach der Kapitulation der Niederlande stellt der Geschäftsbeauftragte von Philips in Kaunas massenhaft Juden ein, nur um ihnen Ausreiseerlaubnisse für die Insel Curaçao im holländischen Westindien zu verschaffen. Der japanische Konsul in Litauen sorgt dann dafür, daß die holländischen Papiere in reguläre Visa für Japan umgewandelt werden, von wo aus die Flucht nach Kanada möglich ist. In Panevėžys gelingt es Sally jedoch offensichtlich nicht, rechtzeitig an die Papiere zu kommen, denn am 1. September weisen die sowjetischen Behörden Konsul Sugihara aus. Er erteilt noch auf dem Bahnsteig weitere Visen.

August 1940. Auch Meta Zalkowitz, eine von Ruths Cousinen aus der Karpusschen Linie, die von einigen jüdischen Flüchtlingen aus Polen von der Fluchtmöglichkeit über Curaçao gehört hatte, gelang es nicht mehr, die Großzügigkeit des Konsuls zu nutzen. Während die Isaaks aber weiter zögern, sind Meta und ihr Mann Jacob mit ihrem drei Monate alten Söhnchen Nate längst mit der Transsibirischen Eisenbahn im Norden der Mongolei unterwegs in das »autonome« Gebiet von Birobidzhan, wo zweisprachige russisch-jiddische Schilder darauf hinweisen, daß Stalin vor dem Krieg dort eine israelitische Republik hatte errichten wollen, aus der dann nichts wurde. Von dort aus gelang es ihnen, Japan und dann Vancouver zu erreichen, wo sie noch heute leben. Metas Mann, ein angesehener Kaufmann aus Memel, hat für seine Kinder seine Erinnerungen aufgeschrieben. Zalkowitz sah die drohende Besetzung des Memelgebiets voraus und war davon überzeugt, daß Hitler trotz des 1939 zwischen Ribbentrop und Molotow ausgehandelten Nichtangriffspakts die Sowjetunion schließlich überfallen würde und die Juden somit auch in Litauen in der Falle säßen. Als Vorbereitung auf die Flucht hatte er deshalb seit 1938 durch fingierte überhöhte Rechnungen in London ein gewisses Kapital angelegt, einige Monate vor der Besetzung des Memelgebiets hatte er Meta und das Neugeborene in Kaunas in Sicherheit gebracht und war schließlich selbst vierundzwanzig Stunden vor der Annexion durch die Deutschen nach Litauen geflohen. Dabei wäre er um ein

Haar noch Opfer bewaffneter deutscher Zivilisten geworden, die bereits Jagd auf flüchtende Juden machten.

»Am 21. März 1939 eilte ich mit meinem Bruder zur Synagoge«, heißt es in seinen schriftlichen Aufzeichnungen, »um unsere Gebetsriemen und meinen Gebetsmantel zu holen. Welch schreckliche Verzweiflung sahen wir in den Gesichtern all unserer Freunde, die auf der Flucht ihr Heim und die Orte im Stich lassen mußten, die ihnen seit Generationen heilig waren! Doch es war höchste Zeit, denn die Deutschen plünderten unmittelbar danach das Gotteshaus, zerrissen die Schriftrollen und warfen sie mit den Gebetsbüchern auf einen Scheiterhaufen. Es scheint unglaublich, aber die deutsche Bevölkerung war wie von einem Wahn erfaßt. Der Anführer der Tempelschänder war ein Kaufmannskollege, den ich sehr gut kannte, weil er als Inhaber einer Kaffeerösterei häufig von uns Rohstoffe bezog. Er und seine Eltern hatten jahrelang in bestem Einvernehmen mit den Juden gelebt, und dennoch überboten sie sich nun an Grausamkeiten, um vor den Nazis ihre Loyalität gegenüber Hitler zu zeigen.«

Auf der Zugfahrt überdenkt Zalkowitz die letzten Monate seines bisherigen Lebens. Nachdem er gerettet hatte, was zu retten war, und ein Teil seines Geschäfts nach Litauen verlegt war, hatte er alle Möglichkeiten für die Flucht ausgeschöpft: ein neuer, »angepaßter« Paß, in dem die Familie als Bauernfamilie eingetragen war; Antrag auf ein Einreisevisum in die USA und ein Transitvisum für England, die beide nicht rechtzeitig in Kaunas eingetroffen waren; ein neuer Antrag bei den Engländern für Australien, ohne Ergebnis, einer für Palästina, aussichtslos wegen des Numerus clausus des »Weißbuchs«; ein Antrag beim bolivianischen Konsul, nicht mehr rechtzeitig eingereicht vor der Ausweisung des Konsuls und der Ungültigkeitserklärung der von ihm ausgestellten Visa durch seine Regierung; ein neuer Versuch nach dem Canadian Pacific Immigration Act, der nicht nur die Vorlage der Dokumente beim Büro der Canadian Pacific in Kaunas vorsah, von wo aus der Antrag nach

London gehen mußte (und angenommen wurde!), verlangt wurde darüber hinaus ein Gespräch mit dem Inspektor der Canadian Pacific in Kopenhagen, doch die Reisen des Beamten nach Litauen waren aus Sicherheitsgründen gestrichen worden. An diesem Punkt war eine Sondererlaubnis nötig, um nach Kopenhagen zu fliegen, während Meta und das Kind als »Geiseln« in Litauen zurückblieben.

»In Kopenhagen stellte mir der äußerst zuvorkommende Mister Sorensen Fragen zu meiner Arbeit«, schreibt Zalkowitz in seinen Erinnerungen, »und ließ sich dann meine Hände zeigen. ›Aha‹, sagte er lächelnd, ›so sind Sie Bauer!‹, und bewilligte anstandslos meinen Antrag.« Um nach London zu kommen, wo dann die kanadische Einwanderungsbehörde die endgültigen Papiere ausgestellte hätte, war nur noch ein Visum des englischen Konsuls in Kaunas notwendig. Endlich konnte die Familie deshalb am 5. April 1940 von Kaunas aus den Zug in die lettische Hauptstadt nehmen, um von dort aus über Kopenhagen und Amsterdam nach London zu fliegen. Als die drei am nächsten Tag auf dem Weg zum Flughafen das Hotel verließen, wurden sie gerade noch benachrichtigt, daß im Radio die Besetzung Dänemarks durch Deutschland bekanntgegeben worden war. Nun blieb nur noch der eilige Rückweg nach Kaunas, um als letzte, riskante Chance mit einem Transitvisum durch Deutschland Amsterdam zu erreichen. Doch Hitler kam ihnen mit der Besetzung der Niederlande, Belgiens und Frankreichs zuvor. »Es war klar«, schreibt Metas Mann weiter, »daß der ›Führer‹ sich danach gen Osten wenden würde, und ich muß zugeben, daß wir uns ein wenig erleichtert fühlten, als die Rote Armee im Juni 1940 von den baltischen Staaten offiziell Besitz ergriff. Die russischen Soldaten taten einem richtig leid mit ihren Gewehren, die sie an einer einfachen Schnur über der Schulter hängen hatten. Natürlich brachten sie auch andere ›Errungenschaften‹ des Kommunismus mit, wie beispielsweise gefälschte Wahlen, das Einfrieren von Bankguthaben, absoluten Lebensmittelmangel, Wohnraumbewirtschaftung und Einquartierungen. Wir trösteten uns mit dem Gedanken, daß uns ein viel schlimmeres Schicksal ereilt hätte, wenn uns die Deutschen in die Hände bekommen hätten. Außerdem mußte das seit jeher besonders chauvinistische und antisemitische gehobene Bürgertum Litauens unter der neuen Marionettenregierung ganz ruhig und brav sein und lernte so am eigenen Leib kennen, was es heißt, zur Flucht gezwungen zu sein.«

Als einzige Fluchtmöglichkeit blieb der Weg über Wladiwostok, doch von den Russen ein Transitvisum zu bekommen, war außerordentlich schwierig. In Kaunas hatten die Zalkowitz' in der Vergangenheit manchmal durch Beziehungen zu einem jüdischen Reifenhändler etwas erreicht, der Mittel und Wege kannte, um von den litauischen Behörden ab und an einen Gefallen erwiesen zu bekommen. Der aber war bei der Machtergreifung der Sowjets zusammen mit einigen Litauern, die den neuen Herren feindlich gegenüberstanden, kurzerhand erschossen worden.

Auf der Fahrt mit der Transsibirischen Eisenbahn ängstigen sich die Zalkowitz' um ihr kleines Kind, das vom eiskalten Wind anscheinend eine Lungenentzündung bekommen hat; sie denken an ihre Angehörigen, die in Kaunas und Moskau vor Büros Schlange stehen, ohne je ein Visum zu bekommen; sie denken an ihren Cousin Isaak, der immer noch davonzukommen glaubt, weil er im Ersten Weltkrieg für Deutschland an der Front war; sie denken an die vielen anderen, die sie nie wiedersehen werden, davon sind sie überzeugt. Doch Metas Mann hat noch einen anderen Grund zur Beunruhigung, ein Geheimnis, das er nur seinem Bruder anvertraut hat, der in Litauen blieb und dann umgebracht wurde, ein Geheimnis, das er seiner Frau und seinen Kindern erst fünfundzwanzig Jahre später eröffnen wird. Nachdem er in Kaunas den Antrag auf ein Transitvisum für die Sowjetunion gestellt hatte, war er zu einem Gespräch mit einem russischen Offizier gebeten worden: »Er fragte mich, ob ich Jiddisch spräche, und auf meine bejahende Antwort hin führte er das Verhör in unserer Sprache fort. Er war offensichtlich Jude und stellte mir Fragen über alles mögliche. Dabei zeigte er sich vor allem darüber erstaunt, daß ich Autofahren konnte, was damals anscheinend in Rußland noch äußerst selten war. An einem bestimmten Punkt fragte er mich, ob ich bereit sei, in den Vereinigten Staaten für die Sache des Kommunismus zu arbeiten. Ich merkte, daß ich einen Agenten des NKWD, der Geheimpolizei Stalins, vor mir hatte, und sagte ohne Zögern zu, denn um meine Frau und mein Kind zu retten, hätte ich auch meine Seele dem Teufel verkauft. Dann folgten die Instruktionen: der ›Treffpunkt‹ in New York, Losungsworte usw. Am nächsten Tag bekam ich das Visum, und als ich die Büros verließ, hatte ich ein Gefühl, als hätte ich im Lotto gewonnen. Am nächsten Tag wurde das Büro geschlossen, und denen, die noch in der Schlange standen, wie beispielsweise mein Bruder und der von Meta mit seiner Familie, sagte man, das Visabüro sei nun nach Moskau verlegt.«

Bis zur sowjetischen Hauptstadt, wo sie dann den Zug bestiegen, der sie in Sicherheit bringen sollte, dauerte die Fahrt der einzigen Zalkowitz, die ordnungsgemäße Papiere hatten ergattern können, drei volle Tage, während der sie nur Elend und Armut sahen. Vom Bahnhof aus wurden die Flüchtlinge unter Bewachung in ein heruntergekommenes Hotel gebracht. »Wir waren viele, und man erkannte sofort, daß die Zimmer nicht reichen würden. Ich hoffe, Du wirst mir verzeihen«, wendet sich Zalkowitz an seinen Sohn, dem er seine Erinnerungen gewidmet hat, »aber bei dieser Gelegenheit habe ich dich ziemlich fest gezwickt, um dich zum Weinen zu bringen und die Aufmerksamkeit auf uns zu lenken. Du hast es hervorragend gemacht, so daß wir sofort ein Zimmer bekamen. Die Möbel waren zwar kaputt, aber es war ein Zimmer, und zum Abendessen bekamen wir sogar etwas Anständiges zu essen. Die Russen durften sich uns nicht nähern, wir aber konnten sie durch eine Glastür beobachten. Beim Anblick einiger tanzender Paare warfen Meta und ich uns fragende Blicke zu, denn die Russinnen trugen Kleider, die wie Nachthemden aussahen. Am nächsten Tag eilte ich ins Außenministerium, um zu versuchen, etwas für meinen Bruder zu erreichen. Ich durfte mit einem Dolmetscher sprechen, der in einer Art Telefonzelle saß, damit ich sein Gesicht nicht sehen konnte; dann kam ein anderer Beamter und dann noch einer...«

Einige der 15.000 Juden, die sich trotz allem in Birobidzhan niedergelassen hatten, klopften an die Fenster des Abteils der Transsibirischen Eisenbahn, in dem die Zalkowitz' saßen, und bettelten um Weißbrot.

Während die Cousine Meta und ihre Familie auf dem Weg nach Wladiwostok, nach Japan und schließlich nach Kanada sind (Jacob Zalkowitz wird nie zu dem Treffpunkt nach New York gehen), versuchen die Isaaks weiter, ihre Tochter Ruth soweit wie möglich zu beruhigen. »Du willst wissen, wie ich mich fühle«, schreibt Putti am 5. November 1940, »unberufen, wie ein Fisch im Wasser. Ich denke, ich werde noch einmal die Lage des Kindchens untersuchen lassen und dann zur Geburt in die Klinik nach Kaunas fahren. Ich habe schon alle Sächelchen fertig, sogar einen Wagen. Wie allen ist mir das Herz in dieser Zeit ein bißchen schwer, und dann weiß man auch nicht, wie so eine Geburt verläuft, aber man kann nur das Beste hoffen.« Große Neuigkeit: »Sally hat am 29. 10. geheiratet, ich hatte Dir doch geschrieben, daß er mit einer sehr netten Krankenschwester verlobt war: Dina Judelewitsch. Mama ist im siebten Himmel. Pa macht gute Geschäfte und hat sich solch schöne Sachen angeschafft, wie er sie noch nie besessen hat. Wir haben auch noch unser Geschäft, was später sein wird, weiß man ja nicht. Aber ich mache mir keine Sorgen, das Geschäft geht gut, und Leo ist tüchtig und fähig, hat Buchhaltung gelernt und beherrscht Litauisch und Russisch in Wort und Schrift und ist von jeher ans Arbeiten gewöhnt.

Unsere neueste Errungenschaft ist eine Nähmaschine. Ma und ich nähen zusammen, und so verbringen wir unsere Zeit. Ab und zu gehen wir alle drei ins Kino. Rosa bringt uns oft Raschele. Kaum ist sie da, läuft sie zum Büfett und schreit: ›*Wa, da, Bonke, Bonke*!‹

[Sie will die Wasserflasche: *Wa*(sser), *da* vom russischen Wort für ja, und *Bonka* heißt auf Litauisch Flasche.] Nachher geht sie den ›*Wate*‹ besuchen, d.i. unser Leutnant mit seiner Frau. Sie liebt die ›Waten‹ so, daß man sie nachher kaum aus ihrem Zimmer herausholen kann. Wenn ich sie dort nicht gleich hineingehen lasse, so brüllt sie: ›*Wate, lik èia!*‹ [bleib hier, auf Litauisch]. Nur gut, daß sie sie nicht verstehen. Wenn Leo nicht zu Hause ist, ist bei uns das reinste Theater. Ma und ich können uns mit der Frau nicht verständlich machen, und so müssen wir uns mit Händen und Füßen ausdrücken.«

»Raschele ist wirklich süß«, erklärt Ida eine Woche später, »spricht aber meistens Litauisch. Mein Herz blutet, daß meine lieben Kinderchen sind alle so zerstreut, und man bekommt nicht mal einen Brief. Wegen Puty wünschte ich, es wäre schon alles vorüber, hoffentlich mit nächsten Brief wird schon aus sein, bei Rosa ist noch immer dasselbe, Isi wartet noch immer auf eine Stelle.«

Gegen Ende Oktober erläßt der Volkskommissar für die Inneren Angelegenheiten der Sozialistischen Sowjetrepublik Litauen den »streng vertraulichen Eilbefehl«: »die katholischen Organisationen überwachen, die alle im Verdacht des Chauvinismus stehen. Deshalb Priester, Leiter von Orden, Klöstern usw. überwachen.« Kaum einen Monat später wird ebenso »streng vertraulich« die Stoßrichtung dahingehend geändert, »die Kultusdiener und die aktiven Mitglieder aller Religionen zu überwachen und zu registrieren«. Unmittelbar danach werden die israelitischen Schulen, die achtzig Prozent der jüdischen Jugendlichen besuchen, aufgelöst und ebenso das Rabbinerseminar, während jüdische Arbeiter endgültig dazu verpflichtet werden, auch am Sabbat zu arbeiten. Unterdessen lassen die Deutschen von jüdischen »Sklavenarbeitern« die Mauer um das Warschauer Ghetto errichten. Wer die Ziegelsteine nachlässig aufschichtet, wird auf der Stelle erschossen. Vielleicht nimmt gerade in diesen Wochen bei Hitler der Gedanke endgültig Gestalt an, die Deutschen unauflöslich an sein »Tausendjährigen

Reich« zu binden und alle Bürger zu Komplizen eines schrecklichen kollektiven Verbrechens zu machen: der totalen Ausrottung des jüdischen Volkes.

Dezember 1940. In Warschau geht die Zwangsumsiedlung ins Ghetto weiter. Die deutschen Soldaten patrouillieren auf den verschneiten Straßen; um sich die Zeit zu vertreiben und sich aufzuwärmen, bringen sie ab und zu mit dem Gewehr oder mit Stockschlägen einen Juden um, der auf der Suche nach einer neuen Notunterkunft seine Sachen mühsam hinter sich herschleppt.

Auch in Panevėžys herrscht wieder Winter. Am 16. Dezember, ungefähr zehn Tage vor dem errechneten Geburtstermin, schreibt Putti einen langen Brief an ihre Schwester. Auf der Rückseite des Briefs steht eine neue Adresse, aber diesmal handelt es sich nicht wie üblich darum, Ida nichts wissen zu lassen: »Jetzt habe ich Dir wirklich lange nicht mehr geschrieben, aber wenn Du wüßtest, welche Schwierigkeiten ich in den letzten Wochen hatte! Also, ich wohne nicht mehr in meiner alten Wohnung, sie wurde beschlagnahmt für den Besuch. Ich habe Dir nicht geschrieben, daß wir einen ganzen Monat versucht haben, sie zu behalten, aber es hat nichts geholfen. Kannst Du Dir vorstellen, ein Umzug in meinem Zustand und mit dem Schnee draußen? Man hat uns praktisch hinausgeschmissen, zwei Wochen standen unsere Sachen in der Waschküche; Leo und ich haben bei seiner Schwester geschlafen, Ma bei Rosa. Seit ein paar Tagen haben wir zum Glück eine ganz gute Wohnung bekommen, drei Zimmer, größer als meine früheren, natürlich ohne Zentralheizung und Badezimmer. Da mir diese Bequemlichkeiten so viel Zores verursacht haben, bin ich fast froh, sie nicht mehr zu haben. Ich dachte schon, daß ich so, wie ich gehe und stehe, in die Klinik gehen müßte. Aber jetzt bin ich froh, daß alle Sachen schon an ihrem Ort stehen und ich Dir endlich schreiben kann. Leo arbeitet noch im Geschäft, doch sind da kurz über lang auch Veränderungen zu erwarten. Papa geht es in Tauroggen gut, er macht wunderbare Geschäfte und ist so elegant wie noch nie in seinem Leben. So, jetzt weißt Du die wichtigsten Neuigkeiten. Gesundheitlich geht es mir gut, ich wundere mich manchmal allein, von wo ich die Kräfte genommen habe, die ganzen Aufregungen zu überstehen. Nun kommt bald die Geburt, ich habe nur Angst vor der Erziehung, es ist so schwer mit kleinen Kindern, besonders im Winter. Was soll ich Dir sagen, so wie es alle Mütter geschafft haben, so hoffe auch ich mit Gottes Hilfe mein Würmchen zu erziehen. Es gibt nichts Süßeres auf der Welt, als wenn man die Bewegungen des Kindes spürt. Ich liege abends wach im Bett und lausche, wie es krabbelt und pocht, manchmal so stark, daß der Bauch sich hebt und die unmöglichsten Formen annimmt. Weißt Du, ich bin sehr beweglich geblieben, daß Ma schon auf mich schreit, ich hopse zuviel herum. Noch vorgestern habe ich mit Leo einen Quick-Fox aufs Parkett gelegt wie in früheren Zeiten.«

Vier Tage nach dem Quick-Fox kommt am 18. Dezember 1940 der von Ida so lange ersehnte erste männliche Enkel zur Welt. Er bekommt den Namen Hermann wie Idas Vater und wie ihr Sohn, der nach Kanada geflüchtet ist, doch von allen wird er gleich Mopsik genannt. Ein altes jiddisches Sprichwort besagt: »Wenn du das Glück vor Augen hast, erinnere dich an das Messer an der Kehle.« Am selben Tag erläßt Hitler die berüchtigte Weisung Nr. 21, mit der die Vorbereitungen für den »Fall Barbarossa« getroffen und bis zum 15. Mai 1941 abgeschlossen werden sollen, um »Sowjetrußland in einem schnellen Feldzug niederzuwerfen«; als erstes soll Litauen überrannt werden. Nachdrücklich legt Hitler fest, es sei jedoch »entscheidender Wert« darauf zu legen, »daß die Absicht eines Angriffs nicht erkennbar wird«.

IX

Der Umschlag, der die Nachricht von Hermann-Mopsiks Geburt nach Triest bringt, ist am 17. Januar 1941 abgestempelt. Zum ersten Mal ist eine Seite des Umschlags geöffnet und dann mit einem Papierstreifen wieder verschlossen worden, auf dem mit großen Lettern in Italienisch zu lesen ist: »Durch die Zensur überprüft«. Auf der Vorder- und Rückseite sind außerdem zwei rote Stempelaufdrucke mit dem Wappen des italienischen Königshauses zu sehen, geschmückt mit zwei Rutenbündeln und umrahmt von dem Schriftzug: »Zensurkommission der Provinz Triest«. Im Inneren ist jedes Blatt mit einer Nummer abgestempelt, die offensichtlich zu der Person gehört, die die Kontrolle durchführt.

Wer sind sie, und was mögen diese Angestellten denken, die die Aufgabe übernommen haben, im Briefwechsel der beiden Schwestern herumzuschnüffeln? Der einzige, dessen Name ich kenne, ist ein gewisser Gastone Bonifacio, der im selben Viertel wie Ruth wohnt. Vielleicht ist ihm das Gesicht der jungen schönen Unbekannten vertraut, weil sie ihm in einem Geschäft oder auf der Straße gelegentlich aufgefallen ist. Ich glaube dennoch kaum, daß er das, was Putti ihrer Schwester anvertraut, in der Bar des faschistischen Parteibüros in seinem Wohnviertel herumerzählen würde. Denn Bonifacio ist ein gesetzter Herr jenseits der Sechzig, der eine lange Karriere in der Werbung und im Export von Obst und Gemüse hinter sich hat. Lieber als die Post anderer Leute zu lesen, schreibt er selbst, und hat dies zugegebenermaßen nicht ohne ein gewisses Geschick getan. Zunächst schrieb er einen Schwank darüber, wie er sich im Ersten Weltkrieg als italienischer Irredentist im österreichisch-ungarischen Heer im Etappendienst herumdrückte. Danach beschäftigte er sich mit verschiedenen Themen, vom Export und Handel mit Obst und Gemüse über Erinnerungen an den Karneval in Istrien bis hin zu einem »Ersten italienischen Telegrammcode für Obst und Gemüse«, zu dem sogar der jüdische Rektor der Universität eine Einleitung schrieb. Später ließ er sich wie fast alle seine Landsleute vom Stolz auf das neuerworbene italienische Kolonialreich übermannen, und veröffentlichte ein Traktat über notwendige entwicklungspolitische Maßnahmen in Libyen. Die Auseinandersetzung mit dem Problem sexueller Kontakte zwischen Weißen und Schwarzen löste auch bei ihm eine Reaktion instinktiven Widerwillens aus, so daß er sich in seinem letzten Buch aus dem Jahre 1936 über die »Rechte des Stammes der Italiker« gegenüber den Einheimischen der Kolonien und Mischlingen zu Sätzen hinreißen ließ wie: »Die Negroiden sind weniger zivilisiert als Hunde, denn diese lernen vom Menschen, jene nicht.« Im großen und ganzen aber muß Bonifacio eine gute Haut geblieben sein, mit dem das Leben nicht allzu sanft umgegangen ist. Denn wie sonst ließe sich erklären, daß er sich in fortgeschrittenem Alter mit der subalternen Beschäftigung eines Übersetzers aus dem Deutschen bei der Zensurbehörde zufriedengibt? Er ist herzkrank, liebt seine Frau und seine vier Kinder abgöttisch, denen er fast alle seine – wie er sagt – bescheidenen literarischen Werke gewidmet hat. Seit einigen Jahren hat er jedoch aufgehört zu schreiben, und deshalb kann der letzte Satz seines 1936 erschienenen Buchs als eine Art geistiges Testament eines älteren Familienvaters gelten, dessen Gefühle sich in nichts von denen in den Briefen Puttis unterscheiden, die er von Amts wegen lesen muß. »Ich bete zu Gott«, hat Bonifacio geschrieben, »daß jedes meiner Kinder immer an die Leiden und Mühen derjenigen denken möge, die sie in ihrem Schoß getragen, sie genährt und aufgezogen und sich nie von ihrem Bettchen entfernt hat, wenn sie krank waren.«

»Ich hätte Dir schon lange schreiben sollen« , entschuldigt sich Putti am 17. Januar 1941, »aber bis jetzt ist die Zeit so ausgefüllt gewesen, so daß ich kaum zur Besinnung gekommen bin. Den letzten Brief an Dich schrieb ich am Sonnabend. Sonntag wollte ich nach Kaunas zum Frauenarzt fahren. Aber Kuchen, daraus wurde nichts. In der Nacht bekam ich Schmerzen, die immer häufiger wurden. Um 4 Uhr morgens kam eine Hebamme und sagte, nach Kaunas [mehr als hundertzwanzig Kilometer] in die Klinik zu fahren, käme überhaupt nicht in Frage. Ich war sehr unglücklich darüber, aber dann sagte ich mir, Gott hat es so gewollt. Als ich im hiesigen Krankenhaus ankam, habe ich geweint wie ein Hündchen. Es war so öde, ich fühlte mich so allein, und die Schwestern sind so barsch. Nach ein paar Stunden Pause, gegen Abend, ging es dann los. Ruth, ich sage Dir, diese Schmerzen sind ungeheuer, unbeschreiblich. Ich habe geschrien, was heißt geschrien, das ganze Krankenhaus hat gezittert, Leo hat mich sogar auf der Straße gehört.« Ruth verfolgt angstvoll die vertraulichen Mitteilungen ihrer Schwester, die der Zensor Nr. 50 schon gelesen hat. »So ging das bis 1/2 3 Uhr, und dann begann die Geburt. Wenn es einmal so weit ist, dann ist es schon besser. Es schmerzt zwar noch immer sehr, aber es ist erträglicher. Um den Kopf durchgehen zu lassen, muß man auch sehr mitdrängen. Man sagt, daß dies die schmerzhafteste Phase sei, aber bei mir war es nicht so. Kaum war der Kopf durch, kam auch schon das Körperchen nach, es krabbelte an meinem Bein, und dann hörte ich schreien, und schon sah ich ihn: meinen Sohn! Ruth, dieses Gefühl der Erleichterung kann ich Dir nicht beschreiben. Du weißt, das Kind lebt, die Schmerzen sind mit einem Schlag vergangen, man ist frei und leicht. Dann drückte die Schwester noch auf meinen Bauch, und der Mutterkuchen ist heraus. Nachher war ich gleich munter und wollte essen. Das Kindchen ist so süß und hübsch. Es hat ein kleines Stupsnäschen (stell Dir nur vor). Alle sagen, daß Mopsik viel zu hübsch ist, um mein Kind zu sein, sie müssen es im Krankenhaus verwechselt haben. Die Frau, die für die erste Zeit zum Kind kommen sollte, wurde krank und kam nicht. Stell Dir vor, ich mußte alles allein machen, aber es ist mir gut gelungen, und jetzt fühle ich mich schon wie eine alte Mama. Nur zum Baden kommt dreimal in der Woche eine alte Kinderfrau. Der B'rit Mila [die Beschneidungszeremonie] ist auch schon vorüber. Ruth, ich sage Dir, wenn ich früher gewußt hätte, wie schmerzhaft, fast unmenschlich das ist, hätte ich es nicht machen lassen. Sonst gedeiht Mopsik gut, er frißt, kackt, schreit und schläft. Überhaupt in der Nacht liebt er es, zu schreien, er will fressen, aber man darf es ihm nicht angewöhnen. Nach der Geburt war ich schlank wie früher, aber ich denke, ich werde bald wie eine Tonne aussehen, weil ich doch soviel trinken muß, um Milch zu haben. Ruthele, ich bin so glücklich und bete nur zu Gott, er soll mir mein goldiges Kind gesund erhalten. Wir sind keine Geschäftsinhaber mehr«, erklärt Putti ohne jeden Kommentar, »aber wir hoffen, daß Leo bald eine Stelle als Buchhalter bekommen wird. Aus Palästina haben wir schon fünf Monate keine Post, Du kannst Dir Ma vorstellen. G.s.D. hat sie den Kopf für Mopsik verloren. Wenn dann noch Raschele kommt, muß man vor Lachen weinen. Gleich geht sie zu unserem Engelchen, und wenn sie bemerkt, daß er in die Windeln gemacht hat, dann sagt sie: ›Ingale [Jungchen] hat Kutzkale gemacht, gibt's was aufe To-To?‹ Dann umarmt sie ihn und küßt ihn, sie will immer bei ihm sein. Unser Mopsik ist ein glückliches Kind, er hat schon einen schönen Wagen, ein weißes Bettchen, einen Tisch mit eingebauter Badewanne und süße Kindersachen, Gott gebe, daß er sie in Gesundheit verbrauchen kann. Ruth, Du sollst sobald als möglich die Operation an der Gebärmutter machen, damit Du auch ein Kindchen haben kannst, besser früher als später. Denke nicht zu viel an die Zeit, in der wir leben.«

»Puty ist sehr glücklich mit ihrem Hermann«, bestätigt Ida auf dem Blatt, das sie wie üblich in den Umschlag ihrer Tochter gelegt hat, »bei anderen Zeiten hätte ich Dir auch gewünscht, so einen Jungen zu haben.« Auch Sally fügt wieder einmal ein paar Zeilen am Rand hinzu: »Liebe Ruth, daß ich geheiratet habe, wird Dir ja schon Putty geschrieben haben. Mir geht es gut. Habe eine gute Stelle und bin zufrieden. Einen lieben Gruß an Dich wie an Guido. Hoch lebe Stalin!« Soll man hier Zensur ausüben oder nicht? wird sich an dieser Stelle der Herr Nr. 50 gefragt haben: Der Bolschewismus macht, wie man weiß, gemeinsame Sache mit diesen Beschnittenen, doch zur Zeit ist er mit unseren deutschen Kameraden verbündet ... Oder vielleicht ist der Zensor einfach eine gute Haut, vielleicht ist es Herr Bonifacio, und selbst in Sorge um einen Verwandten oder einen Sohn an der Front?

Puttis nächster Brief wird vom Zensor Nr. 63 gelesen: »Mein geliebtes Ruthele! Du hattest gar keinen Grund, so für uns zu weinen. Versteht sich, der Umzug war nicht leicht, aber jetzt stellt es sich heraus, daß diese Wohnung trotz vieler Mängel besser ist als jene. Ofenheizung ist viel gesünder, und man kann die Zimmer nach Belieben heizen. Leo ist nicht mehr in der früheren Stelle [als Buchhalter in seinem ehemaligen Geschäft], doch man darf den Mut nicht sinken lassen, wir hoffen, er wird einen anderen Beruf lernen.«

Inzwischen hat der alte Gastone Bonifacio, angeregt vielleicht durch die Lektüre der Briefe der Juden aus Osteuropa, wieder Lust bekommen zu schreiben. Als sich ihm die Gelegenheit bietet, an Farinaccis Zeitschrift »Il Regime Fascista« mitzuarbeiten, sammelt er, wenn er bei seinen Übersetzungen eine Pause macht, Stichpunkte für den dann auch veröffentlichten Artikel, in dem es heißt: »Früher lebten die schmutzigen Juden in ihrem stinkenden Ghetto, feige Judäer, die sie sind, von Betrug und Täuschung und vermehrten sich wie die Ratten. Anfang des 19. Jahrhunderts hatten sie in ihrem ohnehin schon verdorbenen Blut den Syphilisbazillus, deshalb kamen sie aus tierischem Selbsterhaltungstrieb zu der Entscheidung, ihre Nachkommenschaft mit arischem Blut aufzufrischen. Und was dachten sie sich zu diesem Zweck aus? Das schamlose Juda begann mit seinen Hurenfängen arische Männer an sich zu ziehen, während die wohlhabenden Juden mit den durch Wucher gewonnenen Reichtümern unsere schönsten Mädchen kauften. So gelang den *mardochei* [eine im Triestiner Dialekt übliche antisemitische Bezeichnung für die Juden, eine Verballhornung des Helden Mordechai aus dem Buch Esther, auf den das Purimfest zurückgeht] die Vergiftung der Bevölkerung von Triest. Kurz gesagt, haben diese Staatenlosen par excellence alle wichtigen Posten in der Stadt an sich gerissen.« Die Stärke der jüdischen List besteht in den »jüdischen Ärzten, die vorgeben, die von ihren Eltern eingeschleppte und durch die Bordelle ihrer Großväter und Urgroßväter verbreitete Syphilis zu kurieren. [...] Italiener, zu den Waffen!!!« schließt Bonifacio seine Ausführungen. »Treibt die Juden aus Liebe zu unserem Vaterland in Konzentrationslagern zusammen.«

»Bitte Ruthi, Du sollst mehr schreiben«, fährt Putti fort, als ginge ihr die Luft aus, »Du setzt Dich eben hin und schreibst von Kleinigkeiten, als wenn Du zu mir sprechen würdest. Es interessiert mich doch alles, was Du machst. Dein schwarzes Wollkleid hängt noch immer in meinem Schrank. Wann wirst Du es nur abholen? Meine schönen neuen Wintersachen habe ich noch nicht einmal angehabt, auf der Straße geht man jetzt besser bescheiden angezogen. Danke für die Zeichnung Deines Büffetts, Guido hat sie wirklich wunderbar gemacht. Das Büffett ist aber sehr lang, 240 cm, meines ist 220 cm und alle schreien, wie lang es ist. Die Apfelsinen hättet Ihr wirklich nicht schicken brauchen, wozu die Arbeit und die Ausgaben, sie sind auch noch gar nicht angekommen. Jedenfalls vielen Dank für Eure Liebe.

Mein kleiner Mopsik ist jetzt schon fünf Wochen, gedeiht gut und ist ein Fresser, der niemals die nächste Mahlzeit erwarten kann. Ich erziehe ihn aber ziemlich streng, gewiegt wird er nicht, bekommt nie außer der Zeit Essen und wird auch nicht aufgenommen, wenn er schreit. Kinder werden schnell verwöhnt. Über Mamachen muß ich lachen, jedes Mal, wenn er schreit, kommt sie an und sagt: ›Na warte, jetzt gebe ich dir aber auf den To-To!‹ Kannst Du Dir das vorstellen, eher glaube ich, würde sie sich einen Finger abbeißen. Wenn sie schon im Bett liegt und ich zum Kind gehe, dann sagt sie: ›Grüß von Bobben!‹ Ma ist ganz außer sich«, schließt Putti ihren Brief, »aus Palästina haben wir schon sieben Monate keine Post.«

Anfang des Frühjahrs erweitern die sowjetischen Sicherheitsdienste ihre Kartei der katholischen nationalistischen Litauer um viele »konterrevolutionäre jüdische Elemente«. Registriert werden zionistische Führer und Journalisten, aber auch Angehörige sozialistischer jüdischer Organisationen oder Mitglieder der jüdischen Veteranenverbände wie Leo Isaak.

Um diese Zeit erhält Ruth in Triest nach langem Schweigen einen Brief, der einen Monat vorher aus Tauroggen, wo Papa Leo arbeitet, abgeschickt worden ist. Der Umschlag ist nicht nur mit dem inzwischen bereits gewohnten Klebestreifen der Zensur versehen, deren Stempel jetzt lila ist, Ruth ist auch von der Absenderangabe verwirrt: Zwar handelt es sich eindeutig um die Schrift ihres Vaters, aber statt »L. Isaak« hat er »J. M. Isaakas« geschrieben. Isaakas könnte die litauische Form von Isaak sein, aber J. M.? »Mein liebes, gutes Purzelchen!« schreibt Leo. »Ich habe Dir schon lange Zeit nicht mehr geschrieben, weil das Leben einige Überraschungen für mich hatte. In L. T. S. R. [Sowjetrepublik Litauen] sorgt jetzt unser lieber Führer Stalin für Brot.« Ruth fragt sich verblüfft, ob ihr Vater wirklich mit dem sowjetischen Regime zufrieden ist. Vielleicht aber meint er es nur ironisch, indem er als deutscher Jude und Kriegsveteran den Genossen Stalin mit der unüblichen Anrede »Führer« bezeichnet? »Mir geht es Gott sei Dank sehr gut«, fährt Leo fort, »habe noch mein Geschäft [Leos Brief kam zwar später an, war aber vor Puttis obigem Brief geschrieben], das sich auch bedeutend gebessert hat, so daß ich Mama monatlich 50 Rbl. schicken kann. Ich könnte Dich sogar besuchen kommen, wenn nur dieser abscheuliche Krieg ein Ende nehmen würde. Ich muß viel arbeiten, ich habe täglich 75 Rbl. Ausgaben, und das will aufgebracht werden. Du siehst, daß Dein Papa nicht der Faulste ist. Ich bewohne jetzt ein kleines Zimmerchen [bis wenige Monate zuvor hatte er geschrieben, zwei Zimmer mit Küche und einer ›Wirtin‹ zu bewohnen], darin stehen ein Schreibtisch, ein Kleiderschrank, ein Wäscheschrank, ein Bett, zwei Stühle, eine Nähmaschine und ein sehr schönes Radio Blaupunkt mit sechs Röhren. Diese Sachen habe ich mir angeschafft, auch mit Kleidern und Wäsche bin ich ganz gut versorgt. Gott sei Dank haben mein Mut und meine Nerven die Enttäuschungen der letzten Jahre gut überstanden, nun geht es mir besser als so manch einem, der bisher in Saus und Braus gelebt hat. Heute war es mir möglich, Dir ein Paket zu schicken, und ein zweites wird folgen. Wenn Dir der Gänseschinken zum Essen zu fest sein sollte, kannst Du ihn mit Kartoffeln dämpfen, und das schmeckt vorzüglich. Jetzt mach ich Schluß, ich muß mir mein Abendbrot machen: Pfannkuchen mit Kaffee. Ich möchte Dich so gerne wiedersehen und Guido kennenlernen, vielleicht ist es mir noch vergönnt im Leben. Dein Papa, der immer an Dich denkt.«

Unterdessen bereitet die Naziführung die »Endlösung der Judenfrage« vor.

»Der Ingale ist unberufen ein ganz gutes Kind«, schreibt Putti einige Tage später an Ruth, »und läßt mich an Tante Suthi schreiben. Er sieht süß aus und wird von Tag zu Tag goldiger. Mit acht Wochen hat unser Mopsik sein erstes Wort gesagt: ›Hun.‹ Wenn er nicht gerade Bauchschmerzen hat, lacht er und spielt allein mit seinen Händchen, er schaut einen an wie ein Erwachsener. Wenn Ma zu seinem Bettchen kommt und die Brille auf der Nase hat, ärgert er sich, sobald sie die Brille herunternimmt, schreit er ganz glücklich. Hermannchen bekommt sechsmal am Tag Essen, das erste Mal um 6 Uhr, das letzte um 10 Uhr. Nachts schläft er meistens, nur manchmal, wenn er unruhig ist, bekommt er noch etwas Tee. Mopsik ist so rührig, daß ich Angst habe, ihn allein in der Wanne zu halten. Das letzte Mal, als die Kinderfrau ihn auf dem Bauch hielt, hob er allein das Köpfchen. Stelle Dir nur vor, ein acht Wochen altes Kind! Ich habe direkt Angst, das zu schreiben, aber ich weiß, daß kein Mensch sich mehr damit freuen wird wie Du, mein Liebes. Soll Gott ihn mir nur gut erhalten!

Obwohl Februar ist, haben wir jetzt ganz mildes Wetter, und ich hatte ihn schon zweimal draußen, das erste Mal sieben Minuten, das zweite Mal fünfzehn Minuten, wenn das Wetter so anhält, fahre ich schon morgen mit ihm eine halbe Stunde spazieren. Zum Glück haben wir schon früher einen Wagen gekauft, jetzt sind sie unerschwinglich teuer.

Übrigens, die Apfelsinen haben wir endlich erhalten. Wir haben ziemlich viel Zoll zahlen müssen, aber es hat sich trotzdem ausgezahlt, weil hier überhaupt keine mehr da sind. Der Zores war, daß die obere Schicht ganz verfroren oder verfault war und auch die untere hat schon Schaden erlitten. Der Arzt sagt, nach einer Woche könnte ich Klein-Hermann schon Apfelsinensaft geben, aber so lange werden sie wohl nicht halten. Schade, hier gibt es für kein Geld irgendwelche Frucht. Liebes Ruthchen, wir haben Dir auch ein Paket mit Gänseschinken, Wurst, Zunge und Butter geschickt, hoffentlich erhältst Du es bald und brauchst nicht zuviel Zoll zu zahlen.

Ich bin so schlank wie als Mädchen, und dabei trinke ich doch so unheimlich viel, morgens zwei Gläser Malzkaffee, um 12 Uhr Milchsuppe, mittags Fleischsuppe und eine Flasche Bier mit Honig, nachmittags zwei Gläser Tee mit Milch, abends wieder Milchsuppe, dann wieder Tee, und nachts trinke ich weiter eine ganze Thermosflasche Tee. Um dem Kind Muttermilch zu geben, *muß* man einfach dick werden.

Von Hermann haben wir sehr oft Post, fast jede Woche. Es geht ihnen soweit gut. Jetzt wünschten wir«, gibt Putti zum ersten Mal zu, »wir hätten damals Hermanns Rat befolgt und wären auch gefahren. Leo hat noch immer keine Arbeit, aber vielleicht wird es sich mit der Zeit einordnen. Übrigens, die Frau meines neuen [russischen] Chefs sieht einfach doll aus. Du solltest sie nur sehen, die Kleider, Hüte, Frisuren, wie vom vorigen Jahrhundert. Ich sage Dir, unser Mädchen sieht besser aus.Wir haben uns hier in unserer neuen Wohnung schon ganz gut eingeordnet. Wir haben ein schönes, großes Eßzimmer und ein Schlafzimmer, nur im dritten Zimmer wohnt ein Russe, da er aber den ganzen Tag nicht zu Hause ist, können wir es auch benutzen, es stehen sowieso unsere Möbel drin. Ich muß unbedingt Russisch lernen. Kommt man mit Russen zusammen, so stehe ich wie ein Ochse vorm Berg, und das ist nicht angenehm. Rosas Raschele [die zwei Jahre und vier Monate alt ist] ist ein freches Gör geworden, schrecklich, jedes dritte Wort ist ›eik sikti‹ [litauisch etwa: ›geh doch scheißen‹] oder ›meschugge‹, auch wenn wir jemanden auf der Straße treffen. Aber wenn sie das sagt, ist sie so ulkig, daß ich mich darüber totlachen kann. Auch sonst ist sie eine richtige Plaudertasche, aber plappert hauptsächlich in Litauisch und Russisch.

Ma läßt Euch herzlichst grüßen und küssen, sie wird dieses Mal nicht schreiben, weil Schabes ist, will aber, daß der Brief so schnell als möglich abgeht.«

X

Einige Tage später, am 13. März 1941, benennt das Oberkommando des deutschen Heeres unter General Keitel für den »Fall Barbarossa« Einsatzgruppen mit »Sonderaufgaben«, die Heydrich direkt unterstellt sind.

»Ma fühlt sich, unberufen, ganz gut«, schreibt Putti am 19. März. »Der Blutzucker ist ganz herunter und das Herz so wie immer. Mit dem kleinen Mopsik ist sie ganz närrisch, natürlich verwöhnt sie ihn sehr, was mir gar nicht so gefällt. Aber wenn ich dann sehe, wie sie sich mit ihm freut, habe ich nicht das Herz, etwas zu sagen. Er ist dick wie ein Röllchen und macht schon verschiedene Faxen. Wenn man ihn aufbindet, so freut er sich, stützt sich auf den Kopf, macht Brücke. Ich muß meine ganze Geschicklichkeit anwenden, bis ich ihn wieder in die Windeln bekomme. Jetzt hat er begonnen, die Fingerchen zu lutschen; wenn es ihm langweilig wird, fängt er an zu knurren, doch sobald man die Tür zu seinem Zimmer aufmacht und seinen Namen ruft, wird er still. Stell Dir vor, so ein schlauer Kerl ist er! Heute habe ich zu ihm gesagt: ›So einen hübschen Mopsik habe ich noch nie gehabt. Bist mein kleiner Kanarienvogel, aber hast keine gelben Federn, nein, hast braune!‹ Und dann lachte er, was er nur kann. Ich habe ihn schon einige Male photographiert, wenn der Film zu Ende ist, schicke ich Dir welche. Wenn Raschele zu ihm kommt, dann ist es eine Freude. Ich sage: ›Heute wird Ingale gebadet‹, und sie ›*Putele, kojytes pilvelis*?‹ [Auf Litauisch: Putti, wäschst du ihm das Bäuchlein?]

Leo hat nun doch die Stelle als Buchhalter bekommen. Du kannst Dir wohl vorstellen, daß wir darüber sehr zufrieden sind. Er leitet das ganze Kontor, und das Geld des Kontors ist auf seinem Namen in der Bank. Die Arbeitszeit ist sehr angenehm, von 9–4 Uhr, und dann ist er schon zu Hause. Seine Chefs, ein Russe und ein Litauer, sind sehr nette Menschen. Nur der Isi bekommt keine Arbeit, der Zores ist doch, daß er nicht schreiben kann [Russisch?]. Jetzt gab es hier russische Äpfel für kurze Zeit, obwohl man nur ein halbes Kilo bekam, kauften die Menschen wie verrückt. Ich habe sie für Ma und Möpsele aufgehoben, jeden Tag zerreibe ich für ihn einen Apfel, drücke den Saft aus und füttere ihn mit dem Löffelchen. Er ist ganz verrückt darauf und kann nie genug bekommen. Nachmittags bekommt er schon fünf Löffelchen Mohrrübensaft und Vigantol [ein Vitamin-D-Präparat]. Sonst bekommt er nur die Brust. Der einzige Nachteil ist, daß ich unmenschlich viel trinken muß. Ich will ihm bald von seiner Tante Suthi erzählen, aber bis dahin wird sie hoffentlich schon allein zu uns kommen! Ma sagt zu ihm, sie wird ihn mit einem Fläschchen in ein Paket einpacken und mit dem nächsten Schinken zu Dir schicken. Pa geht es wirklich gut, G.s.D. Ich glaube, er hat nie in seinem Leben so sorglos gelebt. Seine Bäckerei ist auch nationalisiert, nur bekommt er Prozente auf den Verkauf.

Klein-Rasche ist wie immer ein süßer Frechdachs. Letztens frage ich sie, was sie macht. ›Kratze den *Toches*‹ [Popo] war die Antwort. Unlängst erzählte Rosa von den letzten Tagen ihrer Schwangerschaft und daß Raschele so hoch lag. Schreit da das kleine Balg, was es nur kann: ›Aschele in Mamas Bauch, da, da‹, und klopft sich aufs Bäuchlein. Du wirst ein Paket von uns erhalten und ein zweites von Pa, das dritte Päckchen ist von Ma und mir (zur Hälfte).«

Während Putti in Panevėžys diesen Brief schreibt, läßt in Berlin die »litauische Aktivistenfront«, eine Art litauischer Exilregierung mit deutscher Unterstützung, ein geheimes Flugblatt drucken, das sich an den litauischen Widerstand richtet und in dem es heißt: »...Wie schon erwähnt, naht die Stunde der Befreiung Litauens. Ihr werdet über den Beginn des Feldzuges aus Westen in derselben Minute durch Radio oder andere Mittel informiert werden. Im selben Moment müßt Ihr in den unterjochten litauischen Städten, Gemeinden und Dörfern örtliche Aufstände durchführen und tatsächlich die Herrschaft in Eure eigenen Hände nehmen. Es müssen sofort örtliche Kommunisten und andere Verräter Litauens verhaftet werden, damit nicht einer von ihnen dem unausweichlichen Lohn für seine Taten entkommt. (Verrätern wird nur dann vergeben, wenn sie wirklich nachweisen, daß sie wenigstens einen Juden liquidiert haben.)«

Jede Verzögerung der Post, jede unvollständige Nachricht löst bei Ida Ängste aus: »Mein liebes, süßes Ruthchen! Mir ist mein Herz so schwer um Dich, ich träume soviel von Dir, Du bist geflüchtet und hast große Sorgen, in den letzten Briefen war von Guido nichts erwähnt. Ist er wieder eingezogen, das wäre doch schrecklich. Ich sehe immer auf Dein Bild und rede zu Dir, aber Du gibst keine Antwort. Puty hat Dir schon geschrieben, wie süß Raschele und Mopsik sind.«

Schon im Februar kommt es zu schwierigen Verhandlungen zwischen der Wehrmacht und Heydrich über die operativen Modalitäten für die Einsatzgruppen. Diese Tatsache erscheint merkwürdig, weil der Effektivbestand der geplanten Abteilungen angesichts der fast drei Millionen deutschen Soldaten, die im Juni 1941 die Sowjetunion angreifen sollen, absolut unbedeutend ist. Wehrmacht und Reichssicherheitshauptamt vereinbaren, daß die Einsatzgruppen »gegenüber der Zivilbevölkerung Exekutivmaßnahmen zu treffen« haben in den Ostgebieten, die in Kürze besetzt werden sollen. Der entscheidende Punkt, an dem man nur mühsam vorankommt, ist die Festlegung des Operationsgebiets.

Derweil vertraut sich Rosa ihrem Bruder in Kanada an: »Es ist schon eine ganze Zeit, in der ich Euch nicht geschrieben habe. Bei mir fehlt auch die Stimmung hierzu. Isi hat jetzt endlich Arbeit bekommen. Sonst gibt es auch nichts Neues in Panevėžys. Man lebt heute und weiß nicht, was morgen sein wird. Ruthchen hat geschrieben, daß ihr Guido jetzt auch eingezogen ist. Gott soll ihn gesund erhalten. Die arme Ruth, sie ist so allein. Ihre Briefe klingen immer so traurig, und die Angst um Guido. Pa hat in diesen Tagen geschrieben, daß ihm das Geschäft auch von der Regierung abgenommen wird. Ob er Arbeit bekommen wird, ist eine Frage. Sally hatte eine sehr schwere Grippe, die Lungen waren angegriffen, und er hatte etwas Zucker im Urin. Er sieht sehr schlecht aus. Ihr werdet es nicht glauben können, er ist ein sehr solider Ehemann geworden, denkt Euch, er will überhaupt nicht mehr am Abend ausgehen. Gretel [Karpus] erwartet jetzt im Mai ihr zweites Kind. Sonst habe ich weiters nichts zu schreiben. Gott möge diesen entsetzlichen Teufelstanz enden lassen.« Rosa datiert diesen Brief fälschlicherweise auf den »25. 4. 42«, doch zu diesem Zeitpunkt wird es Panevėžys bereits keine Juden mehr geben. »Mein liebes Hermannchen!« fügt Ida hinzu, »so oft weine ich mich aus, und Du stehst mir mit Rat und Tat bei, keiner will sich so interessieren für mich wie Du, ich kann mich gar nicht beruhigen, mir ist es so, als ob Du gestern möchtest weg sein. Ich bange mich so, möchte auch damit zufrieden sein, wenn man könnte bleiben, wo man ist, und Gutes hören von weitem.«

Ruth, die die Absenderangabe »J. M. Isaakas« auf dem letzten Brief ihres Vaters so betroffen gemacht hat, will ihm eine Art indirekter Botschaft in Form einer Grußkarte zum Namenstag schicken. Am 18. Mai 1941 dankt Leo ihr herzlich dafür und erzählt, er habe kürzlich seine Familie in Panevėžys besucht: »Mama soll in einen Kurort fahren, G.s.D. kann ich diese Spesen außer den 150 Rbl., die ich ihr jetzt monatlich gebe, auch auf mich nehmen. Ich verdiene 348 Rbl. monatlich [Puttis Mann dagegen verdient 450 Rubel], aber ich will bei diesem Posten nicht bleiben, weil ich 18 Stunden arbeiten muß, und das ist mir mit meinem Alter zu schwer. Meinen Namen, liebes Purzelchen«, und damit kommt er endlich zur Sache, »habe ich nicht geändert, nur hier muß ich meinen jüdischen Namen führen, daß heißt J. M. Isaak, also bitte die Briefe dann auch so zu schreiben.« Leo liefert keinerlei weitere Erklärungen und erläutert seiner Tochter, die ihn immer nur als Leo gekannt hat, auch nicht, welche Namen sich hinter der neuen Abkürzung verbergen. Vor allem aber gibt Leo keinerlei Auskunft darüber, ob mit dem neuen Namen weitere Diskriminierungsmaßnahmen verbunden sind. [In Deutschland müssen zu diesem Zeitpunkt alle jüdischen Frauen den zusätzlichen Vornamen Sarah tragen, alle Männer Israel.] Aus dieser Zurückhaltung kann man vielleicht herauslesen, wie verbittert Leo, ebenso wie viele Juden, über die Erkenntnis ist, daß das in den russischen Gesetzen verankerte Verbot des Antisemitismus bloß auf dem Papier steht. Die Juden werden trotzdem verfolgt, wobei man ihnen entweder das Etikett »jüdische trotzkistische Internationalisten« oder »jüdische nationalistische Konterrevolutionäre« anheftet. Bedeutet es etwa nicht die Erfassung in einer Kartei, wenn man nun gezwungen ist, den jüdischen Namen zu tragen, und deshalb fürchten muß, daß irgendein Volkskommissar oder ein übereifriger Nachbar es bemerken könnte, wenn die ankommende Post nicht den Davidstern – denn nichts anderes ist doch das »J. M.« – trägt? Tatsächlich hat sich die sowjetische Politik gegenüber der jüdischen Minderheit in den zehn Monaten seit der Invasion/Befreiung schrittweise verändert. Zunächst wurden viele Juden zu Bürgermeistern, Gerichtspräsidenten und Verwaltungsbeamten ernannt, was bei den Litauern Unmut erregte, obwohl die Zahl der Juden in solchen Ämtern unterhalb des prozentualen Anteils der Minderheit an der Gesamtbevölkerung blieb. Doch diese Haltung der Sowjets gegenüber den Juden ist nun definitiv vorbei.

An anderer Stelle hält Leo seine Tochter über die Geschäfte einiger ihrer überaus zahlreichen Cousins auf dem laufenden: »Norbert Isaak ist Bäcker geworden und seine Frau Friseuse. Isi Isaak aus Saugen [Ettas Bruder] ist Kassierer und seine Frau Schneiderin. Heini arbeitet in Wilna« und so weiter. Bezeichnenderweise wiederholt Leo bei jedem Namen ausdrücklich den richtigen Nachnamen, als wollte er damit unterstreichen, daß die litauisch-sozialistische Form Isaakas ihm nur aufgezwungen ist. »Und ich, liebes Kind, strebe immer weiter, mein Leben betrachte ich als einen Roman, aber nun möchte ich nur noch meine lieben Kinder wiedersehen, dies ist mein größter Wunsch. Wollen wir alles Gute hoffen. Jetzt habe ich wieder mein Fahrrad in Ordnung gebracht, und wenn ich Zeit habe, fahre ich ins Grüne. Ich fahre noch wie ein Junger, Du weißt ja, es ist mein Lieblingssport. Die Menschen staunen, ich leiste noch täglich bis zu 80 km in meinem Alter. Jetzt fällt mir ein, bald ist Dein Geburtstag, so gratuliere ich Dir heute schon. Mögen alle Deine Wünsche in Erfüllung gehen. Dein Papa.«

Noch bevor dieser Brief, der letzte, den Ruth von ihrem Vater erhielt, bei der Zensurbehörde der Provinz Triest eingetroffen war, hatte das Zentralkomitee der Kommunistischen Partei Litauens am 28. Mai eine Weisung herausgegeben, die indirekt die jüdische Bevölkerung betraf und anordnete: »Es sind dringend Maßnahmen zu ergreifen, um die Verwaltung von fremdstämmigen Elementen zu säubern und die Bildung neuer Kader unter den Arbeitern voranzutreiben.«

Unterdessen ist in Deutschland zwischen der Wehrmacht und Heydrich eine Übereinkunft über die Einsatzgruppen getroffen worden. Diese dürfen zwar nur »im rückwärtigen Heeres- und Armeegebiet« operieren. Doch das Drängen Heydrichs hat bewirkt, daß die Vereinbarung in der Praxis mit Duldung der Wehrmacht sofort durchbrochen wird. Darauf sind die Planer der Einsatzgruppen deshalb so sehr erpicht, weil »es darauf ankam, die Juden so schnell wie möglich zu ergreifen. Ihnen durfte weder eine Warnung gegeben noch eine Fluchtmöglichkeit gelassen werden.« Vorläufig allerdings existieren die vorgesehenen Mannschaften nur auf dem Papier, und deshalb werden alle Außenstellen des Sicherheitsdiensts und der Deutschen Polizei aufgefordert, so schnell wie möglich das notwendige Personal nach Sachsen in die Ausbildungsstätten von Pretzsch, Düben und Bad Schmiedeberg zu schicken.

»Ich muß mich entschuldigen, daß ich nicht eher geschrieben

habe«, schreibt Putti am 20. Mai, »aber es war so, daß ich drei Wochen ohne Hilfe im Haus war und deswegen fürchterlich viel zu tun hatte. Ma darf sich nicht anstrengen, na, da kannst Du Dir wohl vorstellen, daß ich heiß und kalt hatte. Wasser mit dem Eimer holen, Holz tragen, Ofen heizen, saubermachen, Diele waschen, Windeln auskochen und das Kind besorgen. Jetzt koche ich auch schon für ihn die Flasche, weil ich mit dreieinhalb Monaten begann, ihn zuzunähren, und wie er den Lutscher bekam, hat er die Brust auf keinen Fall mehr genommen. Ich stehe um 1/2 7 auf und bis 1/2 12 habe ich nur mit seiner Speisekarte zu tun. Zuerst muß ich alle Gefäße gründlich reinigen, dann koche ich Milch mit Nährzucker, dazu Mondamin und dann Haferschleim und ein Breichen aus Mohrrüben. Nach dem Bad fahre ich ihn spazieren, und zu all dem natürlich noch Einkaufen, was jetzt viel Zeit nimmt: Überall stehen lange Schlangen, und man muß warten. Außer Leo kommt auch Sally zu Mittag zu uns, natürlich zahlt er dafür. Beide haben nur eine halbe Stunde Mittagspause, und Sally kann in so kurzer Zeit nicht zu seinen Schwiegereltern. Auch schmeckt es ihm nicht, wie man hier in Litauen kocht.

Deine Apfelsinen haben wir bekommen, sie haben Ma und Tatelchen wunderbar geschmeckt, vielen Dank dafür. Ich habe immer die Schalen ausgegessen, schmeckt auch sehr gut. Klein-Mopsik gedeiht gut, er ist groß, dick und ein süßes, gutes Kind. Vor einigen Tagen haben wir alle umsonst seinen Schnuller gesucht. Der kleine Lausejunge hielt ihn fest in seinem Fäustchen – da konnten wir lange suchen, keiner hat daran gedacht! Er lacht schon laut, redet wie ein Täubchen ›gurr, gurr‹, macht verschiedene akrobatische Übungen und erkennt schon Menschen. Mit einem Wort, er ist zu goldig, soll Gott ihn uns nur gesund erhalten. Ma hat ihre helle Freude an ihm, wir natürlich auch. Ich hätte Dir gern ein Bildchen von ihm geschickt, nur fürchte ich, dann wird der Brief überhaupt nicht durchgehen. Ich werde es Dir zu besseren Zeiten schicken.

Mein liebes, armes Ruthchen, wie geht es Dir? Wo ist Guido? Wir wissen gar nichts von Dir und können nur Vermutungen anstellen. Das ist schlimmer, als die Wahrheit zu wissen. Wenn wir nur Nachrichten von Dir hätten! Jetzt mache ich Schluß, weil ich zu müde bin, noch irgendeinen vernünftigen Gedanken zu fassen. Verzage nicht, man muß immer das Beste hoffen.«

Die Zeit zur Ausbildung der Einsatzgruppen drängt, und deshalb werden immer mehr Einberufene zusammengezogen. Ende Mai ist die Zusammenstellung und Ausbildung der Einsatzgruppen beendet.

»Mein Liebes!« schreibt Putti auf ein Blatt, das erstmals nicht datiert ist, aber sicher etliche Wochen später geschrieben wurde als das oben Zitierte. »Der Brief wird doch sicher sehr lange gehen, und Du hast doch bald Geburtstag. Was soll ich viele Worte schreiben, Du weißt und fühlst doch allein, was ich Dir wünsche. Wir wollen nur hoffen, daß dieser Krieg bald ein Ende nimmt und wir uns wiedersehen können. Ruthele, Liebes, mir ist das Herz so schwer, weil ich weiß, daß Du traurig bist wegen der schlechten Nachrichten? [Von wem, welche? Vielleicht will Putti damit auf die ab 13. Juni stattfindenden Deportationen nach Sibirien anspielen, von denen Ruth in den Zeitungen gelesen haben könnte.] Verzage und weine nicht, Du schadest nur Deiner Gesundheit und kannst damit auch nichts helfen. Sei zuversichtlich, starken Mutes und verliere die Hoffnung nicht. Wie hast Du doch immer so schön gesungen: ›Nach dem Regen kommt die Sonn' zurück, scheint noch viel schöner als zuvor!‹ Stimmt es nicht? Innigst, innigst, innigst, immer Deine Putti.

Ma läßt vielmals grüßen und küssen und wünscht alles Gute zum Geburtstag. Im nächsten Brief wird sie allein schreiben, sie ist heute zu faul.«

Diese im Juni 1941 geschriebenen Worte sind die letzten, die von den Isaaks außerhalb Litauens empfangen wurden.

Die vier Einsatzgruppen, jeweils in der Stärke eines normalen Bataillons und zusammengesetzt aus vier Kompanien von Einsatzkommandos und Sonderkommandos, stehen in Kürze bereit. Die Offiziere, die sie befehligen, sind nicht, wie die Angehörigen der Gestapo, verurteilte Verbrecher oder fanatische Nazis, sondern in der Mehrzahl Intellektuelle. Ein vierunddreißigjähriger Bataillonskommandeur mit einer abgeschlossenen Juraausbildung hat beispielsweise eine brillante Karriere als Ökonom hinter sich und großen Erfolg bei den Frauen. Sie werden ihm sogar noch beim Nürnberger Prozeß im Gerichtssaal Blumen schenken, wo er erklärt, im Namen eines ethischen Prinzips 90.000 Juden umgebracht zu haben. Seine rechte Hand ist Heinz Schubert, ein Nachkomme des berühmten Komponisten, der sich besonders darüber Sorgen macht, daß die Erfüllung ihrer Aufgaben für die Truppe schwere psychologische Probleme aufwirft. Eine Kompanie wird von einem Offizier geleitet, der mit seinen zweiundvierzig Jahren relativ alt ist, seit 1924 protestantischer Pastor war und seit 1933 Kirchenpropst. Später wechselte er ins Kirchenministerium und dann ins Reichssicherheitshauptamt. Unter den neunzehn Kompanieführern finden sich weiterhin ein Professor, ein Opernsänger und mehrere Rechtsanwälte. Abgesehen vom Dekan der auslandswissenschaftlichen Fakultät der Universität Berlin, der sein Lehramt für den bescheidenen Posten eines Kompanieführers eingetauscht hat, sind die meisten Offiziere um die dreißig oder wenig älter. Verständlicherweise wollen sie sich ins rechte Licht rücken. Dennoch haben sich die meisten nicht freiwillig zu den Einsatzgruppen gemeldet, für einige handelt es sich sogar um eine Zurückstufung im Verhältnis zu ihrer vorangegangenen Tätigkeit, wie die Historiker Hilberg und Reitlinger, die in der Nachkriegszeit die Biographien der Einsatzgruppenleiter untersuchten, festgestellt haben. Aus zahlreichen Zeugnissen geht hervor, daß die Beteiligten den Einsatzbefehl ohne Nachteil für ihre Karriere hätten ablehnen können.

Auch die Soldaten und die niederen Dienstgrade der Einsatzgruppen kommen nicht aus den Reihen der Fanatiker, die in den Reihen der Hitlerjugend aufgewachsen sind. In der Regel handelt es sich um ältere Männer oder solche, die aus anderen Gründen als nicht fronttauglich eingestuft wurden; die meisten kommen aus verschiedenen Polizei- und Nachrichtendiensten, wo offensichtlich genügend Motivation vorhanden ist, so daß man keine weiteren Freiwilligen braucht. Außerdem sind die Bedingungen gut, zumal wenn man bedenkt, daß die Leute nicht an die Front müssen; die Bezahlung ist überdurchschnittlich, und möglicherweise lassen sich die Einkünfte durch Plünderungen ein bißchen aufbessern. Da es dennoch schwierig ist, in so kurzer Zeit die dreitausend von Himmler geforderten Männer aufzutreiben, wird ein ganz normales Polizeibataillon, das nicht zu den Sicherheitsdiensten gehört, nach Berlin beordert. Erst später werden die Reihen mit Leuten aus der Waffen-SS und mit litauischen, estnischen, lettischen und ukrainischen Hilfsmannschaften aufgefüllt.

Die Einsatzgruppe A, die einschließlich der einundfünfzig Dolmetscher und dreizehn weiblichen Angestellten neunhundertneunzig Personen umfaßt und damit am größten ist, wird für die künftige Nordfront vorgesehen. Durch einen unglaublichen Zufall trägt einer der Offiziere den Namen Hamann, der jedem Juden das Blut in den Adern erstarren läßt. Ein Jahr zuvor hatte Putti sich noch darüber freuen können, daß es »Hamann«, der Personifizierung des Bösen, nicht gelungen war, vor den Russen in Litauen einzufallen. Doch nun weiß sie nichts davon, daß irgendwo in Deutschland ein SS-Obersturmführer Hamann dazu ausgebildet wird, in Litauen in der mobilen Abteilung des Einsatzkommandos 3A besondere Aufgaben zu übernehmen.

Anfang Juni sind die vier Einsatzgruppen »abmarschbereit«, und Heydrich läßt die Kommandeure nach Berlin kommen, um sie persönlich in ihre Pflichten einzuweisen. In einer kurzen Ansprache schärft er den Männern ein, daß sie ihre Aufgabe »ohne jedes Mitleid« wahrzunehmen hätten, auch gegen Frauen und Kinder, weil diese der Keim für weitere rassische Verseuchung und künftige Rache seien. Nach dem »Rührt euch!« dürfen die Soldaten nach Hause, und ihre Frauen und »Mopsiks« freuen sich, sie nach der langen Ausbildung in Sachsen wieder in die Arme schließen zu können.

Mitte Juni, als die deutsche Kriegsmaschinerie schon angriffsbereit ist, wiegen sich die Sowjets nach wie vor in dem Glauben, durch den Ribbentrop-Molotow-Pakt den Rücken frei zu haben, und schlagen eine schärfere Gangart ihrer Besatzungspolitik ein. Im Zuge massenhafter Deportationen in den Osten werden insgesamt 17.845 Menschen, darunter Politiker, Journalisten, führende Persönlichkeiten des litauischen kulturellen Lebens und einfache »Kapitalisten« oft mit der ganzen Familie als »Feinde des Proletariats«, die der »wissenschaftliche Marxismus« ausmerzen muß, zur Umerziehung nach Sibirien geschickt. Vielleicht auch deshalb, weil die katholischen Litauer in erster Linie Bauern sind, verfolgen die Sowjets vor allem die Juden, die nur zehn Prozent der Bevölkerung ausmachen. Unter den Deportierten dagegen liegt der Anteil der Juden höher. Trotzdem äußert sich unter der städtischen katholischen Bevölkerung Litauens der ohnehin vorhandene Antisemitismus immer mehr darin, daß alle »Judäer« als Bolschewisten abgestempelt werden. Dieser Vorwurf ist völlig unbegründet, denn die große Mehrheit der litauischen Juden ist keineswegs kommunistisch. Auf Anweisung aus Moskau ist sogar der Anteil der Mitglieder der Kommunistischen Partei mit jüdischem Namen in den letzten sechs Monaten um die Hälfte zurückgegangen. Lediglich in den Gewerkschaften und im Komsomol sind sie noch stark vertreten; besonders in der kommunistischen Jugendorganisation machen Juden oder ehemalige Juden mehr als fünfzig Prozent der Mitglieder aus, sie sind aber nur ein sehr kleiner Teil der jüdischen Bevölkerung.

Der 21. Juni 1941 ist ein Sabbat, den die litauischen Juden in feiertäglicher Ruhe zu Hause verbringen, um ihr Gebet zu sprechen:

»Bald, laß bald den Messias, den Sproß Davids, emporsprießen, daß er uns erlöse, bald, solange wir noch leben…« Man redet über die Deportationen, klammert sich aber weiter an den tröstlichen Glauben, Stalin sei weniger schlimm als »Hamann«. Währenddessen lassen die Heeresgruppen der Wehrmacht entlang der ganzen Grenze vom Baltikum bis zur Slowakei bereits die Motoren warmlaufen, und hinter ihnen stehen die Einsatzgruppen in Bereitschaft. Ruhig wie immer senkt sich die Nacht herab. Die russischen Soldaten löschen ihre Feuer und legen sich zum Schlafen. Nur noch der Patrouillendienst in Sichtweite der Wachsoldaten des deutschen Alliierten ist unterwegs. Auf den Druckmaschinen der Sowjetrepublik Litauen wird die letzte Nummer der offiziellen Zeitung »Truženik« vom 22. Juni 1941 hergestellt, die folgende Nachrichten verbreiten soll: »Der Sekretär der kommunistischen Jugendorganisation der Eisenbahner in Wilna besucht die Sonntagsuniversität für Marxismus-Leninismus und hat einen Arbeitskreis zum Studium der Biographie Stalins organisiert … Bereits 11.400 Rinder verteilt, aber in einigen Gegenden ist die ideologische Schulung der Bauern noch unzureichend … Sozialistischer Wettbewerb zur Feier des ersten Jahrestages des sowjetischen Litauen … Die Wattefabrik hat den Halbjahresplan übererfüllt … Beachtliche Erfolge in der Parteischule von Panevėžys … Die positive Wirkung des Kommunismus beim Holzflößen…« Stalin wollte den ungeheuerlichen Informationen seiner eigenen Spione keinen Glauben schenken, die berichteten, daß Deutschland einen Angriff auf die Sowjetunion plane, und sogar den Tag und die ungefähre Uhrzeit voraussagten: den 22. Juni, den 129. Jahrestag des Angriffs Napoleon Bonapartes. Als die deutsche Artillerie um drei Uhr fünfzehn morgens das Feuer eröffnet, fallen die Russen aus allen Wolken und senden verzweifelte Funksprüche an ihr Hauptquartier. Vor lauter Aufregung vergessen sie sogar, die Nachrichten zu verschlüsseln: »Sie schießen auf uns, was sollen wir tun?« schreien sie ins Mikrofon. Zu diesem Zeitpunkt schläft Leo in seinem Zimmerchen in einem Bauernhaus in Tauroggen sieben Kilometer von der Grenze entfernt. Die deutschen Aufmarschpläne sehen das Vorrücken der Panzerdivisionen genau entlang der Linie Tauroggen – Riga vor, und Leo wird vom Geschützfeuer der deutschen Artillerie aus dem Schlaf geschreckt. Unterdessen schlafen die übrigen Familienmitglieder im hundertzwanzig Kilometer entfernten Panevėžys ruhig weiter.

Verbittert über die Repressalien durch die sowjetischen Besatzer, haben starke Gruppen von Litauern bereits seit Monaten einen bewaffneten Aufstand vorbereitet, um ihre Unabhängigkeit von Moskau zurückzuerobern. Sie stehen in engem Kontakt mit Berlin, das sie im voraus über den Angriff unterrichtet hat. Deshalb können sie schon am 22. Juni die ersten illegalen Flugblätter erscheinen lassen, in denen es heißt: »Endlich ist der Tag der Abrechnung mit den Juden gekommen. Litauen muß nicht nur vom asiatisch-bolschewistischen Slawismus befreit werden, sondern auch von der langen judäischen Sklaverei …« Der eigentliche Aufstand beginnt erst am folgenden Tag. Gegen den Vorwurf, Hitlers fünfte Kolonne zu sein, wehren sich die Aufständischen mit der Behauptung, ausschließlich im nationalen Interesse und nur gegen die Sowjets die deutsche Unterstützung erbeten zu haben. Militärisch wird der Aufstand unter anderem von den »Eisernen Wölfen« getragen.

Die Panzer mit dem schwarzweißen Zeichen rücken, ohne auf nennenswerten Widerstand zu stoßen, blitzartig vor. In nicht einmal zwei Tagen erreichen sie Kaunas und Wilna; drei Tage später sind die sowjetischen Truppen aus Litauen vertrieben. Tauroggen wird gleich am Anfang erobert. Beim Einmarsch in Städte und Dörfer schließen sich den deutschen Truppen überall begeistert die sogenannten litauischen »Partisanen« an, und es kommt sofort zu Pogromen gegen die »judäischen Bolschewisten«, weil sie sich angeblich an Stalin verkauft haben.

Ruths kleinwüchsiger Cousin Isi Isaak, der einst mit ihr auf dem

Marktplatz von Prökuls spielte, wird zusammen mit seiner Frau und seinem kleinen Söhnchen festgenommen. Leo Isaak versucht mit seinem Fahrrad in Richtung Panevėžys zu seiner Frau und seinen Töchtern zu fliehen, wird aber ergriffen, man weiß nicht, ob von Litauern oder von Männern eines Sonderkommandos oder von beiden zusammen. Unter Stockhieben wird er zu den anderen getrieben. Er ist allein und sucht vergebens nach einem freundlichen Gesicht, nach irgend jemandem, der ihm helfen könnte. Seine Kampfgefährten aus dem Ersten Weltkrieg, die 1939 versprochen hatten, ihn zu verteidigen, sind in Memel geblieben, wo sie die Deutschen als »Befreier« begrüßt haben. Vor dem Geschäft hat sich eine kleine Gruppe von Neugierigen eingefunden, die mit verschlossenen Gesichtern, verängstigt oder unbewegt zuschauen; der eine oder andere schimpft auf die dreckigen Juden, die Lakaien und Spione der Sowjets. Wieder hagelt es Stockhiebe und Stöße, Leo beeilt sich zu tun, was man ihm befiehlt, versucht sich gegen die Schläge zu schützen und gleichzeitig um sich zu blicken. Gibt es eine Fluchtmöglichkeit? Aber wohin? Er kann auf niemanden zählen, und man würde ihn nach wenigen Metern wieder erwischen. Unter den Gaffern erkennt er einige Kunden, von denen er glaubte, sie seien ihm ehrlich gewogen. Er dreht den Kopf auf die andere Seite und setzt sich mit den anderen Gefangenen in Bewegung. Auf einer kleinen Straße werden sie aus dem Dorf geführt. Manchmal erhebt sich ein Storch in schwerfälligem Flug von den Feldern über die Bäume, wo die Äpfel sich schon rot zu färben beginnen. »Gelobt seist Du Ewiger, unser Gott, König der Welt, der viele Geschöpfe und deren Bedürfnisse geschaffen hat, Dank Dir für all das, was Du geschaffen, um alles Lebende zu erhalten. Gelobt (seist Du), Lebender aller Zeiten«, erinnerst du dich? Mit dieser Gebetsformel hast du bei Tisch, wenn alle Kinder um dich herumsaßen, jede neue Frucht der Jahreszeit begrüßt, die Ida auf den Tisch brachte.

Die kleine Kolonne marschiert auf den Wald zu. In letzter Zeit zirkulierten auch in Tauroggen gewisse Gerüchte, vor denen Leo jedoch seine Ohren und seinen Verstand verschlossen hatte. Nun aber erkennt er klar, daß er diese Wege zum letzten Mal entlanggehen wird. Zum letzten Mal wird er die sanften Moränenhügel mit ihren Fichten und Tannen, die Ebenen mit ihren Birken und Eichen sehen: Wie oft ist er hier im Winter entlanggefahren. Und er glaubt Ruths Stimme zu hören, die ruft: »Papa, ein Rudel Wölfe folgt unserem Schlitten!«, und Hermann: »Bitte, Vati, jag sie weg! Gib mir die Zügel, ich paß auf die Pferde auf.« »Ruhig Kinder«, hast du dann geantwortet, »macht mir dahinten Platz!« Auf dem Rücksitz kniend, hast du die Peitsche knallen lassen, sobald sich ein Tier zu dicht heranwagte. Das ist nur zwölf Jahre her, es war im Winter 1929. Heuer sind die Wölfe im Sommer gekommen.

Am Rand des Grabens oberhalb der Leichen derer stehend, die vor ihm an der Reihe waren, empfiehlt Judel Mendel Isaak Ida, Sally, Rosa, Putti und deren Kinder Gottes Barmherzigkeit.

Im Jahr 1982 fand in der Nähe von Dortmund ein Treffen von Deutschen statt, die 1944 vor dem Einmarsch der Russen aus Prökuls geflohen waren. Organisator der Versammlung ist der Sohn des Schneiders Jankus, eines ehemals guten Kunden im Geschäft von Leo Isaak. Zwei Jahre später hat Jankus ein Buch über die schönen Zeiten vor 1944 geschrieben. Er erhielt eine finanzielle Beihilfe von der Zeitschrift der deutschen Flüchtlinge aus dem Memelgebiet, die ebenso wie das hitlerfreundliche Blatt in den dreißiger Jahren »Memeler Dampfboot« heißt. Der Autor versucht, die Verstrickung von Patriotismus und Nationalsozialismus zu entwirren. Auf der einen Seite wird die Titelseite des »Memeler Dampfboot« vom 23. März 1939 wiedergegeben, auf der es heißt: »Wir sind frei! Der Führer holt das Memelland heim ins Reich!«, auf der anderen bleibt nicht unerwähnt, daß die »ansässigen Juden« – wie überall im Memelland – Prökuls »überstürzt und fluchtartig in Richtung Litauen verlassen« hatten. »Die meisten Juden ließen ihren ganzen mobilen Besitz zurück, um nur sich selbst vor den Nazis zu retten. [...] Über ihr Schicksal ist so gut wie nichts bekannt. Ein trauriges Kapitel auch der Prökulser Ortsgeschichte.« Doch die »Euphorie, nun wieder *deutsch* zu sein, ließ kaum jemand ahnen, daß der 2. Weltkrieg kurz vor seinem Ausbruch stand. [...] Die Memelländer zahlten einen hohen Blutzoll für eine Ideologie, die sie so sicher nicht gewollt und nicht vertreten hatten.« Leos ehemaliger Bekannter beschäftigt sich im weiteren mit dem Brand der evangelischen Kirche auf dem Marktplatz gegenüber dem Geschäft der Isaaks im Oktober 1944. Zu diesem Zeitpunkt war Leo seit drei Jahren tot. Jankus schreibt: »Nach anderen Berichten soll der Jude Isaak, der bis 1939 in Prökuls ein Textilgeschäft hatte und als politischer Kommissar in russischen Diensten gestanden haben soll, die Brandstiftung veranlaßt haben. Wie dem auch sei, die Kirche brannte aus. [...] Als 1957 die stehengebliebenen Mauern der Kirche eingerissen wurden, soll sich ein Arbeiter so schwere Verletzungen zugezogen haben, daß er auf einem Auge erblindete. Danach wollte, trotz hoher Geldangebote, kein Arbeiter das *teuflische Werk* vollenden.«

Ruth weiß nicht, daß zu Jankus' Geldgebern auch der Sohn von sehr engen deutschen Freunden der Isaaks gehörte, von dem sie ein 1930 geschossenes Foto unter den Bildern ihrer Cousins in ihrem Familienalbum aufbewahrt.

XI

1941. Ruth hängt in Triest am Radio, und am 25. Juni hört sie in einer der beliebtesten Sendungen des nationalen Programms mit dem Titel »Kommentare zum Tagesgeschehen« die Stimme von Rino Alessi, dem Direktor des Triestiner »Piccolo«, die verkündet: »Gegen die gigantische weltweite Verschwörung, deren Hauptstütze der niederträchtige Judaismus ist, seit Jahrhunderten der Feind des Menschengeschlechts [...] rollen die Divisionen des Reichs durch die Steppe, von Fluß zu Fluß, von Stadt zu Stadt. Die Völker erheben sich aus der Erniedrigung, wie vorgesehen, wird jetzt Rache geübt. [...] Es handelt sich um einen Befreiungskrieg, der heiliger ist als der Krieg zur Befreiung des Grabes Jesu aus der Hand der Ungläubigen.«

Während die Sendung ausgestrahlt wird, verlassen die Russen fluchtartig die litauische Hauptstadt Kaunas. Die Deutschen, die vom katholischen Weihbischof Vincentas Brizgys willkommen geheißen werden, erobern die Stadt am 26. Juni. Schon zwei Tage zuvor haben die mit einer Armbinde des Aufstandskomitees gekennzeichneten Litauer ein erstes Massenpogrom entfacht. Man beginnt mit einigen jüdischen Kommunisten, denen Beteiligung an den stalinistischen Verfolgungen vorgeworfen wird. Gleich danach aber wird im Judenviertel Slobodka jenseits des Flusses wahllos ein Massaker angerichtet. Hunderte von Familien werden in ihren Gärten oder in den kleinen Holzhäusern abgeschlachtet. Im Sterben gelang es Akiva Puchert, mit seinem Blut in Jiddisch an die Wand zu schreiben: »Rächt Euch!«, Schriftzüge, die von seinem Nachbarn Hirsch Kadushin auf einem Foto festgehalten wurden, das in der Nachkriegszeit um die Welt ging. Viele deutsche Soldaten wohnen erschüttert unsagbaren Grausamkeiten bei, einige schießen Fotos. Die Kommandanten dagegen können in ihren Rapporten mit Befriedigung feststellen, daß die Einsatzgruppe A den Befehl zum heimlichen Schüren des Antisemitismus mit hervorragenden Ergebnissen ausgeführt hat.

Das Massaker zieht sich bis weit in die Nacht hinein, und am Morgen des 26. Juni zählt man ungefähr 1.500 Tote. Auch in der Innenstadt werden auf Straßen und Plätzen Juden einfach gefoltert und hingerichtet. Die Szenen, die sich dort abspielen, drehen selbst den Veteranen des Polenfeldzugs den Magen um, wie aus späteren Augenzeugenberichten der deutschen Soldaten hervorgeht. In der Nähe der Tankstelle Lietukis gegenüber dem Krankenhaus ist beispielsweise eine Gruppe von Litauern unter Führung eines etwa Fünfundzwanzigjährigen am Werk. Die Fotos zeigen ihn, wie er ruhig dasteht, bekleidet mit Jacke, dunklen Hosen und einem am Hals aufgeknöpften weißen Hemd, die eine Hand in die Hüfte gestützt, in der anderen hält er eine ungefähr eineinhalb Meter lange Stange. Dahinter erkennt man einige am Boden liegende Körper und im Hintergrund viele Zivilisten, darunter einige mit einer Art Arbeitermütze, und einige deutsche Soldaten, die sich miteinander unterhalten. »Der immer wieder aufbrausende Beifall – Bravo-Rufe, Händeklatschen und Lachen – ließ mich zunächst eine Siegesfeier oder eine Art sportliche Veranstaltung vermuten«, schreibt in seinem Bericht ein Oberst der Wehrmacht. »Nähertretend aber wurde ich Augenzeuge wohl des furchtbarsten Geschehens, das ich im Verlaufe von zwei Weltkriegen gesehen habe. Auf dem betonierten Vorplatz dieser Tankstelle stand ein mittelgroßer, blonder und etwa fünfundzwanzigjähriger Mann, der sich gerade ausruhend auf einen armdicken Holzprügel stützte, der ihm bis zur Brust reichte. Zu seinen Füßen lagen etwa fünfzehn bis zwanzig Tote oder Sterbende [...] Nur wenige Schritte hinter diesem Manne standen etwa zwanzig Männer, die – von einigen bewaffneten Zivilisten bewacht – in stummer Ergebenheit auf ihre Hinrichtung warteten. Auf einen kurzen Wink trat dann der nächste schweigend vor und wurde auf die bestialischste Weise mit dem Holzprügel zu Tode geprügelt, wobei jeder Schlag von begeisterten Zurufen seitens der Zuschauer begleitet wurde.« Nachdem alle tot waren, legte der junge Mann nach anderen Zeugenaussagen die Stange weg, »holte sich eine Ziehharmonika, stellte sich auf den Berg der Leichen und spielte die litauische Nationalhymne«. In den folgenden Tagen kamen zu den 1.500 Toten von Slobodka noch weitere 2.300 Opfer hinzu.

Unterdessen sind die gepanzerten Kolonnen der Deutschen schnell auch in Richtung Panevėžys vorgerückt. Die Stadt, von deren ungefähr 30.000 Einwohnern ein Drittel Juden sind, wird schon am 24. Juni erreicht, aber nicht gleich von der Wehrmacht eingenommen, die auch hier den litauischen Aufständischen zwei Tage lang freie Hand läßt.

Ida, Putti, Sally, Rosa und ihre Ehemänner erleben die schmähliche Niederlage der sowjetischen Truppen und fragen sich, was aus Leo geworden sein mag, der allein in Tauroggen war. Von unaussprechlichen Ängsten gequält, beratschlagen sie sich untereinander.

»Ob der Hafen von Riga noch erreichbar ist?« fragt einer.

»Wenn wir in diese Richtung gehen«, erwidern die anderen, »besteht die Gefahr, daß wir von der Front überrollt werden.« Als einziger Ausweg bleibt die Eisenbahnlinie nach Dünaburg [Daugavpils] in Lettland, das nur achtzig Kilometer von der ehemaligen Grenze der UdSSR in Richtung Smolensk liegt.

»Viele sind schon geflüchtet«, stellt einer der Isaaks voller Unruhe fest.

»Es scheint aber, daß die meisten hierbleiben«, erwidert ein anderer. »Alle haben Angst vor den Deutschen, aber niemand traut den Sowjets.«

»Vielleicht sind ausgerechnet die litauischen Aufständischen das kleinere Übel.«

»Es heißt aber, daß die Russen in der letzten Woche im Zuge der Deportationen nach Sibirien einige von ihnen in den umliegenden Wäldern umgebracht haben, und jetzt wollen sich die Litauer dafür an den Juden rächen.«

Der einzige Fluchtweg führt in die UdSSR, aber die Juden von Panevėžys haben nicht vergessen, daß sie schon im Ersten Weltkrieg in den Ural deportiert wurden, was viele nicht überlebt haben. Man eilt von Haus zu Haus, um etwas zu erfahren, zu hören, um Rat zu fragen, und es kommt zu hitzigen Diskussionen.

»In Polen sollen die Nazis überall ein Blutbad angerichtet haben.«

»Nur in wenigen Fällen. Sie haben sich darauf beschränkt, die Juden in Ghettos einzuweisen...«

»Wo sie sie Hungers sterben lassen.«

»Davon ist eigentlich nichts bekannt.«

»Was heißt da, ist nichts bekannt! Ein Karäer, der bei seinen Glaubensbrüdern Zuflucht suchte, hat erzählt...«

»Gerede! Und auch wenn es so wäre, auch wenn sie viele polnische Juden umgebracht haben, warum sollten sie auch gegen die Juden in Litauen vorgehen? Daß die Deutschen die Polen immer schon gehaßt haben, weiß man. Die Litauer haben damit nichts zu tun ... Und außerdem gehören wir demselben Kulturkreis an, wir sind Deutsche!«

»Du hast recht! Erinnert ihr euch an die Geschichte über die Massaker und Folterungen, die unsere Soldaten, die Deutschen, unter denen auch Papa kämpfte, 1914 angeblich an der belgischen Zivilbevölkerung verübt haben sollten? Erst danach erfuhr man, daß diese Nachrichten von den Alliierten erfunden und verbreitet worden waren.«

»Seid ihr denn alle verrückt geworden? Ich sage euch: Entweder hauen wir jetzt sofort ab, oder wir geraten wie die Maus in die Falle!«

Man läßt wertvolle Zeit verstreichen. Die Isaaks haben zwar

Angst, aber wie die meisten ihrer litauischen Glaubensgenossen fürchten sie »nur« die Vorbereitung von Pogromen wie in der Zarenzeit.

Sally, der mit seiner Frau Dina [gleichen Namens wie eine der Isaak-Schwestern] als einziger lebend aus Panevėžys herausgekommen ist, hat die Erinnerung an die Ereignisse dieser Stunden im Juni 1941 für immer in einem unzugänglichen Winkel seines Gedächtnisses vergraben. Einzig das Bild seiner Frau steigt in ihm auf, wie sie verzweifelt zwischen den Wohnungen von Putti und Rosa hin und her rennt und sie bittet zu fliehen. Beide zögern: Ida ist den Strapazen einer Reise ins Unbekannte nicht gewachsen, Raschele und ... Mopsik? Wie könnte man es mit einem sechs Monate alten Baby wagen? Sie haben einige Koffer gepackt, schwanken aber. Bald scheinen sie zum Gehen bereit, dann wieder wollen sie bleiben. Man hört schon das Brummen der Motoren und ab und zu Geschützlärm in den westlichen Außenbezirken. Dina rennt noch einmal zu ihrer Schwiegermutter, um ihr zu sagen, daß der letzte Zug nach Osten abfährt, daß es um Minuten geht, daß man nicht weiß, ob man durchkommt, es aber versuchen muß, bevor die Deutschen die Stadt wie einen Sack zuschnüren. Ida, die zusammenbricht, weint und jammert, daß Leo sicher schon tot sei, sie sollen doch allein gehen; Putti, die das Kind streichelt ... Sally sieht seine Frau zurückkommen, hört, wie sie ihm sagt, sie werde auf jeden Fall fliehen, ihn anfleht, mitzukommen. Er sieht sich selbst, wie er sich durch die Menge drängt, sich gerade noch aufs Trittbrett schwingen kann, er sieht die Gesichter derer, die auf dem Bahnsteig geblieben sind. Nur mit den Kleidern, die sie am Leib haben, landen Sally und Dina, ohne zu wissen, daß sie ein Kind erwarten, in einem Flüchtlingslager in Usbekistan.

Nach der Abfahrt des letzten Zugs beginnt das Ende. Aus den Erzählungen der wenigen Überlebenden wissen wir, daß die Deutschen sich zunächst nur aufs Zuschauen zu beschränken scheinen, während in der Stadt das Gerücht verbreitet wird, drei Ärzte seien von Juden umgebracht worden. [Wenige Tage später sollten die Litauer selbst schreiben, daß die sowjetische Geheimpolizei die drei Männer umgebracht hat.] Sofort mobilisiert das Kommando der litauischen »Partisanen« die Einwohner gegen die »judäischen Bolschewiken«, die man für die von den Sowjets durchgeführten Deportationen mit verantwortlich macht. Der Direktor und der Schulrat des litauischen Gymnasiums, ein Staatsanwalt und ein Gerichtsangestellter hetzen als Anführer der Revolte die Studenten auf. Gruppen von »jüdischen Parasiten«, vor allem Vertreter der geistigen und wirtschaftlichen Elite, werden arbeitsverpflichtet, wie man sich ausdrückt. Die »Partisanen« laden sie einfach auf ein paar Lastwagen, decken sie mit Planen zu und trampeln waffenschwingend auf ihnen herum; dann bringen sie sie in den Wald. Litauische Polizisten treiben andere Juden in langen Kolonnen durch die Straßen und schlagen sie unter dem Beifall der Passanten. Wie in der Zarenzeit spannt ein reicher Mann ein paar Juden vor seinen Wagen und läßt sich durch die Stadt ziehen; wer hinfällt, wird zu Tode geprügelt.

In Triest läutet bei den Siros das Telefon, Ruth nimmt den Hörer ab. Dinko Cossini, ein Kollege und enger Freund Guidos, ruft wegen einer unbedeutenden geschäftlichen Angelegenheit an. »Kann Ruth dich hören?« fragt er erregt. »Guido, es ist schrecklich! Heute wurden in der Wochenschau im ›Dux‹ Bilder aus Litauen gezeigt. Die Deutschen rücken vor, die Juden werden verhaftet und in aller Öffentlichkeit verprügelt. ›Judäische Fratzen‹, sagte der Sprecher mit einer Heftigkeit und einem Abscheu in der Stimme, daß es einen schauderte, ›die Schande der Menschheit, die als geborene Verräter mit der GPU kollaboriert haben. Doch die deutschen Truppen werden sie zu bestrafen wissen. Vor ihrer Flucht‹, fuhr der Kommentator fort, während man den unversehrten Innenraum einer Synagoge sah, ›haben die Bolschewiken wie üblich systematisch alles zerstört, ausgenommen das Gotteshaus der Freunde Stalins und Churchills.‹«

Der Kommandant der Einsatzgruppe A, General Stahlecker, schreibt in seinem Bericht: »Ebenso wurden schon in den ersten Stunden nach dem Einmarsch, wenn auch unter erheblichen Schwierigkeiten, einheimische antisemitische Kräfte zu Pogromen gegen die Juden veranlaßt. Befehlsgemäß war die Sicherheitspolizei entschlossen, die Judenfrage mit allen Mitteln und aller Entschiedenheit zu lösen. Es war aber nicht unerwünscht, wenn sie zumindest nicht sofort bei den doch ungewöhnlich harten Maßnahmen, die auch in deutschen Kreisen Aufsehen erregen mußten, in Erscheinung trat. Es mußte nach außen gezeigt weden, daß die einheimische Bevölkerung selbst als natürliche Reaktion gegen jahrzehntelange Unterdrückung durch die Juden und gegen den Terror durch die Kommunisten in der vorangegangenen Zeit die ersten Maßnahmen von sich aus getroffen hat.« Die Nazis bewiesen teuflische Schlauheit, und das Schicksal wollte es, daß ein als Leutnant der SS verkleideter Haman die litauische Bevölkerung zu den Judenverfolgungen aufstachelte.

Am 26. Juni erreichen die Deutschen Panevėžys. Auch wenn die Gewalt der Judenverfolgungen nachzulassen scheint, haben die Juden immer mehr Angst, denn es gibt unkontrollierbare Gerüchte über blutige Verfolgungen in Kaunas. Die alten Zeitungen erscheinen nicht mehr, es herrscht ein schrecklicher Nachrichtenhunger. Während die letzten Synagogen geschlossen werden, nimmt die Mehrheit der katholischen Bevölkerung in der Kathedrale von Panevėžys am feierlichen Begräbnis von siebenundzwanzig Litauern teil, die von den Bolschewisten bei ihrem Rückzug getötet wurden.

Der 29. Juni ist der erste Sonntag seit dem deutschen Überfall auf die Sowjetunion. Die Juden hoffen darauf, daß die Priester in der Messe die Gläubigen zur Mäßigung auffordern werden. Ängstlich gespannt fragt man das Dienstmädchen oder einen katholischen Freund, der an der Messe teilgenommen hat. »In der Predigt«, bekommt Ingenieur Mishelski zur Antwort, »hat der Priester gesagt, die Juden hätten mit den Kommunisten gegen die Interessen Litauens zusammengearbeitet. Er dankte den Patrioten für ihren Kampf gegen die Kommunisten und ermahnte zur Zusammenarbeit mit den Deutschen. Er hat angekündigt, daß eine Gruppe von Priestern den Text für ein Telegramm an Hitler vorbereite mit dem Versprechen, gemeinsam gegen den Bolschewismus zu kämpfen.« Am selben Tag geht die erste Nummer des Organs der litauischen Aktivisten von Kėdainiai in Druck. Angesichts der Zeitläufte erscheint die Darstellung der Ereignisse im großen und ganzen moderat, denn es wurde in Wirklichkeit Selbstzensur geübt, aber die wenigen Juden von Panevėžys, die die Zeitung in die Hand bekommen, wissen das natürlich nicht. Die Optimisten sind der Meinung, die Pogrome würden sich nicht wiederholen, und verurteilen diejenigen, die bei Überschriften wie der folgenden zwischen den Zeilen lesen wollen: »Einige Defätisten angeklagt, die an versteckte Juden Butter verkauften«. Um die gleiche Zeit erscheint in der Hauptstadt Wilna die erste Nummer von »Naujoji Lietuva« [Neues Litauen], dem Organ des Komitees, das die Macht in der Stadt übernommen hat. Die Isaaks konnten diese Zeitung wohl kaum bekommen, um Aussagen zu lesen wie diese: »Das Judentum in seiner Gesamtheit bildete die Grundlage für den bolschewistischen Terror. Es wird aus dem politischen, kulturellen und ökonomischen Leben eliminiert werden.« Das schreiben die litauischen Aufständischen, während auf den Straßen schon viele Juden umgebracht werden. »Wir werden nicht mehr den Fehler begehen, den Juden in Litauen Gastfreundschaft zu gewähren. [...] Die jüdisch-bolschewistische Herrschaft ist beendet. [...] Endlich weht die litauische Fahne über Wilna, aber Achtung!, die Juden kontrollieren immer noch unser Land, in den Geschäften gibt es immer noch viele jüdische Verkäufer, man muß sie verjagen...«

Am 30. Juni können Ida, Rosa und Putti auf Plakaten, mit denen die »Provisorische Regierung von Litauen« die Mauern des Städtchens gepflastert hat, lesen: »Bürgerinnen und Bürger von Panevėžys! Geht den deutschen Soldaten mit Freude und Blumen entgegen!« Ist das vielleicht bloß opportunistische Servilität? Doch gleichzeitig wird den Juden verboten, vor den Lebensmittelläden gemeinsam mit den Litauern anzustehen. Sie dürfen erst zwischen 17 und 18 Uhr kommen, wenn längst alles ausverkauft ist. Aber nicht dies ist der eigentliche Skandal für das »Neue Litauen«: »Die Juden fürchten nicht einmal das Kreuz. Viele hängen sich eines um, damit sie sich in die Schlange vor den Länden stellen können. Hoffen sie vielleicht, ihrer gerechten Strafe zu entgehen? Auf diese Weise verletzen sie unsere religiösen Gefühle.« Die Juden in Wilna wissen nicht, daß es bereits beschlossene Sache ist, in der Kiesgrube von Paneriu Massenerschießungen durchzuführen [Ponary, wo bis Ende November mindestens 20.000 Menschen umgebracht werden], und daß Obersturmführer Hamann persönlich die ersten, von bewaffneten litauischen Zivilisten bewachten Gruppen an die Grube führen wird. Deshalb fragen sie sich, was die Überschrift auf der ersten Seite zu bedeuten hat, die der Zeitung am 4. Juli vom Bürgerkomitee diktiert worden ist: »Litauen judenfrei [...] Wir werden nie mehr Sklaven der Juden sein.« Am 17. Juli: »Die spontane Eliminierung [*spontaniskos naikinimas*] der Juden und der Bolschewisten durch die Bevölkerung zeigt, wieviel Böses sie getan haben.«

Von diesen spontanen Eliminierungen kommt den Isaaks nur ein vages, konfuses Echo zu Ohren. Einige Tage später ordnet der Bürgermeister von Panevėžys an, daß »alle Juden am linken Arm eine gelbe, acht Zentimenter breite Binde zu tragen haben und [...] im Interesse ihrer eigenen Sicherheit ins Ghetto umziehen«. Aus dieser Anordnung wird wenig später ein Ultimatum: Die Deutschen halten siebzig der bekanntesten jüdischen Persönlichkeiten als Geiseln fest. Wer ab dem 11. Juli nach 18 Uhr außerhalb des mit Stacheldraht eingezäunten Ghettos angetroffen wird, wird auf der Stelle erschossen, und das gleiche Schicksal ereilt die Geiseln. In den »arisierten« Vierteln beginnt die systematische Plünderung der Häuser, die von ihren Bewohnern verlassen sind oder bald verlassen werden. In vielen Fällen lassen sich litauische Frauen in Begleitung bewaffneter Männer Schmuck und Tafelsilber von den Familien aushändigen, bei denen sie gearbeitet haben. In der Menschenmenge auf dem Weg ins Ghetto tragen auch die Isaaks ihre Sachen in das Viertel der Gemüsegärten und Holzhütten, das die Litauer mit einem Stacheldrahtzaun umgeben. Eine Scheune muß als Synagoge dienen. »Endlich sind von der deutschen Wehrmacht die Ketten gesprengt worden, mit denen die Juden Litauen gefesselt hatten«, schreibt einige Tage später das offizielle Organ der provisorischen Verwaltung von Panevėžys.

Irgendwie geht das Leben weiter. Manchmal gelingt es, heimlich den Berliner Rundfunk zu hören, der Nachrichten über den deutschen Vormarsch verbreitet. Darin erklärt ein Sprecher von Goebbels' Ministerium, schlimmer noch als die Anzeichen für den geistigen, wirtschaftlichen und sozialen Terror, den »die jüdischen Kommissare« ausübten, seien die Schandmale des physischen Terrors gewesen, auf die die deutsche Wehrmacht auf ihrem Weg zum Sieg gestoßen seien. Das seien die Taten von Ungeheuern in Menschengestalt gewesen, die über ihre Opfer blutrünstig herfielen. »Aus Briefen von der Front ... haben wir genügend Beweise dafür erhalten, daß in diesem Kampf im Osten ... Kultur, Zivilisation und Menschenwürde sich gegen das teuflische Prinzip einer Unterwelt erhoben haben.«

Die Hinrichtungen auf offener Straße sind vorbei. Am 14. Juli empfängt der Kommandant der Stadt eine größere Gruppe ausländischer Journalisten. Zwischen dem 21. und 28. Juli werden ungefähr dreihundert Juden, wie es heißt, für einen Arbeitseinsatz in der Stadt aus dem Ghetto geholt. Ist das Schlimmste vielleicht vorüber? Die eine oder andere Ausgabe der Zeitung der litauischen Patrioten erreicht auch die Scheunen und Holzhütten, in denen die Juden zusammengepfercht sind. Das Blatt wird von Hand zu Hand gereicht, und man fragt sich, warum die Stadtverwaltung die litauischen Bauern aufruft, an Ausbildungskursen für Verkäufer,

Buchhalter und Volksschullehrer teilzunehmen. Warum werden die bei den Juden beschlagnahmten Werkzeuge an litauische Handwerker verteilt?

Der Bischof verbietet dem litauischen Klerus jegliche Art von Beistand für die Juden.

Am 1. August kümmert sich SS-Obersturmführer Hamann persönlich um die »Lösung« des Problems der 300 Personen in Ukmerge; am 2. August ist er in dem hundert Kilometer entfernten Kaunas und »behandelt« 209 Personen; am 4. leitet er die 422 »Umsiedlungen« in dem weitere hundertfünfzig Kilometer weiter entfernten Panevėžys, am 5. noch einmal 279 »Fälle« im hundert Kilometer entfernten Rasainiai. Und am 3. August? An diesem Sonntag hat Hamann/Amalek einem Konzert des litauischen Roten Kreuzes im Staatstheater von Panevėžys beigewohnt: »Zwei Stunden ausgezeichnete Musik, ein großer Erfolg.« Am 11. August werden weitere 498 Juden und zwei Kommunisten aus Panevėžys deportiert, wo nur vier Tage später ein Gestapooffizier den Vorsteher des Judenrats zu sich bestellt, um ihn zu beruhigen und ihm zu versichern: »Wie ihr wißt, kümmern wir uns um euch. Im Ghetto habt ihr nicht genügend Platz, und die Situation muß unbedingt verbessert werden. Fünf Kilometer entfernt liegen große, leere russische Kasernen. Die Gegend ist schön, es gibt Wälder und weite Felder. Dort werdet ihr arbeiten, und wir werden euch dafür das Land überlassen. Es wird euch besser gehen, ihr werdet Lebensmittelrationen für Arbeiter bekommen, und niemand wird euch stören. Denkt darüber nach und gebt mir eine Antwort.« Tags darauf, am 16. August, schreibt die Zeitung der örtlichen litauischen Verwaltung: »Die an vielen Gebäuden und am jüdischen Gymnasium noch vorhandenen Davidsterne werden ebenso wie das Judentum selbst ausgelöscht werden.«

In Italien wird allwöchentlich die Sendung des Chefredakteurs des Triestiner »Piccolo« ausgestrahlt. Weil es ihm nach 1945 gelang, sich als Gegner der antisemitischen Politik des Regimes auszugeben, sollte er den Posten auch nach dem Krieg behalten. Im Sommer 1941 behauptet er, England habe sich vor Gott die schreckliche Verantwortung aufgeladen, den Krieg entfacht zu haben, weil es sich vom »Kreischen der jüdischen Taranteln hat antreiben lassen, die Feuer unter dem Hintern spürten«. Einige der Bolschewisten seien »direkt aus dem Ghetto in den Kreml gekommen mit ihrer zutiefst paranoiden Mentalität, wie sie das kaputte Hirn jüdischer Intellektueller auszeichnet«. Ruth weiß nicht, was aus ihrer Familie geworden ist, und fängt zu weinen an, doch als Guido von der Arbeit nach Hause kommt, läßt sie sich nichts anmerken.

Aus Angst vor dem Schlimmsten versucht der Judenrat von Panevėžys Zeit zu gewinnen und verlangt am 17. August von den Deutschen, einige Gemeindemitglieder vorausschicken zu dürfen, damit sie die für die Umsiedlung vorgesehenen Örtlichkeiten inspizieren können. »Ausgezeichnet«, antwortet der Offizier, »ich selbst wollte diesen Vorschlag machen.« Von der Besichtigung zurückgekehrt, machen die Gemeindemitglieder darauf aufmerksam, daß die Kasernen durch Beschuß halb zerstört sind, daß es kein Wasser gibt, daß die Rohrleitungen geborsten und die Brunnen zugeschüttet sind, daß man dort nicht leben könne. »Leider«, erwidert der SS-Offizier, »können wir nicht alles an einem Tag reparieren. Wir versichern euch aber, unmittelbar nach eurer Ankunft das notwendige Material zu liefern, damit die Reparaturarbeiten beginnen können. In der Zwischenzeit könnt ihr in den umliegenden Häusern wohnen.«

Unmittelbar danach wird die gesamte Bewohnerschaft des Ghettos auf einer großen Wiese zusammengerufen. »Es tut mir leid«, beginnt der Offizier seine Rede, »euch hier so zusammengepfercht zu sehen. Eure Vertreter sind damit einverstanden, daß ihr in den Pajuostės-Wald umzieht, wo es euch an nichts fehlen wird. Unter einer Bedingung allerdings: Ihr müßt den Umzug allein organisieren, denn wir haben weder Zeit noch Personal dafür. Morgen früh um sechs Uhr werde ich euch Pferdewagen für den

Transport von Kindern, Alten und Kranken schicken. Mehr kann ich nicht tun. Laßt ruhig eure Möbel und andere sperrige Gegenstände hier; ihr könnte sie später wegbringen.«

Die zwischen den Holzhäusern dichtgedrängt stehenden Menschen hören in gespanntem Schweigen zu. Sie kennen den Namen des SS-Obersturmführers nicht, sonst würde es ihnen kalt den Rükken herunterlaufen. Der Offizier wirkt ehrlich, wo aber sind die Hunderte von Menschen hingekommen, die in den vorangegangenen Wochen umgesiedelt wurden und von denen man nichts mehr gehört hat? »Das ist nicht wahr!« schreit plötzlich eine Frau wie irre und bricht in haltloses Weinen aus. »Wir werden nirgendwohin gehen, alle werden wir auf dem Friedhof enden!« »Ruhe, jüdische Frauen!« antwortet der Offizier in distanziertem Ton. »Wir tun das für euch. Nur noch ein Wort, und wir schicken euch ins Ghetto zurück.«

Am nächsten Tag setzt sich eine Reihe von Fuhrwerken in Richtung des Waldes von Pajuostės in Bewegung. Kräftige Männer und Frauen folgen zu Fuß in Gruppen zu zweihundert, bewacht von bewaffneten jungen Litauern, die zum Teil betrunken sind.

Zu dem Wald führt eine kleine Landstraße durch die sanfte Hügellandschaft. Bis heute hat sich das Landschaftsbild nicht verändert: Wiesen, zwischen denen ab und zu eine graue Holzhütte steht, einige Felder, auf denen Gerste oder Hafer wächst, kräftige Zugpferde mit blonden Mähnen, die mit zusammengebundenen Vorderbeinen auf den Wiesen grasen, ohne auf die Störche zu achten, die in ihrer Nähe herumstolzieren. Mit dem Schemel auf der Schulter und einem Eimer in der Hand gehen ein paar Frauen über die Wiesen, um die weit verstreut weidenden Kühe zu melken. Für einige Kilometer führt die Straße an einem Fluß entlang, dessen Wasser sich nicht zu bewegen scheint und wie Öl glänzt. Wieder geht es durch Weideflächen. Ungefähr acht Kilometer von der Stadt entfernt biegt die Straße bei drei Hütten am Waldrand nach rechts ab. Wo sie durch eine kleine Senke in den Schatten des Waldes führt, tritt das dichte Grün der Akazien, Birken, Eichen, Fichten und Tannen auseinander. Die Stelle liegt kaum fünfzig Meter entfernt im Unterholz, nach einem halben Jahrhundert läßt der eingesunkene Boden die Umrisse eines Massengrabes erkennen.

Dainius wohnt seit seiner Geburt in der Hütte am Waldrand. »Damals war ich erst fünfzehn Jahre alt«, erzählt er, »aber bis heute träume ich noch manchmal von den endlosen Gefangenenkolonnen und den Gewehrsalven. Mama schloß meine kleineren Geschwister im Haus ein und wollte auch mir die Ohren verstopfen, damit ich die Schreie nicht hörte. Es dauerte zwei Tage und eine Nacht lang.«

Es gibt keine Augenzeugenberichte oder Belege über das Ende von Ida, der zwei Schwestern von Ruth und ihrer Familien. Die Mitteilungen des litauischen Roten Kreuzes vom Sommer und Herbst 1941 geben dazu keinerlei Auskunft. Das Rote Kreuz erwähnt mit keiner Silbe, daß in den wichtigsten Städten des Landes dreißig Prozent der Bevölkerung ausgerottet werden. Ein deutscher Zivilist, der Bauingenieur Hermann Friedrich Gräbe, dessen Firma in Geschäftsbeziehungen zur Wehrmacht steht, wird allerdings zufällig Zeuge solcher Massenerschießungen und sagt darüber als Zeuge im Nürnberger Prozeß aus: »Die von den Lastwagen abgestiegenen Menschen, Männer, Frauen und Kinder jeden Alters, mußten sich auf Aufforderung eines SS-Manns, der in der Hand eine Reit- oder Hundepeitsche hielt, ausziehen und ihre Kleidung nach Schuhen, Ober- und Unterkleidern getrennt an bestimmten Stellen ablegen. Ich sah einen Schuhhaufen von schätzungsweise 800 bis 1000 Paar Schuhen, große Stapel mit Wäsche und Kleidern. Ohne Geschrei oder Weinen zogen sich diese Menschen aus, standen in Familiengruppen beisammen, küßten und verabschiedeten sich und warteten auf den Wink eines anderen SS-Manns, der an der Grube stand und ebenfalls eine Peitsche in der Hand hielt. Ich habe während einer Viertelstunde, als ich bei den Gruben stand, keine Klagen oder Bitten um Schonung gehört. Ich beobachtete eine Familie von etwa 8 Personen, einen Mann und eine Frau, beide ungefähr von 50 Jahren, mit deren Kindern, so ungefähr 1-, 8- und 10-jährig, sowie zwei erwachsenen Töchtern von 20 bis 24 Jahren. Eine alte Frau mit schneeweißem Haar hielt das einjährige Kind auf dem Arm und sang ihm etwas vor und kitzelte es. Das Kind quietschte vor Vergnügen. Das Ehepaar schaute mit Tränen in den Augen zu. Der Vater hielt an der Hand einen Jungen von etwa 10 Jahren, sprach leise auf ihn ein. Der Junge kämpfte mit den Tränen. Der Vater zeigte mit dem Finger zum Himmel, streichelte ihm über den Kopf und schien ihm etwas zu erklären. Da rief schon der SS-Mann an der Grube seinem Kameraden etwas zu. Dieser teilte ungefähr 20 Personen ab und wies sie an, hinter den Erdhügel zu gehen. Die Familie, von der ich hier sprach, war dabei. Ich entsinne mich noch genau, wie ein Mädchen, schwarzhaarig und schlank, als sie nahe an mir vorbeiging, mit der Hand an sich herunter zeigte und sagte: ›23 Jahre!‹ Ich ging um den Erdhügel herum und stand vor dem riesigen Grab.«

Wahrscheinlich endete so das irdische Dasein von Ruths in Litauen gebliebener Familie.

Waren die Isaaks und die anderen Opfer sich dessen bewußt, was mit ihnen geschehen würde? Warum versuchten nur so wenige Juden, sich aufzulehnen oder zu fliehen?

»Es war unmöglich, sich vorzustellen, daß sie uns ausrotten wollten. Um an einen teuflischen Plan zu glauben, muß man selbst … selbst ein böser Mensch sein. Wer es wußte, schwieg bis zum letzten Moment. Lieber stürzte sich einer mit dem Geheimnis im Herzen aus dem Fenster. Und auch wenn er sein Wissen preisgegeben hätte, hätte niemand ihm Glauben geschenkt. Die Seele hängt zu sehr am Leben.«

Die damalige Bibliothekarin des Ghettos von Wilna, die heute im Auftrag der dortigen israelitischen Gemeinde die Shoah erforscht, hat heute weiße Haare. Ihr Gesicht erinnert auf merkwürdige

Weise an das Bild von Putti, auf dem sie das Käppi des Gymnasiums in Memel trägt. »Wir konnten einfach nicht glauben, was wir hörten«, betont die alte Dame noch einmal. »Hier bei uns dauerte es Monate, bis wir uns dem Unabweisbaren beugten. In Panevėžys hatten sie keine Zeit dazu. Die Deportationen aus dem Ghetto von Wilna waren schon eine Weile in Gang, als eines Nachts im Krankenhaus, in dem mein Vater arbeitete, sechs verletzte Frauen im Schockzustand, mit zerrissenen und verdreckten Kleidern auftauchten. Sie schrien, sie hätten sich aus einem Leichenberg befreit, der im Wald von Paneriai einige Kilometer vor der Stadt in einer Kiesgrube verscharrt worden sei. Sie sagten, daß Litauer und Deutsche alle Familien umgebracht hätten, die tags zuvor das Ghetto verlassen mußten. Wir kannten diese Gegend mit ihren ruhigen kleinen Seen, auf denen sich Wildschwäne niederließen, genau. Wir hielten die Frauen für verrückt, auch mein Vater.

Die Verletzungen stammten von Schußwaffen, aber wir, mein Vater, ich und die anderen, glaubten es einfach nicht. Gegen eine Welt, die immer mehr zum Alptraum wurde, verteidigte man sich auch dadurch, daß man die Augen verschloß. Erst 1942 beschloß ich, es sei besser, in den Wäldern an Hunger und Erschöpfung zu sterben als … Statt dessen gelang es mir, mich einer Gruppe von Partisanen anzuschließen und bis zur Ankunft der Russen 1944 zu überleben.«

Heute sind Cion, Shorensen, Doic und Kesl, die mit den Isaaks im Ghetto von Panevėžys gefangen waren, Bürger des Staates Israel. Ebenso wie drei andere Juden verdanken sie ihr Leben der katholischen litauischen Familie Markevičius. »Es war ein Wunder für uns. Wie hätte man darauf hoffen können, daß uns jemand verstecken würde? Es war einfach verrückt«, erzählen sie. »Die Deutschen rückten gegen Moskau vor, und es bestand nicht die geringste Hoffnung, daß sich die Fronten umkehren würden. Sich Juden ins Haus zu holen, war glatter Selbstmord. Und doch haben uns Papa Markevičius und seine drei Kinder geholfen.«

»Jonas, warum hast du die sieben Juden versteckt?«

Jonas Markevičius lebt heute mit Kindern und Enkelkindern in Panevėžys in einer alten, gelb gestrichenen Datsche ganz in der Nähe des ehemaligen Ghettos.

»Mein Vater sagte, daß sie sonst sicher umgebracht würden. Wir sind Katholiken, wir konnten uns nicht heraushalten.«

»Die Hütte der Markevičius' lag etwa zwanzig Kilometer vor der Stadt am Waldrand«, erzählt einer der Geretteten weiter, »das nächste Haus war etwa fünfhundert Meter entfernt. Wir lebten zu siebt in einem unterirdischen Versteck unter der Scheune. Tagsüber schliefen wir, und nachts vertraten wir uns die Beine im Wald. Im Winter gingen wir nie hinaus, denn wir durften keine Spuren im Schnee hinterlassen. Fast jede Woche kam eine litauische Patrouille auf der Suche nach Juden vorbei. Die Deutschen dagegen ließen sich in den drei Jahren höchstens vier oder fünf Mal blicken. Eines Tages erzählte ein Litauer plötzlich herum, er habe nachts in der Nähe des Hauses, das uns beherbergte, verdächtige Gestalten bemerkt. Deshalb mußten wir Hals über Kopf unser Versteck verlassen. Gott sei Dank konnte uns Jonas' Vater bei seiner Schwester und dem Pfarrer eines nahe gelegenen Dorfes unterbringen.«

[Seit 1992 sind die Namen von Papa Markevičius und seiner drei Söhne neben denen der anderen »Helden der Shoah« im »Garten der Gerechten« in Jerusalem in Stein gemeißelt.]

Die peinlich genauen Aufzeichnungen vom Sommer und Herbst 1941, die der SS-Standartenführer [Oberst] Karl Jäger, Kommandant der Sicherheitspolizei und des Sicherheitsdienstes des Einsatzkommandos 3A, anfertigte, beschreiben bis ins Detail den Verlauf der Operationen in dem unter seiner Verantwortlichkeit stehenden Teil Litauens. Jäger führt seine Listen mit der Präzision eines ehrlichen Buchhalters (der er im zivilen Leben auch war), und er sagt von sich selbst, er sei »ein Mensch mit höherer Pflichtauffassung«.

In seinem Bericht vom 1. Dezember 1941, der als »Geheime Reichssache!« eingestuft ist, hebt der SS-Standartenführer besonders hervor, welche »Schwierigkeiten und nervenaufreibende Arbeit dabei zu leisten war« von seinen Männern, die mit noch rudimentären technischen Mitteln arbeiten mußten, um »das Judenproblem für Litauen zu lösen«. Zufrieden stellt er fest: »In Litauen gibt es keine Juden mehr ...« Ausgelöscht waren damit »Summa 137.346« Menschenleben, ungefähr neunzig Prozent der jüdischen Gesamtbevölkerung von 1939. »Das Ziel, Litauen judenfrei zu machen, konnte nur erreicht werden durch die Aufstellung eines Rollkommandos mit ausgesuchten Männern unter der Führung des SS-Obersturmführers Hamann, der sich meine Ziele voll und ganz aneignete und es verstand, die Zusammenarbeit mit den litauischen Partisanen und den zuständigen zivilen Stellen zu gewährleisten.« Es blieben noch 35.000 »Arbeitsjuden« übrig, um die man sich später kümmern werde; in der Zwischenzeit sei es jedoch angebracht, »daß sofort mit der Sterilisation der männlichen Arbeitsjuden begonnen wird, um eine Fortpflanzung zu verhindern. Wird trotzdem eine Jüdin schwanger, so ist sie zu liquidieren.«

In der kurzen Zeit von nur zweiunddreißig Tagen zwischen dem 21. Juli und 23. August genügten fünf Deportationen, um die »Sonderbehandlung« der insgesamt 8.836 Juden von Panevėžys abzuschließen. Der Eifer der Akteure vermochte fast alle Koordinierungsschwierigkeiten zwischen Heer und Einsatzgruppen zu überwinden. Fein säuberlich listet Herr Jäger unter dem 23. August 1941 für Panevėžys seine Opfer in drei Kategorien auf: »1.312 Juden, 4.602 Jüdinnen, 1.069 Judenkinder«.

Waren Raschele und Mopsik unter den 1.069 Kindern des Verzeichnisses, die als letzte umgebracht wurden? Eine Reihe von auf den 20., 21. und 22. August datierten Berichten von katholischen und evangelischen Militärgeistlichen, die dem Kommando der 295. Infanteriedivision der Wehrmacht zugeordnet waren, liefern Einzelheiten über das Schicksal der Kinder der Ermordeten. »Wir gingen sofort ungehindert in das Haus«, schreibt ein Kriegspfarrer, »und fanden in zwei Räumen etwa 90 (ich habe die Zahl gezählt) Kinder im Alter von wenigen Monaten bis zu 5, 6 oder 7 Jahren. Irgendeine deutsche Beaufsichtigung durch Wehrmacht oder andere deutsche Dienststellen war nicht anwesend. [...] Die beiden Räume, in denen die Kinder untergebracht waren – ein dritter leerer Raum schloß sich an, waren in schmutzigstem Zustand. Die Kinder lagen oder saßen auf dem Boden, der von ihren Ausscheidungen bedeckt war. Fliegen saßen zum großen Teil auf den teilweise nur halb bekleideten Kindern auf Beinen und Unterleib. Einige größere Kinder (2, 3, 4 Jahre) kratzten den Mörtel von der Wand und aßen ihn.[...] Die Luft war abscheulich verpestet, die kleinen Kinder, besonders die, die erst einige Monate alt waren, weinten und wimmerten dauernd.« Der Wehrmachtsoberpfarrer schreibt, ihm sei berichtet worden, in der Nähe befänden sich »im oberen Stockwerk eines Hauses etwa 80–90 Kinder, vom Säugling bis in das schulpflichtige Alter hinein, die durch Geschrei und ihr Jammern weithin zu hören seien und, da sie bereits 24 Stunden dort seien, die Nachtruhe in den Nachbarhäusern einquartierter Soldaten empfindlich gestört hätten. [...] Da ich es für absolut unerwünscht hielt, wenn solche Dinge sich in breitester Öffentlichkeit abspielten, erstattete ich Meldung darüber.« Und ein anderer fügt hinzu: »Die Soldaten äußerten über die Zustände bei den eingesperrten Kindern stärksten Unwillen; einer erwähnte noch, daß er selbst Kinder zu Hause habe. Da keinerlei deutsche Beaufsichtigung anwesend war, forderte ich die Soldaten auf, dafür zu sorgen, daß niemand mehr, besonders keine Angehörigen der Bevölkerung, das Haus beträte, damit über die Zustände dort nicht noch mehr geredet würde.« Auf diese Berichte hin notiert der Erste Generalstabsoffizier der 295. Infanteriedivision: »Ich verlangte weiter, daß die Durchführung des Abtransportes zur Erschießung unauffällig erfolgen müsse [...] Der Standartenführer und der Obersturmführer gaben technische Mängel zu und erklärten, daß es jetzt nach Lage der Dinge darauf ankäme, eine Form der raschen Erledigung zu finden [...] Aus Form und Art der Äußerungen des Feldkommandanten wie des Hauptmann Luley war zu entnehmen, daß sie erstens die Glaubwürdigkeit der Divisionspfarrer in Zweifel stellten, zweitens, daß sie die Angelegenheit als ›Schnüffelei, um irgend etwas zu finden‹, behandelten. Sie hielten die Meldung für eine Aufbauschung und ein neugieriges Einmengen der Divisionspfarrer.«

Zwischen 1954 und 1984 waren zwei der beteiligten Militärgeistlichen Bischöfe: Hochwürden Reuß in der Diözese Mainz und Hochwürden Tewes in München.

In den Augen der Offiziere der Einsatzgruppen bot die Methode, die Gefangenen am Rand der Gräben stehend zu erschießen, beträchtliche Schwierigkeiten. Die Soldaten wurden nicht nur durch herumspritzendes Blut und Gehirnmasse schmutzig. Besonders störend war es, daß die Leichen unordentlich die Böschung hinunterrollten oder manchmal oben hängenblieben. Man mußte per Hand nachhelfen und sie besser hinlegen, aber dennoch gelang es nicht, den Platz in den Gruben wirklich auszunützen. In einigen Fällen mußte man zur »Ölsardinenmanier« greifen, wie sich ein deutscher Zivilist ausdrückte, der freiwillig an den Exekutionen teilnahm und diese folgendermaßen beschrieb: »Als die erste Schicht drinnen lag, gingen die Wachleute aus den Gruben hinaus unter gleichzeitigem Einsetzen von beiderseitigem Feuer. Durch diese Art der Aufstellung wurde es ermöglicht, ein Kreuzfeuer auf die Juden zu eröffnen. Die erste Schicht betrug etwa 100–120 Mann in der Grube. Nach der ersten Exekution mußte sich die zweite Schicht der Juden so auf die toten Körper legen, daß der Kopf auf den Füßen der anderen Leichen zu liegen kam. In einer Grube wurden ca. 5–6 Schichten aufeinandergeworfen, und betrug die Anzahl der Juden in einer Grube ca. 400 bis 500 Personen.«

Dritter Teil

Das Schicksal der Isaaks

XII

Im Februar 1947 war die Operation zur Rettung der Nazis in vollem Gange. Gewöhnlich wurde ihnen mit falschen Pässen des Internationalen Roten Kreuzes und mit Hilfe verschiedener katholischer Organisationen die Flucht nach Südamerika ermöglicht. Schnell verbreitete sich die Information, daß im Vatikan einige Bischöfe, Vertreter der Caritas und Ordensangehörige für Eichmann, Mengele und Tausende von Kriegsverbrechern und Verbrechern gegen die Menschlichkeit äußerst geschickt Papiere gefälscht hatten. Deshalb benutzten auch die ehemaligen Bonzen der italienischen Faschisten, wenn sie in Rom nach Papieren für die Flucht nachsuchten, den deutschen Begriff *Persilschein*. Fast zwei Jahre nach Kriegsende mußten dagegen die Juden, die dem Völkermord entkommen waren, in Italien, in Österreich und Deutschland immer noch in überfüllten Flüchtlingslagern ausharren. Niemand wollte sie. Diejenigen, die illegal auf kleinen Schiffen nach Israel zu entkommen versuchten, erlebten eine grauenhafte Reise, zusammengepfercht im Schiffsbauch auf dreistöckigen Pritschen, oft mit nur einem Liter Wasser am Tag, um dann womöglich von den Engländern aufgebracht, in Zypern interniert oder sogar nach Deutschland zurückgeschickt zu werden. Vom Vergnügungsdeck des schönen Schiffes, auf dem sie als Touristen nach Haifa fuhren, konnten Ruth und Guido beobachten, wie auf einem dieser rostigen Seelenverkäufer namens *Liberty* Frauen und Kindern für kurze Zeit an Deck kommen durften, um Luft zu schnappen.

Der erste Urlaub nach dem Krieg, in Haifa wie 1936. Ruth hat die Schuhschachtel mit den Briefen ihrer Familienangehörigen eingepackt, einige stecken noch in der Mappe mit Mädchen und Dromedar, die sie 1936 auf der Reise nach Triest gekauft hatte. Auch der Schöpfer der Zeichnung, Gino Boccasile, ist zu seinem ursprünglichen Beruf als Illustrator zurückgekehrt, nachdem er zwanzig Jahre lang besonders reißerische rassistische und faschistische Plakate entworfen hat.

Traurige Gedanken, Heimweh, vielleicht, irgendwo ... Hoffnungen, die nicht vergehen wollen.

Als Ruth aufs Fallreep tritt, wird sie von Dina, Jenny, Etta, Boris und Fjershel, die an der Hafenmole warten, mit fröhlichem Applaus begrüßt; Fjershel mit seinem Military Cross am Revers pfeift laut wie ein Beo. Ein Empfang, fast wie für eine Heldin. »Wie hast du es geschafft mit den Nazis in Triest?« »Erzähl, wie du den Fragebogen des Generals übersetzt hast und ...« Einen Augenblick lang vergißt Ruth die *Liberty* und das Gewicht der Schuhschachtel in ihrem Koffer und gibt sich ganz der herzlichen Umarmung ihrer Schwestern hin. Ihr sei doch überhaupt nichts passiert, erwidert sie zunächst abwehrend, will dann aber ihre Schwestern doch nicht enttäuschen.

»Als die Juden 1938 sich auch in Triest beim Einwohneramt melden mußten«, erzählt Ruth, sobald sie in Dinas Haus angekommen sind, »beschlossen wir, einfach so zu tun, als wäre nichts. Um nicht aufzufallen, hatte ich mich auch in der israelitischen Gemeinde nicht angemeldet. Immer wieder wurde in der Zeitung von Verurteilungen berichtet, weil sich Juden nicht hatten registrieren lassen. In Triest wurden die Rassegesetze nämlich mit besonderer Härte durchgesetzt. Es war von vielen Denunziationen die Rede, uns aber geschah nichts. Guido blieb einen Teil des Jahres 1941 und das ganze Jahr 1942 hindurch in Piemont mit seiner Abteilung, die als Reserve für das italienische Heereskontingent ARMIR in Rußland dienen sollte. Entgegen der Anordnung, die Ehefrauen zu Hause zu lassen, beschlossen wir, soviel wie möglich zusammenzusein, und mieteten uns, wenn es ging, in der Umgebung der Kasernen ein Zimmer.

Im Sommer '42 verwüsteten die Faschisten die Synagoge, das Haus für die Auswanderer nach Palästina und viele Geschäfte. Nach dem 8. September 1943, als die Regierung Badoglio mit den Alliierten einen Waffenstillstand geschlossen hatte, während Norditalien in der Hand von Faschisten und Nazis blieb, dachte Guido, daß uns unsere zweite Heirat jetzt von großem Nutzen sein könnte. Da er ohne mein Wissen Sympathisant der antifaschistischen Gruppierung »Giustizia e Libertà« geworden war, fürchtete er das Schlimmste und wandte sich deshalb – natürlich, ohne mir etwas davon zu sagen – an die Pfarrei San Giovanni. Er erklärte, er brauche eine »saubere« Heiratsurkunde, in der nur die katholische Eheschließung zwischen soundso und soundso bestätigt wurde. Am 15. Oktober wurde auch Triest durch die Einsetzung eines Gauleiters für das »Adriatische Küstenland« vom Deutschen Reich de facto annektiert. Bereits sechs Tage zuvor hatte an Jom Kippur die erste Judenrazzia stattgefunden, und die Unglücklichen, die sie erwischten, wurden nach Auschwitz deportiert. Wir jedoch waren einige Tage zuvor über die drohende Gefahr informiert worden, ja, wenn ich jetzt darüber nachdenke, muß die Idee, eine Heiratsurkunde anzufordern, entstanden sein aus einer Begebenheit, die Guidos Vater wenige Tage vor seinem Tod am 5. Oktober zugestoßen war. Mein Schwiegervater lag in der Abteilung für Schwerstkranke im Krankenhaus San Giovanni und teilte das Zimmer mit einem Juden. Einige Tage vor seinem Tod berichteten uns Großvater, sein Zimmernachbar und das Personal in heller Aufregung, die Deutschen seien einige Stunden zuvor beim Chefarzt Seitz mit der Aufforderung vorstellig geworden, alle Juden auszuliefern. In dieser Situation behauptete der gute Mann einfach, die jüdischen Kranken seien in die Psychiatrie verlegt worden; dort könnten sie sie holen, er aber übernehme keinerlei Verantwortung, denn die Juden befänden sich mitten unter gefährlichen Kranken. Daraufhin ließen die Deutschen zunächst von ihrem Vorhaben ab und kamen erst im März 1944 wieder, als sie dann siebenunddreißig Kranke in die Gaskammern von Auschwitz schickten.

Die wohlhabenden Juden waren fast alle längst ins Ausland geflohen oder in anderen Gegenden Italiens untergetaucht. In der Stadt befanden sich aber immer noch einige hundert ärmere Leute und der Sekretär der Gemeinde, der beschlossen hatte, auf seinem Posten zu bleiben, obwohl er vor der bevorstehenden Gefahr gewarnt worden war. Die Nazis holten ihn Anfang 1944 ab. [Carlo Morpurgo wurde in Auschwitz am 4. November 1944 umgebracht. Um dieselbe Zeit beging der Vorsitzende der israelitischen Gemeinde in Venedig, Giuseppe Jona, Selbstmord, nachdem er das Verzeichnis der Gemeindemitglieder, statt es herauszugeben, vernichtet hatte.] Am nächsten Tag wurden alte und kranke Juden aus Altersheimen und Krankenhäusern der Stadt abtransportiert. Als sich in der Stadt die Nachricht verbreitete, sie würden nach Polen gebracht, und daß viele nicht einmal den Transport überlebten, mußte ich unter allen Umständen ein Versteck finden. Es gab nur zwei oder drei Familien, mit denen wir so eng befreundet waren, daß wir ihnen blind vertrauen konnten. Fernanda wohnte mit ihrem Mann und ihrem Sohn im dritten Stock eines Hauses am Viale XX Settembre. Der Grundriß der Wohnung hatte die Form eines Trapezes, ohne daß dies von außen zu erkennen war. Um auch dem Zimmer mit dem Trapezwinkel eine rechteckige Form zu geben, hatte der Architekt einen kleinen, fast dreieckigen Verschlag abgetrennt, der durch ein Türchen zugänglich war. Es schien das ideale Versteck zu sein. Als wir ein Möbelstück davorschoben, um die Tür zu verdecken, machte ein Fuß des Möbels einen tiefen Kratzer ins Parkett. Fernandas Mann Virgilio klebte Filz unter die Füße, so daß die Kommode wunderbar rutschte. Als ich mit ein paar persönlichen Dingen einige Tage später meine geheime Unterkunft bezog, merkte ich, daß meine Freundin mein schmales Bett mit den besten Bettbezügen aus ihrer Mitgift bezogen hatte. Doch würde mich der Kratzer im Parkett verraten?

Einige Tage später wurde Guido von den Deutschen zur Arbeit an den Befestigungsanlagen in der Umgebung von Triest eingezogen. Ich begleitete ihn zum Bahnhof, wo ein distinguierter Offizier der Wehrmacht mit Handschuhen und einer Reitpeitsche am Oberschenkel die Operation überwachte. Unter den Angehörigen, die dichtgedrängt auf dem Bahnsteig standen, gingen die schrecklichsten Gerüchte um: Sie bringen sie nach Deutschland ... Sie werden sie umbringen ... Da nahm ich allen Mut zusammen und wandte mich an den Offizier. ›Ich bin Deutsche, wissen Sie ... Was wird mit meinem Mann geschehen?‹ Auf seine Gegenfrage, ›Woher stammen Sie?‹, war ich zwar nicht vorbereitet, behauptete aber einfach, ich sei aus Königsberg. ›Ah, unser liebes Preußen! Machen Sie sich keine Sorgen, meine Dame‹, antwortete der Offizier außerordentlich höflich, ›Sie fahren nach Erpelle [auf dem Karstgebirge in der Nähe von Triest], um Befestigungen auszuheben.‹ ›Man hört so schreckliche Gerüchte‹, fuhr ich ängstlich fort. ›Ja, der Krieg ist schrecklich für alle. Wissen Sie, auch ich habe Frau und Kinder zu Hause‹, sagte er und zog ein Foto seiner Familie aus dem Portemonnaie. Ich dankte ihm und fühlte mich erleichtert. Um uns herum streckten die Angehörigen die Hände nach den aus den Zugfenstern lehnenden Männern aus. Der Offizier blickte auf die Uhr, und als er sah, daß es Zeit zur Abfahrt war, schlug er mit der Reitpeitsche wild auf die Hände und Gesichter der Frauen ein, um sie von ihren Lieben im anfahrenden Zug loszureißen.

Wenige Tage später verschleppten die Nazis den jüdischen Eigentümer des Hauses, in dem Fernanda wohnte. Anscheinend war er verraten worden. Erst da kam es uns in den Sinn, daß wahrscheinlich alle Wohnungen die gleiche Form hatten und daß ich wohl besser vorübergehend nach Hause zurückkehrte. Auch in der Via Giulia tauchten die Deutschen jedoch nach einigen Tagen auf. Sie trugen nicht die schwarze Uniform der SS, sondern waren, glaube ich, von der Wehrmacht. Sie rissen alle Bewohner des Hauses aus dem Schlaf, wir durften höchstens einen Morgenmantel überwerfen und mußten uns im Hof aufstellen. Ich war zu Tode erschrocken. Ihren Gesprächen konnte ich entnehmen, daß sie verärgert darüber waren, einen Rechtsanwalt namens Sacerdoti nicht gefunden zu haben, der vor geraumer Zeit geflohen war.

›Qualcuno parlare tetesco?‹ fragte der Unteroffizier die Portiersfrau. Ich machte mich in der letzten Reihe ganz klein. Diese Portiersfrau war eine Slowenin, die am Schwarzmarkt handelte, und ich muß zugeben, daß wir Hausbewohner sie für ziemlich durchtrieben hielten, sie wußte immer alles über alle. O Gott! An der Säule links neben dem deutschen Soldaten hängt das ›Mieterverzeichnis‹. Vor seinem Aufbruch hatte Guido vorgehabt, meinen Nachnamen durch einen ›semitischen‹ zu ersetzen. Hat er dafür Zeit gefunden? Wie dumm von mir, es nicht zu kontrollieren. Ich versuche zu lesen: ›6. Stock: Siro Guido…‹, aber aus der Ferne kann ich es nur schwer entziffern, ›Angestellter des Lloyd, und Ruth…‹

›Die Dame da hinten‹, antwortet die Portiersfrau und deutet auf mich.

›Aber Sie sind doch Italienerin?‹ fragt mich der Uniformierte verblüfft, als er meinen preußischen Akzent hört.

›Natürlich‹, erwidere ich, ›aber ich bin in Deutschland zur Schule gegangen.‹

›Gut‹, gibt sich der Unteroffizier zufrieden, ›fragen Sie die Portiersfrau, ob in diesem Haus Juden wohnen.‹

Obwohl ich einen Kloß im Hals habe, gelingt es mir, die Frage zu übersetzen. Es hätte mir überhaupt nichts genützt, die Heiratsurkunde hervorzuholen, die Guido in der Pfarrei bekommen hatte. Er hatte genau erklärt, daß er eine gesäuberte Fassung benötige, denn sonst sei ich in Gefahr. Aber es war nichts zu machen. ›Das können wir nicht machen, Sie müssen das verstehen…‹, hatte sich der Priester entschuldigt und deutlich sichtbar geschrieben: ›Bräutigam: Siro, Guido, katholischen Glaubens: Braut: Isaak, Ruth, geboren in Memel, israelitischen Glaubens. Dispens für unterschiedliche Konfessionen in gemischter Ehe. Triest, 28.9.1943‹.

Ohne einen Augenblick zu zögern, antwortet die Portiersfrau:

›Herr Offizier, dies ist ein ehrenwertes Haus! Wir haben hier nie Juden haben wollen!‹ Vielleicht ließ er sich blenden durch die Beförderung, die ihm die Portiersfrau hatte zuteil werden lassen. Jedenfalls kam dem Deutschen diese überstürzte und offensichtlich widersprüchliche Antwort nicht verdächtig vor, und er machte auf dem Absatz kehrt und verschwand. Von diesem Zeitpunkt an schlief ich wieder regelmäßig zu Hause.

Unmittelbar nachdem Guido im Mai vom Ausheben der Befestigungsanlagen für die Deutschen entlassen worden war, wollte er, daß wir uns in ein kleines Dorf in der Krain [Sutrio], etwa hundert Kilometer nördlich von Triest zurückziehen sollten, wo der Verlobte seiner Schwester als Amtsarzt tätig war. In seiner typisch sizilianischen Überschwenglichkeit war Gigi bei allen beliebt: Die Dorfbewohner brachten ihm Eier, Milch und das beste Gemüse. Nachts kurierte er auch die Partisanen, und deshalb mangelte es nie an Steinpilzen und Pfifferlingen. Wir verbrachten dort regelrechte Ferien, und die Ruhe wurde nur manchmal durch Gewehrsalven oder vereinzelte Schüsse aus dem Tal gestört. Alles lief bestens, abgesehen von einer gewissen Spannung, die sich zwischen Guidos Schwester und mir aufgebaut hatte. Obwohl das nicht schlimm war, ärgerte sich Guido und entschied Mitte Juli, es sei besser, nach Triest zurückzukehren. Es war, als hätte er einen sechsten Sinn gehabt, denn wenige Tage später wollten Deutsche und italienische Faschisten den Partisanen, die bereits ganze Täler kontrollierten, eine Lektion erteilen. Am 22. Juli veranstalteten eine Abteilung der SS und Gebirgsjäger der Division Julia unter dem Kommando eines deutschen Unteroffiziers und geführt von einem slowenischen Spion eine umfangreiche Razzia in der Gegend und verhafteten alle wehrfähigen Männer, darunter auch Gigi. Zwei der neun Männer brachten sie gleich an der Brücke um, während sie sich mit den anderen am späten Nachmittag zu Fuß in die nächste größere Stadt aufmachten. In gewissen Abständen töteten sie den jeweils letzten mit einem Genickschuß. Als es bereits dunkel wurde und nur noch drei Gefangene am Leben waren, kam die kleine Marschkolonne zum Stehen, weil aus den umliegenden Wäldern Schüsse zu hören waren. Gigi, der mit einer Munitionskiste auf den Schultern die Gruppe anführte, dachte, dies sei das Ende. Doch genau in diesem Moment war das Geräusch zweier sich nähernder Lastwagen zu hören, die das Kommando dann nach Tolmezzo brachten, wo die drei Überlebenden ins Gefängnis gesperrt wurden. Am nächsten Morgen machte sich eine kleine Prozession von Frauen aus Sutrio auf den Weg ins Tal, doch bald löste sich die Gruppe auf, weil die Frauen die Leichen ihrer Angehörigen entdeckten. Guidos Schwester kam dagegen bis Tolmezzo, ohne ihren Verlobten gefunden zu haben. Nur durch seine Hartnäckigkeit und die Hilfe eines sizilianischen Wachsoldaten im Gefängnis, eines Sanitätsoffiziers und eines Milizionärs entkam Gigi der Hinrichtung.

Kurze Zeit später wurde die Carnia von Kosakenverbänden unter deutschem Kommando besetzt. Uns blieb nichts anderes übrig, als in Triest zu bleiben und abzuwarten. Guido arbeitete ganz normal beim Lloyd, ich übernachtete entweder bei ihm oder bei Fernanda, aber doch meistens zu Hause. Am 1. Mai 1945 sahen wir vom Balkon des Wohnzimmers aus, wie die jugoslawischen Partisanen in Richtung Innenstadt marschierten, um Triest zu besetzen.«

Im Februar 1947 hatten die Schwestern Isaak schon begonnen, das Geschehene zu vergessen, zugleich aber wollten sie noch vieles wissen. Die Lektüre der Briefe aus Litauen, die Ruth nach Israel mitgebracht hatte, und jede gesammelte Information ließen die kaum vernarbten Wunden wieder aufbrechen. Meistens blieb die Schachtel unberührt auf dem Tisch stehen, und man sprach über Alltagsdinge und verglich beispielsweise die Preise in Haifa und Triest. Ein anderes Mal fielen sich die Schwestern weinend in die Arme, weil es nicht gelingen wollte, das Schweigen zu brechen. Oder aber sie unterhielten sich stundenlang über ihre Mädchenzeit in Prökuls vor 1935. Doch wenn dann der eine oder andere Verwandte erwähnt wurde, kam das Gespräch ins Stocken, verlor sich in Halbsätzen und Gesten: »Johann?« – »Nein.« – »Simon von Martha?« – »Auch nicht.« – »Isi und Bertl?« – »Schon, aber ihr Sohn…«

Zwei Jahre nach Kriegsende wußten die Schwestern Isaak immer noch nicht, was ihrem Cousin Isi und seiner Familie im Krieg genau zugestoßen war. Nicht einmal seine Schwester Etta, die ihm regelmäßig nach Deutschland schrieb, wo er auf das Visum für die Vereinigten Staaten wartete. Ein- oder zweimal hatte sie das Thema vorsichtig angesprochen, aber ihr Bruder war nicht weiter darauf eingegangen. Der kleine Noni [sein einziger Sohn Ralph] sei tot und damit basta, hatte er ihr geantwortet.

Im Frühjahr 1954 wollte meine Mutter, daß wir nach Kanada fuhren, um mich und meinen Vater mit ihrem Bruder Hermann und in New York mit ihrem Cousin, »Onkel« Isi, und seiner Frau Bertl [Bertha] bekannt zu machen. Ich war damals fünf Jahre alt, und von unserem kurzen Aufenthalt in der Stadt ist mir nur der Blick aus dem Fenster der Wohnung meines Onkels im Gedächtnis haften geblieben, aus dem man, glaube ich, Wolkenkratzer sah. Ansonsten erinnere ich mich hauptsächlich an die flimmernden Schwarzweißbilder des Fernsehers. Für mich war ein solches Gerät, wie es dort auf einem Tischchen nahe den Jalousien aufgestellt war, eine absolute Neuheit. An Onkel Isi kann ich mich dagegen überhaupt nicht erinnern. Ich weiß lediglich, und das auch nur, weil Ruth es mir erzählt hat, daß er sehr klein geblieben war. Als Grund dafür fand man in den USA heraus, daß er wohl als Kind einen Sturz erlitten haben mußte, bei dem die Hypophyse verletzt worden war. An jenen Nachmittagen sprach meine Mutter lange mit ihm und Tante Bertl. Ich erinnere mich, daß ich mich langweilte und quengelte, weil es keine Kinder gab, mit denen ich spielen konnte.

Hamann wollte natürlich auch ihrer habhaft werden, nachdem er im September 1941 mit seiner Abteilung des Einsatzkommandos

3A das Städtchen erreicht hatte, in dem Isi, Bertl und Noni gefangen saßen. Diesmal fand er jedoch ein unerwartetes Hindernis vor: Der Chef der deutschen Zivilverwaltung fürchtete, daß die ortsansässigen Gerbereien und Lederfabriken wegen Arbeitskräftemangel schließen mußten, und wollte deshalb nicht, daß die verbliebenen Juden »sonderbehandelt« würden. In den heftigen Kompetenzstreit zwischen dem »außerordentlich anmaßenden« Obersturmführer Hamann und dem für die Stadt zuständigen Gebietskommissar wurden auch Hamanns Vorgesetzter Jäger und der Generalkommissar für Litauen einbezogen. Zum großen Mißfallen des ehemaligen Buchhalters Jäger gelang es der Wehrmacht und der deutschen Zivilverwaltung schließlich, dem Einsatzkommando 3A die Übergabe eines Kontingents von jüdischen Zwangsarbeitern abzuringen, die »momentan« für die Kriegswirtschaft unabkömmlich waren und von denen 1942 in Wilna ca. 20.000 und in Kaunas 16.000, in Schaulen 4.770 und in kleineren Orten etwa 5.000 gebraucht wurden. In diesen Städten lebten die Juden in Ghettos, die mit Palisadenzäunen und Stacheldraht umgeben waren, unter härtesten Bedingungen, was Hygiene und Lebensmittelversorgung betraf. Sie waren sich bewußt, eine winzige Gruppe von Überlebenden zu sein, deren Schicksal einzig und allein vom Kriegsbedarf der Deutschen abhing. Deshalb wurden Isi, Bertl und der kleine Ralph im Sommer 1941 nicht wie die anderen litauischen Juden umgebracht.

Im Jahr 1991 habe ich mir von Etta die Adresse ihres Bruders geben lassen, der seinen Lebensabend in einer Seniorensiedlung in Florida verbringt. Isi ist inzwischen weit über achtzig, ich will aber trotzdem versuchen, ihm zu schreiben. Aus dem Century Village von Pembroke Pines erhalte ich umgehend Antwort. Isi sieht nur noch auf einem Auge und auch auf dem schlecht, denn er leidet wie fast alle Isaaks im Alter an grauem Star. Deshalb benutzt er die Schreibmaschine, die handschriftlichen Korrekturen und die Unterschrift verraten eine etwas zittrige Hand.

»Liebster Livio«, schreibt er, »es sind fünfzig Jahre seit jenem Sommer des Jahres 1941 vergangen. Wir werden bis ans Ende unserer Tage die Angst vor der Ausrottung in uns tragen, aber Du tust gut daran, Fragen zu stellen, und ich will erzählen. Wie Du weißt, wurden Bertl, unser Ralph und ich unmittelbar nach dem deutschen Angriff auf die Sowjetunion in Tauroggen erwischt, wo auch Dein Großvater arbeitete. Wer zögerte, sein Haus zu verlassen, wurde umstandslos erschossen. Wir wurden in Traku, einem der beiden Ghettos von Schaulen, eingesperrt. Für vierzig Leute hatten sie uns ein Häuschen mit drei Zimmern und je einer Behelfsküche zugewiesen. Die Möbel mußten wir draußen unter das Vordach stellen. Nach einiger Zeit stieß auch Onkel Jakob, der Bruder deines Großvaters, zu uns, der sich zwischendurch irgendwo versteckt gehalten hatte. Er hat nicht überlebt. In Traku gab es viele Frauen mit kleinen Kindern, deren Männer von Deutschen oder Litauern ermordet worden waren. Wir Juden waren dort, um zu arbeiten, alleinstehende Frauen mit Kindern waren fehl am Platz; deshalb griffen die Nazis sie auf und brachten sie ins Gefängnis in der Nähe des Ghettos. Fast jede Nacht hörten wir Schüsse. Bertl mußte zusammen mit acht anderen Frauen in einer Art Schneiderei arbeiten, ich mußte in die Wäscherei. Lastwagen luden Pakete mit zerrissenen und verdreckten Uniformen ab, manchmal war noch ein Arm oder ein Bein drin. Unsere Aufgabe bestand darin, sie zu waschen und wieder herzurichten. Die Stiefel wurden in die Bata-Schuhfabrik gebracht, die größte Fabrik der Stadt. Sie war jetzt für die Deutschen besonders wichtig und beschäftigte jüdische Facharbeiter. Ich glaube, daß aus diesem Grund das Ghetto nicht sofort liquidiert wurde. In den ersten Wochen gelang es meiner Mutter noch, uns aus Tauroggen einen Brief und einen Koffer mit Kleidern zukommen zu lassen. Sie riet uns, unter keinen Umständen zu versuchen, zu ihr zu kommen. Alle männlichen Juden, darunter unser Cousin Norbert, viele Frauen und Kinder waren umgebracht worden. Norberts hochschwangere Frau Ulla war mit anderen Gefangenen in einem Hof zusammengetrieben worden. Auf die flehentliche Bitte, ihr medizinischen Beistand für die Geburt zukommen zu lassen, ließ der deutsche Befehlshaber sie nach einigen Tagen ins Krankenhaus von Tauroggen einweisen, wo das Kind zur Welt kam. Nach der Entlassung aus dem Krankenhaus wurden beide in einen Wald gebracht und dort ermordet.«

Ruhig, und ich würde sagen, bestimmt läßt Isi die vier Jahre zwischen der Gefangennahme in Litauen und der Befreiung in Tirol durch die Dritte Armee General Pattons Revue passieren: »Wir hatten uns damit abgefunden, von einem Tag auf den anderen das gleiche Schicksal zu erleiden wie alle anderen litauischen Juden. Dennoch begannen auch wir, nachdem wir in den ersten Wochen ständig auf unsere ›Umsiedlung‹ in die Wälder gewartet hatten, wieder zu hoffen. Es war verboten, Kinder zu zeugen, und einer Frau, bei der eine Schwangerschaft entdeckt wurde, drohte die sofortige Erschießung. Doch weder solche Verbote noch der Hunger, die Kälte, die andauernden Gewalttaten oder die ›grundlosen‹ Erschießungen konnten verhindern, daß das Leben der Gemeinde von Traku mit der Zeit fast den Anschein von Normalität annahm. Es wurde eine Art Hilfsdienst für die Bedürftigsten eingerichtet, eine illegale Schule und Musikkurse; viele junge Leute nahmen ihr Studium des Hebräischen wieder auf. So brachten wir mehr als zwei Jahre zu, in denen unsere Hauptsorge darin bestand, für den Kleinen genügend zu essen zu bekommen.«

Zwischen Onkel Isi und mir entwickelt sich ein reger Briefwechsel, wobei seine Briefe häufig abrupt mit der Entschuldigung enden, er sei zu müde, um fortzufahren. Dann fügt Bertl gelegentlich handschriftlich eine Bemerkung oder ein Detail hinzu. Ich verstehe sehr gut, wie schwierig es für ihn ist zu erzählen. Wenn ich die Seiten, die Isi schreibt, mit denen vergleiche, die mühelos aus meinem Computer kommen, ist mir das fast unangenehm, dennoch stelle ich weiter Fragen.

Isi ruft die nackten Tatsachen fast ohne Adjektive ins Gedächtnis: die russischen Geschütze, die man in der Ferne hörte [August 1944]; die Viehwaggons, mit denen sie ins Lager Stutthof [bei Danzig] gebracht wurden; die Trennung der Männer von den Frauen und die Aussonderung der letzten verbliebenen Kinder, die eine »Behinderung« für die Arbeit gewesen wären; die Angst, eliminiert zu werden, weil man nicht für Dachau selektiert worden war, und der Trick, sich unter die großen Leidensgenossen zu mischen, um sich in die Waggons nach Utting am Ammersee zu schmuggeln, wo ein Flughafen gebaut werden sollte; der erste Sack Zement, den man Isi auf die Schultern lud und unter dem er sofort zusammenbrach; die in Papier gewickelten Füße, die unbeteiligten oder gar feindseligen Blicke der Zivilbevölkerung; das Näherrücken der Amerikaner und Franzosen [April 1945] und der wahnsinnige Widerstandswille der Deutschen, die auch nach Hitlers Selbstmord und nachdem die Alliierten das Grauen in Dachau entdeckt hatten, von ihrer »Mission«, die jüdischen Arbeitssklaven auszurotten, überzeugt waren; der neuntägige Todesmarsch nach Tirol, bei dem ein Hinrichtungskommando jeden tötete, der nicht mehr laufen konnte; der Durchfall, der Schnee, der sie in den Alpen empfing [am 2. Mai 1945]; die Flucht der Wachen vor Sonnenaufgang und die Ankunft der ersten Panzer General Pattons; die allmähliche Rückkehr der Lebenskräfte während des neunmonatigen Aufenthalts in dem zum Lazarett umgewandelten Kloster St. Ottilien in der Nähe von München.

Ich würde Isi gern nach Einzelheiten fragen und greife schließlich zum Telefon. Bertl nimmt den Hörer ab, und ich höre das Echo meiner Frage jenseits des Atlantiks. Noch bevor die Tante meine Stimme erkannt hat, bereue ich schon, ihr wie ein Student, der eine Umfrage macht, ins Haus zu platzen. Sie dagegen scheint meinen Anruf geradezu erwartet zu haben, und beginnt auf Englisch zu erzählen, rutscht aber häufig ungewollt ins Deutsche:

»Während Isi nach Dachau deportiert wurde«, beginnt sie, »wurde ich mit anderen Frauen als Zwangsarbeiterin dem Gut eines preußischen Zivilisten zugewiesen. Wir arbeiteten auf dem Feld und kümmerten uns um das Vieh. Die Frau des Besitzers war eine ziemlich engstirnige Person, er dagegen behandelte uns nicht unbedingt schlecht. Einmal versorgte seine Schwester mir eine Wunde, die sich entzündet hatte, mit Salben. Nach sechs Monaten kam aus Stutthof der Befehl, uns zurückzuschicken. Den Winter über [1944/45] mußten wir Gräben zur Panzerabwehr ausheben, denn das russische Heer kam immer näher. Wir waren zu dreißig in einem Zelt, mußten um fünf Uhr aufstehen und ohne Essen im strömenden Regen, im Schlamm und im Schnee bis zur Dunkelheit arbeiten. Wenn eine von uns vor Erschöpfung tot zusammenbrach und in den Graben rollte, mußten wir die Leiche herausholen. Eines Nachts [Mitte Januar] hörten wir den Gefechtslärm der Front, und die Nazis zwangen uns, ihnen nach Westen auf einen Todesmarsch zu folgen, wie ihn Isi von München nach Tirol mitgemacht hat. Zwei Monate irrten wir ziellos bei jedem Wetter umher, wobei viele – darunter meine beste Freundin – den Strapazen erlagen. Wir trafen auf weitere Marschkolonnen Unglückseliger wie wir. ›Wohin wollt ihr gehen? Wo sind die Russen?‹ fragten die SS-Führer einander. Die sowjetischen Heereskorps rückten schnell von allen Seiten vor, aber die Deutschen gaben nicht auf, sie waren doch schließlich die besten Soldaten der Welt, nicht?

Ich wurde in Pommerellen [von den Russen am 10. März 1945] befreit, aber eher tot als lebendig, denn ich hatte Typhus. Um mich einigermaßen zu erholen, brauchte ich zwei Monate, aber danach überlegte ich sofort, wie ich in die amerikanisch besetzte Zone gelangen könnte. Vorübergehend fand ich bei einem Arztehepaar Aufnahme, die selbst Überlebende des Ghettos waren. Wir wohnten in Bromberg im ehemals von den Deutschen annektierten Teil Polens, wo ich auch Arbeit bei der Kommandantur der russischen Besatzungstruppen fand: Ich mußte für dreihundert Soldaten Kartoffeln schälen und das Geschirr abwaschen. Anfang 1946 verbreitete sich das Gerücht, in der Stadt sei eine Gruppe von ehemaligen litauischen Deportierten aus der amerikanischen Besatzungszone eingetroffen. Sie hatten ihre Kinder verloren und waren von ihren Frauen getrennt worden, wie es mir und Isi ergangen war, und nun suchten sie in der russischen Zone nach ihren Angehörigen. Sie zeigten allen eine Art Hefte, in denen sie die Lebenszeichen und Adressen vieler anderer ehemaliger Deportierter aus den Lagern und Krankenhäusern der amerikanischen Besatzungszone aufgeschrieben hatten. Ich suchte sie auf, obwohl ich im Innersten davon überzeugt war, allein geblieben zu sein, aber ich fühlte mich verpflichtet, all diese abgegriffenen Blätter durchzugehen. Nichts. Am Abend kamen weitere ehemalige Deportierte der Gruppe, von denen ich einige erkannte. Entfernte Bekannte aus Friedenszeiten und Mitgefangene im Ghetto. Sie holten einen Mann namens Benjaminowitz. Wieder und wieder mußte ich lesen, was in Druckbuchstaben auf dessen Notizblock stand: ›Isi Isaak aus dem Memelgebiet, derzeit im Lazarett von St. Ottilien bei München, sucht seine Ehefrau Bertha, zum letzten Mal gesehen im Lager von Stutthof. Bitte um Nachricht.‹

Ich mußte unter allen Umständen die amerikanische Zone erreichen. Meine beiden Freunde aus Bromberg waren bereit, mit mir gemeinsam die Flucht zu versuchen. Die Sache war kompliziert, weil die Russen niemanden hinausließen und auch gegenüber den Überlebenden der Lager keine Rücksicht nahmen. Für sie waren wir keine Juden, sondern nur Deutsche, Franzosen, Litauer oder Letten, und da ich vor 1918 im Memelgebiet geboren war, war ich für sie eine Deutsche. Ich war in Gefahr, wieder in einem Lager zu enden, diesmal aber mit den Nazis zusammen. Seit der Zeit im Ghetto hatte ich eine Zehndollarnote in einem Schuh versteckt, und das reichte aus, um vom Kommandanten der Besatzungstruppe drei Passierscheine für eine Fahrt in die Tschechoslowakei zu bekommen. Von da aus machten wir uns heimlich in Richtung Grenze zur amerikanischen Zone auf. Nachts bewegten wir uns vorwärts, tagsüber hielten wir uns in den Wäldern versteckt. An der Grenze mußten wir, um uns in Sicherheit zu bringen, ein offenes Gelände durchqueren. Die russischen Grenzwachen entdeckten uns sofort. Ich habe keine Ahnung, wie wir da lebend durchgekommen sind. Die Sowjets schossen, um uns aufzuhalten, die Amerikaner, um uns nicht durchkommen zu lassen. Wenn sich danach nicht die jüdische Hilfsorganisation für uns eingesetzt hätte, wären wir auch bei den Amerikanern als verdächtige Deutsche in einem Lager gelandet. Im Herbst [1946] konnte ich Isi endlich in München wieder in die Arme schließen.«

»Viele Jahre nach Kriegsende besuchten mich Isi und Bertl in Haifa«, ergänzt Etta aus Israel. »In der ersten Nacht, die sie bei mir verbrachten, bekam ich einen furchtbaren Schrecken, weil mein Bruder schrie, als würde er umgebracht. Ich stand auf, um zu sehen, was vor sich ging. Bertl aber beruhigte mich mit einer Handbewegung. Es passiert ihm auch heute noch, und seine Nachbarn sind schon daran gewöhnt.«

In ihren Briefen und am Telefon haben Isi und Bertl nur ein einziges Mal, als sie von der ersten »Säuberung des Ghettos in Schaulen von unbrauchbaren Elementen« berichteten, ein genaues Datum genannt. »Unser kleiner Ralph«, schrieb Isi, »den Bertl und ich Noni nannten, wurde uns am 5. November 1943 während einer der ersten mörderischen ›Maßnahmen‹ der Nazis weggenommen.« Isi hatte zu Beginn seines Briefs geschrieben, es sei richtig und wichtig, daß ich Bescheid wüßte, war dann aber nicht mehr darauf zurückgekommen, und bei dieser Gelegenheit hatte ich nicht den Mut gefunden, weiter nachzufragen.

Deshalb forschte ich in Büchern nach, bei Gilbert, Yerushalmi, Dov Levin, Mishelski, und fragte beim Institut Yad Vashem in Jerusalem an. Diese Recherchen ergaben, daß die Deutschen an jenem Tag 574 Kinder, 191 alte Leute, 26 Invaliden und vier Frauen, die sich geweigert hatten, ihre Kinder allein zu lassen, abtransportierten, angeblich um sie nach Deutschland in Sicherheit zu bringen. Alle sind spurlos verschwunden. Dieses magere Ergebnis meiner Recherchen teilte ich Onkel Isi und Tante Bertl brieflich mit. Isi hat noch einige Details über die Situation in den verschiedenen Lagern beigesteuert, meiner indirekten Aufforderung, mir verstehen zu helfen, was an jenem 5. November 1943 in Schaulen wirklich geschah, kam er jedoch nicht nach. Wieder hatte ich nicht den Mut, weiter in ihn zu dringen, und stellte mir statt dessen die Frage, was mich eigentlich dazu berechtigt, zwei arme alte Leute so zu quälen. Die Shoah war ein so ungeheures »Unternehmen«, daß es überhaupt nichts ändern würde, ob ich eine Spur meines Cousins Noni und der anderen 573 Kinder fand oder nicht. Deshalb hörte ich auf zu suchen.

Wenn mich nicht zwei Jahre später eines der üblichen banalen Alltagserlebnisse eines Besseren belehrt hätte. Einer meiner Bekannten, der Militaria sammelt und historische Veröffentlichungen verschlingt, hatte erfahren, daß ich ein Buch schreiben wollte. Nachdem er sich darüber überrascht gezeigt hatte, daß ich jüdischer Abstammung war, glaubte er mir sagen zu müssen, daß er nicht an die systematische Ausrottung der Juden und Zigeuner glaube. Nicht nur aus Ignoranz leugnen viele Menschen die Existenz der Lager und alles Übrige. In Wirklichkeit würden wir alle gern hoffen, daß die Öfen nie existiert haben. Die Deutschen als zivilisiertes Volk von dieser Schuld loszusprechen, kommt möglicherweise unserem unbewußten Verlangen entgegen, die ganze Menschheit freizusprechen, um uns nicht auch selbst mit dem Grauen und unseren eigenen Abwehrmechanismen auseinandersetzen zu müssen. Wenn es fünfzig Jahre danach nicht möglich sein sollte, von den einzigen dafür in Frage kommenden Menschen die Wahrheit zu erfahren, hätten dann nicht die Nationalsozialisten – die ja auch versucht haben, die Spuren der Massenvernichtung zu verwischen – zumindest in dieser Hinsicht doch gesiegt?

Deshalb habe ich, wie dies in unserer Familie seit den dreißiger Jahren üblich war, Etta um Rat gefragt und mich dann entschlossen, den inzwischen siebenundachtzigjährigen Isi doch explizit darum zu bitten, mir von jenem 5. November 1943 zu berichten. Und wiederum kam aus Florida postwendend ein Brief, in dem Bertl schreibt:

»Morgens um fünf wurden wir von der SS geweckt. Sie gaben den Befehl, daß niemand, nicht einmal diejenigen, die zusammen mit den russischen Gefangenen am Bau des Flugplatzes arbeiteten, das Haus verlassen durfte. Um sieben kamen sie wieder: Wir sollten sofort zur Arbeit antreten. In den vorangegangenen Tagen hatte sich bereits die Nachricht von der Zerstörung des Ghettos in Wilna verbreitet, deshalb waren wir auf das Schlimmste gefaßt. Mit einigen anderen Frauen, die dieselbe Idee wie ich gehabt hatten, gelang es mir, unseren kleinen Noni heimlich in die Schneiderei zu schmuggeln und unter den Haufen von Kleidern zu verstecken, die dort zur Reparatur lagen. Isi kam, um nach uns zu sehen, ging aber dann gleich wieder ins Haus zurück, um uns nicht durch seine unerlaubte Anwesenheit in Gefahr zu bringen. Er kam gerade noch rechtzeitig, um zu sehen, daß weitere SS und etwa siebzig betrunkene ukrainische Helfer ausrückten, und er konnte sich in einem Schrank verstecken, in dem er den ganzen Tag blieb.« Viele hatten behelfsmäßig in den Kellern oder auf den Dachböden Verstecke vorbereitet. Deshalb griffen die Deutschen, um die Kinder aufzuspüren, zu dem Trick, Lastwagen mit lauter Musik durch die Straßen fahren zu lassen. Denn sie vertrauten darauf, daß viele Kinder, die so etwas Merkwürdiges im Ghetto noch nie erlebt hatten, durch ihr Weinen ihr Versteck preisgeben würden, wie es dann auch geschah. »Kurz nach acht drangen die SS und die Ukrainer in die Schneiderei ein und schrien ›Alle raus!‹. Wenige Minuten später kamen sie mit unseren Kindern heraus und luden sie mit anderen zusammen auf einen Lastwagen. Wir versuchten sie daran zu hindern oder mitzukommen, aber es waren zu viele, und sie prügelten gnadenlos. Es war das letzte Mal, daß ich mein liebes, wunderbares Kind gesehen habe.«

Heute stehen alle Lebewesen vor Dir, damit Du Dein Urteil sprichst. Aber ich, Levi Isaak aus Berditschev, ich sage und erkläre, daß Du selbst heute von Deinen Kindern gerichtet werden wirst, die für Dich leiden, die um Deinetwillen sterben. Warum verweigerst Du uns Deine Hilfe?

Diese Worte rief einer unserer berühmten Rabbiner am Tage von Jom Kippur vor zweihundert Jahren.

Im Ghetto von Kaunas fand die »Aktion« gegen die Kinder und Alten am 27. und 28. März 1944 in Anwesenheit eines deutschen Journalisten der Lokalzeitung statt. Am Tag darauf berichtete er getreulich das Vorgefallene: Wie Hunde losgelassen worden waren, um versteckte Kinder und Kranke aufzuspüren, wie Eltern einfach niedergeschlagen wurden, wie zweitausend Menschen gefangengenommen wurden ... mit dem Unterschied, daß sich das Geschehen in der Ukraine abspielte, daß die Opfer »weiße« Russen und die Henker die Roten waren.

»Einem Mitglied des Judenrats war es erlaubt, den Sammelplatz für die bei der Razzia Festgenommenen zu besuchen«, fährt Bertl fort. »Nach der Rückkehr erzählte er uns, daß die Kinder und die anderen auf einem freien Platz am Stadtrand zusammengetrieben worden waren, daß sie weinten und daß die Ukrainer sich betranken und ganz laut Musik laufen ließen, um die Schreie und das Weinen zu übertönen. Es fällt mir schwer zu erzählen, ich wünsche niemandem ... Um fünf Uhr wurde uns befohlen, wieder in die Häuser zu gehen. Isi kam aus seinem Versteck hervor: G_ sei Dank [auch Bertl respektiert die Tradition, den Namen des Ewigen nicht zu schreiben] war er am Leben. In den folgenden Tagen erfuhren wir von einigen litauischen Eisenbahnern, daß eine Reihe von Viehwaggons mit der Aufschrift ›Auschwitz‹, die seit Tagen auf den Gleisen gestanden hatten, nicht mehr da waren. Einige Monate später wurden auch wir verladen und nach Stutthof gebracht.«

Beim Durchlesen der Blätter mit Bertls winziger Schrift und den zittrig darunter gesetzten Grüßen von Isi – inzwischen ist er achtundachtzig –, muß ich denken: Meine Lieben, es war ein harter Kampf mit euch selbst, bis ihr endlich von diesem 5. November 1943 berichten konntet. Ich nehme den Hörer ab, am anderen Ende der Leitung antwortet Isi. Mir kommt es so vor, als ob unsere Stimmen jetzt schneller hin- und herliefen. »Ja«, antwortet der Onkel, »es wäre schön, wenn Du uns besuchen würdest. Du hast dich wohl ein bißchen verändert, seit Ruth dich nach New York brachte. Du könntest mit deiner Frau und den Kindern bei uns wohnen … Kommst du wegen deines Buchs? Willst du uns noch etwas fragen?« »Nein, Onkel, ich bin fertig. Ich komme, um euch kennenzulernen.«

»Als ich mich 1947 mit Ruth, Dina und Jenny traf«, sagt Etta bitter, »zu der Zeit, als auch das Foto entstanden ist, war ich voller Rachedurst. Ich wußte nicht, was aus den meisten meiner Angehörigen geworden war. Dagegen hatte ich erfahren, daß meine jüngere Schwester Hildegard sich wegen eines Mitglieds des [von den Deutschen ernannten] Judenrats in ihrem Dorf nicht hatte retten können. Da dieser Herr überlebt hatte und in Israel lebte, hatte ich vor, ihn zu verklagen. Im Sommer '41«, erzählt sie, »als Isi bereits im Ghetto von Schaulen war, bekam ich die Nachricht, daß meine Mutter Ida und Hildegard ihren Wohnort nicht verlassen durften, der von den Deutschen kontrolliert wurde. Trotzdem war es ihnen gelungen, Isi über einen litauischen Fahrer einen Koffer mit Kleidern und Lebensmitteln zukommen zu lassen, der von einem jüdischen Ghettopolizisten nach Traku hineingeschmuggelt wurde. In Haifa hatte ich noch die beiden Einwanderungserlaubnisse, die ich mir ein Jahr zuvor besorgt hatte, als es mir gelungen war, meinen Bruder Simon [der sich dann beim Untergang der *Home* hatte retten können] nach Israel zu holen. Sie waren noch gültig, und ich versuchte, sie ihnen zukommen zu lassen. Es ist fast nicht zu glauben, aber die Papiere kamen gerade an, als der Judenrat von den Deutschen die außerordentliche Genehmigung erhalten hatte, einige Minderjährige zu retten, die im Besitz einer Einreiseerlaubnis für Palästina waren. Sie sollten auf Kosten der Gemeinschaft im Flugzeug nach Schweden ausreisen. Hildegard hatte das richtige Alter, und ihre Genehmigung für die ›Aliya‹ der Jugend [die ›Rückkehr‹ nach Palästina] war in Ordnung. Es standen siebzehn Plätze zur Verfügung, und sie war unter den ›Glücklichen‹. In der Gruppe war auch eine der Töchter eines Mitglieds des Judenrats namens Kaplan, die andere war schon erwachsen. Doch diesem Kaplan gelang es, für seine Tochter eine gefälschte Geburtsurkunde zu bekommen, und deshalb durfte Hildegard nicht mitfahren. Als sie sich kurze Zeit später darüber klar wurden, daß die Deutschen alle umbringen würden, unternahmen meine Mutter, meine Schwester und ihr Mann mit ihrem Neugeborenen einen vergeblichen Versuch, in die Wälder zu fliehen.«

An manchen langen Winterabenden in Prökuls, wenn sie gemeinsam um den großen Küchentisch herum saßen, spielte Ida mit ihren Kindern das »Vetternspiel«: Die Kleinsten mußten in der Reihenfolge des Alters die Namen der zehn oder zwölf Geschwister von Ida und der fünf Geschwister von Leo und ihrer jeweiligen Ehemänner und Ehefrauen aufsagen. Die größeren Kinder hatten die Aufgabe, die Namen der Kinder beizutragen. Obwohl das Spiel immer dasselbe war, war doch das Ergebnis jedes Mal verschieden, denn einmal kam man auf die Zahl fünfundfünfzig, beim nächsten Mal auf sechzig (weil inzwischen weitere Kinder geboren worden waren), ein anderes Mal waren es nur siebenundfünfzig, weil der eine oder andere Name vergessen wurde.

Als sie sich 1947 in Haifa trafen, machten die Schwestern Isaak nicht einmal den Versuch, all diesen Fäden nachzugehen, denn die meisten waren abgerissen. Sie sprachen nur über einige wenige.

Die Geschichte von X. Nach der Befreiung aus dem Konzentrationslager 1945 kehrte Cousine X im Sommer des nächsten Jahres heimlich nach Litauen zurück, um ihre Tochter zu suchen. Im Februar 1947 sprachen die überlebenden Schwestern Isaak darüber, weil im Januar ein verzweifelter, teilweise wirrer Brief in Palästina angekommen war.

Wie viele andere war auch X von Litauern und Deutschen im Sommer 1941 bei einer Razzia gefangengenommen worden. Die Marschkolonne der Juden, die nur von wenigen bewaffneten Männern begleitet wurde, befand sich erst einen oder zwei Kilometer vor dem Wald, als man Maschinengewehrsalven und dann einzelne Schüsse vernahm. Gruppen von litauischen Bauern mähten die Wiesen der sanft gewellten Landschaft, während andere nahe der Straße Heuhaufen aufschichteten, damit sie das Heu im Winter leichter auf die Schlitten laden konnten. Unmittelbar vor Erreichen des Waldes, als die Gefangenen nahe an einem dieser Heuhaufen vorbeikamen und der litauische »Partisan« den Kopf gerade nach der anderen Seite wandte, warf X ihr Neugeborenes, das sie auf dem Arm getragen hatte, aufs Heu. Nach einigen Metern drehte sie sich um und sah, wie ein Bauer das Kleine aufnahm. Erleichtert ging sie dem Tod entgegen. Aber der wollte sie nicht. Die Erschießungen wurden unterbrochen, und ihre Gruppe wurde auf einem Lastwagen zurück ins Ghetto gebracht. Als sie an den Heuhaufen vorüberfuhren, versuchte X verzweifelt unter der Plane hervorzulugen, aber es war niemand mehr da. In der Nähe des Dorfs überholte der Lastwagen die letzten Bauern auf dem Nachhauseweg, aber das Kind war nicht zu sehen.

Die Juden wurden in das Ghetto einer etwa vierzig Kilometer entfernten Stadt gebracht, wo X blieb, bis sie in ein Arbeitslager gebracht wurde, aus dem sie die Russen drei Jahre später befreiten. Es stellte sich schnell heraus, daß sie ihre Tochter über das Rote Kreuz nicht finden würde.

In ihrem Brief nach Haifa schrieb die Cousine im Januar, sie habe Angst, verrückt zu werden. Sie habe viele Männer und Frauen des Dorfs befragt, in dem die Bauern, die ihr Kind aufgehoben hatten, vermutlich wohnen mußten. Sie hatte eine Liste derjenigen zusammengestellt, die im Juni 1941 auf den Wiesen in der Nähe des Walds gearbeitet haben könnten. Sie habe Kontakt mit Schmuel Pfeifert aufgenommen, einem jungen Juden, der 1941 in die UdSSR geflohen war und mit der Roten Armee gegen die Deutschen gekämpft hatte. Auf eigene Kosten hatte er nach dem Krieg am Ort des Massakers von Panevėžys einen Gedenkstein errichten lassen und sich dann ganz der Suche nach den verschollenen Kindern litauischer Juden gewidmet. Es hieß, es sei ihm gelungen, viele zu finden, sie zu einem überlebenden Verwandten zurückzubringen oder wenigstens einer jüdischen Familie in Adoption zu geben. Vielleicht konnte er ihr helfen. In ihrem Brief schrieb X einerseits, sie sei sich sicher, ihre Tochter zu finden, denn einige Bauern waren zwar im Lauf des Kriegs gestorben, doch irgend jemand aus der Familie war fast überall noch übrig. Früher oder später würde sie jemanden treffen, der etwas wußte. Dann wieder schrieb sie, sie glaube in jedem sechsjährigen Kind, das ihr begegne, ihr eigenes zu erkennen, und müsse sich zusammennehmen, es nicht zu umarmen, um nicht für verrückt gehalten zu werden. Sie habe schon den Eindruck, man zeige mit Fingern auf sie. Auch habe sie die Hoffnung verloren, aber sie könne sich nicht losreißen von dem Ort. [Schmuel Pfeifert wurde ein Jahr später von Litauern unter nie geklärten Umständen ermordet, und die Tochter von X wurde nie gefunden.]

Bei ihrem Treffen in Haifa haben die Schwestern Isaak auch das Schicksal der Familie Karpus zu rekonstruieren versucht.

»Wir waren sehr eng mit diesen strenggläubigen Cousins verbunden, die in Memel lebten«, erzählt Ruth. »Es gab keine religiöse Feier, bei der sie nicht vollzählig auf ihrer Bank in der kleinen hölzernen Synagoge saßen, der einzigen in der Stadt. Die männlichen Erwachsenen vorn, Frauen und Kinder natürlich hinter dem Gitter, alle ganz still, um nicht einen strengen Blick meines Onkels zu ernten. Im Herbst entstand wie durch Zauberei im kleinen Hof des Hauses eine Art großes Zimmer mit Wänden aus Bettüchern und einem Dach aus Zweigen, an dem eine große Petroleumlampe hing. Acht Tage lang wurde dort zu Abend gegessen. Wenige Zweige, mahnte mein Onkel, weil man die Sterne sehen sollte, und er gab nicht einmal dann nach, wenn es zu regnen anfing. Meine Cousins erwarteten mit Ungeduld das Fest der Gesetzesfreude, wenn man in der Synagoge alles mögliche anstellen durfte, wie beispielsweise die Fähnchen schwenken, mit zerknülltem Papier herumwerfen, die Gebetbücher verstecken, über das Gitter klettern und die Fransen am Gebetsschal der Erwachsenen zusammenbinden. Nach dem Gottesdienst löste sich der Ernst des Vaters wie durch Zauberei auf, und er tanzte mit seinen Brüdern um die Thorarollen herum. Wenn er seine Kinder nach der fröhlichen Prozession in der Synagoge segnete, glänzten seine Augen vor Rührung.

Leopold Karpus war in der Hauptstadt des Memelgebiets eine ziemlich bekannte Persönlichkeit, weil er eine kleine Schokoladenmanufaktur betrieb und außerdem die bekannteste Werkstatt für Bernsteinbearbeitung besaß, zu der ein Laden gehörte, in dem auch ziseliertes Silber verkauft wurde. Vor dem Ersten Weltkrieg hatte der preußische König Leopolds Vater das Monopol für den Vertrieb von Bernsteingegenständen nach Europa, den Vereinigten Staaten und Australien verliehen. Von seinem Großvater hatte er eine unfehlbare Methode übernommen, um echten Bernstein von den unzähligen Nachahmungen zu unterscheiden. Er rieb das verdächtige Stück an seinem Jackenärmel und brachte es dann in die Nähe eines Seidenpapierstreifens. Während wir ihn mit offenem Mund anstarrten, gab er sein Urteil ab und traf immer ins Schwarze. Ich war oft bei ihnen zu Gast, vor allem seit ich in Memel die deutsche höhere Schule besuchte. Ich war froh, in ihrem schönen Haus übernachten und bei meinen Cousins schlafen zu können. Vor allem freute ich mich immer darauf, zu Nora ins Bett schlüpfen und mit ihr plaudern zu können. Ich nannte sie meine

Zwillingsschwester, denn wir waren im Abstand von nicht einmal vierundzwanzig Stunden geboren worden.

Ein Besuch im Geschäft meines Onkels war für alle Reisegesellschaften geradezu ein Muß. Seine zwanzig Handwerker hatten immer alle Hände voll zu tun. Wenn beispielsweise die Kinder litauischer Juden, die am Ende des 19. Jahrhunderts ausgewandert waren, nach einem Besuch in der Heimat ihrer Eltern in die Vereinigten Staaten zurückkehrten, nahmen sie fast immer eines der schönen, mit Einlegearbeiten geschmückten Kästchen aus dem Bernstein mit, den man in der *blauen Erde* des Baltikums findet. Anläßlich des zwanzigsten Jahrestags der Unabhängigkeit Litauens feierte der Onkel im Februar 1938 seinen größten Erfolg, als die Regierung in Kaunas bei ihm einen Schachtisch mit Figuren ganz aus eingelegtem und geschnittenem Bernstein für Smetona, den Präsidenten der Republik, bestellte. Dieses Meisterwerk blieb vor der offiziellen Übergabe einige Wochen lang ausgestellt. Bei dieser Gelegenheit machten einige darauf aufmerksam, daß Smetona als Antisemit galt oder jedenfalls als mitverantwortlich für die immer weitergehende Ausschaltung der Juden aus dem öffentlichen Leben des Landes. Solche Bemerkungen konnten jedoch die Freude der Familie über den Erfolg, der die Arbeit von mindestens drei Generationen krönte, nicht schmälern. Auch wenn sie nicht wollten, daß man dieses Thema anschnitt, bedeutete doch die öffentliche Anerkennung in Zeiten wachsender Intoleranz eine gewisse Beruhigung.

Onkel Karpus bot sich tatsächlich als Zielscheibe für die Antisemiten an, denn er kleidete sich oft schwarz und trug einen Spitzbart. Obwohl er nicht die Peyoth, die Korkenzieherlocken der ganz orthodoxen Juden, trug, hieß es doch oft über ihn, es sähe aus, als seien sie seinem Gesicht aufgedruckt. Weil in meiner Familie die religiösen Regeln nicht sehr streng befolgt wurden, machte mich ihre Pedanterie in diesen Fragen neugierig und war mir manchmal peinlich. Natürlich gingen sie am Sabbat nicht aus dem Haus, nur für die Kinder machten sie eine Ausnahme, die jedoch nur in Begleitung eines Hausdieners, der ihnen die Schultasche trug, in die Schule gehen durften. Sie zündeten am Sabbat kein Licht an, und wenn einer der am Freitag vorbereiteten Leuchter ausging, blieben sie im Dunkeln. Um nicht gezwungen zu sein, ihr Taschentuch herauszuholen und wieder einzustecken, trug Großmutter Karpus es von Freitagabend an mit einer Sicherheitsnadel vor ihrer Brust befestigt. Ich habe noch heute die lange gedeckte Tafel im Eßzimmer vor Augen, wo in einer Ecke ein merkwürdiges Möbelstück mit einem Waschbecken mit fließendem Wasser stand. Vor jeder Mahlzeit wusch sich der Onkel dort die Hände mit Seife, füllte einen kleinen Krug mit Wasser und besprengte damit zuerst die eine, dann die andere Hand, ich glaube, als Reinigungsritual. Damals war mir der Sinn dieser Geste nicht klar. Von der Waschung bis zur Segnung des Brots mußten wir still sein. ›Es ist gut, das Leben zu genießen, aber es darf nicht zum Selbstzweck werden‹, sagte der Onkel stets zu seinen Kindern. ›Wenn der Himmel aus Pergament wäre und der Wind die Zweige aller Bäume als Federn bewegen würde, könnte dennoch nicht einmal ein Hundertstel der in der Thora enthaltenen Geheimnisse damit geschrieben werden.‹

Ich hing sehr an den Karpus, vor allem an Nora; unsere Mütter waren Schwestern und ähnelten sich wie ein Ei dem anderen; Noras Vater hieß Leo wie der meine, und auch wir sahen einander ähnlich. Im Gymnasium saßen wir in derselben Bank und verbrachten einen großen Teil unserer Freizeit zusammen: beim Baden am Flußufer oder in den herrlichen weißen Dünen der Bucht, beim Schlittschuhlaufen auf dem See oder beim Spielen in einem der teergeschwärzten alten Boote mit dem Wikingerbug, die im Eis feststeckten.

Einmal schwärmten wir beide für einen gutaussehenden, schlanken Jungen, der einige Jahre älter war als wir. Zum Baden trug er nicht, wie die meisten Männer damals, einen Badeanzug, sondern nur kurze schwarze Hosen. Seine Mutter war eine »Marranin«, eine Spanierin, die aus einer ehemals jüdischen Familie stammte und bei ihrer Heirat rekonvertiert war. Er aber beachtete uns überhaupt nicht. Nora machte mit mir zusammen ihren Abschluß, und zusammen begaben wir uns auf die traditionelle Betteltour zu den Verwandten. Es war, glaube ich, eine preußische Tradition, daß Verwandte und Freunde demjenigen, der das Gymnasium beendet hatte, eine Nadel mit einem goldenen Abzeichen anhefteten, das, ob klein oder groß, immer dieselbe Form hatte. Ich habe nie herausbekommen, was diese kleinen Frauenbüsten, die eine Art Tuch hochhielten, zu bedeuten hatten. Uns Jüdinnen genügte es zu wissen, daß es als Auszeichnung galt, wenn man besonders viele solche Abzeichen bekam. Die arischen Klassenkameraden wetteiferten darum, wer die meisten solcher Abzeichen bekam, wir dagegen machten als brave Zwillingsschwestern gemeinsam die Runde, um gleich viele zu bekommen.

Im Mai '45«, schließt Ruth unvermittelt, » war sie vollkommen ausgemergelt und konnte es kaum glauben, als ihr die ersten amerikanischen Soldaten bei der Befreiung aus dem Lager ihre Essensration anboten. So starb Nora Karpus.«

Außer Nora und Gretel hatten Leopold Karpus und Betty Diamant weitere vier Kinder. Zwei von ihnen waren Mediziner, einer Rechtsanwalt, und diese drei hatten in Bern, Berlin und Köln studiert. Der vierte Sohn namens Benno führte das Geschäft des Vaters weiter. 1947 konnte Etta lediglich berichten, daß Daniel, der junge Anwalt und Stolz der Familie, tot war. Nach jüdischer Tradition hatte seine kaum zwanzigjährige Witwe Sonja Daniels älteren Bruder Benno geheiratet. »Sonja und Benno«, konnte Etta berichten, »sind in die USA emigriert. Von den anderen weiß man nichts, aber...«

Heute lebt Sonja in New York und hat von ihrem zweiten Mann zwei Töchter und einen Sohn, der wie ihr erster Mann Daniel heißt. »Vierzig Jahre lang habe ich nie darüber gesprochen. Mein Vater ist in Dachau verbrannt worden. Gretel, die ältere Schwester von

Daniel und Benno, wurde gleich nach ihrer Ankunft in Auschwitz zusammen mit ihren beiden Kindern vergast. Meine Mutter starb in Stutthof an Diphtherie … Ich wollte alles vergessen und kämpfte meine nächtlichen Alpträume nieder, denn ich glaubte, nicht das Recht zu haben, das Gedächtnis meiner Enkel [sie hat sechs] mit dem Grauen der Shoah zu belasten. Wenn G_t will, dachte ich, wird sich diese Tragödie niemals mehr wiederholen. Angesichts des wiederauflebenden Antisemitismus in den Ländern der ehemaligen Sowjetunion, in Deutschland, Frankreich und fast überall in Europa wurde mir jedoch klar, daß wir Überlebenden nicht weiter schweigen dürfen. Auch wenn es schmerzhaft ist zu erzählen, haben wir die moralische Verpflichtung, die Welt und die kommenden Generationen wissen zu lassen, was unserem Volk angetan worden ist. Weil wir die letzten Augenzeugen sind, müssen wir es tun.

Als die Deutschen das Memelgebiet besetzten und Ruths Familie nach Panevėžys floh, suchten wir uns in Kaunas zu retten. Obwohl ich erst achtzehn war, fühlte ich mich schon als Daniels Verlobte. 1941 haben wir geheiratet, und zum Zeitpunkt des Angriffs auf die Sowjetunion, als wir ins Ghetto eingesperrt wurden, lebten wir erst seit wenigen Monaten zusammen.

Die finanziellen Mittel zur Flucht hätten uns nicht gefehlt, und dennoch … Daniel besorgte sich eines Tages ein Affidavit aus den USA, bekam aber keine Einreiseerlaubnis. Abgesehen davon, glaubten wir gute Gründe zum Bleiben zu haben. Wir waren wohlhabend, fast könnte man sagen reich. Mein Vater [Sonja bezieht sich hier auf ihren Schwiegervater] hatte die Vorstellung, daß die Familie zusammenbleiben müsse. Außerdem glaubten wir, auf Freunde selbst unter dem katholischen Klerus in Kaunas zählen zu können. Dort gab es einen einflußreichen Priester, der im Auftrag der Diözese oft silberne Kultgegenstände in unserem Geschäft kaufte. Niemand von uns hätte es für denkbar gehalten, daß erstmals in der Geschichte die Ausrottung der Juden derart kaltblütig geplant und unerbittlich in die Tat umgesetzt werden könnte. Als aus Kaunas unter Androhung der Todesstrafe der Befehl kam, ins Ghetto umzuziehen, wollten wir uns bei unseren christlichen Freunden verstecken. Die Geistlichen, die wir kannten, wären auch bereit gewesen, uns zu helfen, aber sie wurden ihrerseits verfolgt, und es bestand immer die Gefahr, daß irgend jemand aus der Gemeinde uns erkannt und an die Gestapo ausgeliefert hätte. Im entscheidenden Moment wollte uns niemand aufnehmen, wir konnten nirgendwohin fliehen. Ich war verwirrt und verstört. Wir hausten in einer völlig überbelegten Wohnung in dem für die Juden bestimmten Stadtteil. Ich glaube, die Kriegszeit ohne ein klares Zeitgefühl verbracht zu haben: Die Massaker der Litauer in den ersten Monaten, die ›Aktionen‹ der Deutschen im Ghetto und das Lager Stutthof, wohin ich später zusammen mit meiner Mutter und einer von Daniels Schwestern gebracht wurde, verschwimmen in meinem Gedächtnis. Ein Tag ging zu Ende, und ein anderer fing an, der Schmerz über eine gerade überstandene Grausamkeit wurde von der Angst vor der nächsten überlagert. Wenn du wissen willst, wann sich das alles ereignet hat, was ich dir jetzt erzähle, dann mußt du die Aufzeichnungen lesen, die Daniels Kollege Avraham Golub [heute Avraham Tory] Tag für Tag verfaßt hat. Er konnte das Tagebuch nach dem Einmarsch der Sowjets aus den Trümmern des Ghettos retten, denn er hatte es, in mehrere Schachteln fest verpackt, ins Fundament eines Hauses eingemauert. Vor kurzem ist es auch auf Englisch veröffentlicht worden.

In unserem Ghetto waren ungefähr 30.000 Menschen zusammengepfercht. Im Sommer '41 herrschte blanker Terror. Fast täglich brachten sie aus den nichtigsten Anlässen einen von uns um. Das uns zugewiesene Gebiet lag am Stadtrand und bestand aus Holzhäusern, Bäumen, mit Flußkieseln gepflasterten Straßen und großen, unebenen, grasbewachsenen Freiflächen. Kaunas war von einer Reihe eindrucksvoller Befestigungsanlagen aus der Zarenzeit umgeben. Jedes dieser Forts umschloß von Mauern umgebene große Grünflächen. Dort fanden allein im Juli fast 3.500 Juden den Tod. Damals erreichten uns ziemlich genaue Beschreibungen, wie diese Hinrichtungen vor sich gingen. In den freien Flächen innerhalb der Forts IV und VII hatten die Deutschen breite Gräben ausheben lassen, die Juden mußten sich ausziehen und wurden mit Maschinengewehren erschossen.

Wir hungerten. Da kam das Gerücht auf, die Nazis würden besondere Lebensmittelkarten an die jüdischen Arbeiter ausgeben, die in der kriegswichtigen Produktion arbeiteten. Jede Lebensmittelkarte konnte das Überleben einer ganzen Familie bedeuten. In dieser Situation gaben die deutschen Behörden und der litauische Bürgermeister von Kaunas dem Ältestenrat der Gemeinde den Befehl, fünfhundert Juden ›von höherem kulturellen Niveau‹ für eine Tätigkeit zu stellen, die ihren Fähigkeiten entspreche, nämlich die Neuordnung des Stadtarchivs. Die ›Freiwilligen‹ mußten sich am 18. August in dem mit den gedrungenen Säulen der Yeshivah [der traditionellen Schule zum Studium rabbinischer Literatur] geschmückten Raum am Eingang des Ghettos einfinden. Die Aussicht auf eine weniger anstrengende Arbeit und eine Lebensmittelkarte war verlockend. Daniel und die anderen hatten jedoch Bedenken und fragten sich, warum man so viele Leute brauchte. Wenn es sich um unter Verschluß gehaltene Dokumente handelte, wäre es dann nicht viel logischer, Litauer einzusetzen? Vielleicht war es einfach billiger, das Archiv von Juden neu ordnen zu lassen. Ich habe ihn noch vor Augen, wie er wegging. Wir trugen damals dieselbe Kleidung wie vor der Gefangenschaft im Ghetto und hatten alles getan, die Sachen soweit möglich in Ordnung zu halten. Deshalb war Daniel gekleidet wie auf den Schnappschüssen aus der Memeler Zeit: mit einem zweireihigen Mantel und einem dieser breitkrempigen Hüte, wie man sie damals trug. Auch einer seiner Altersgenossen, Ingenieur Mishelski, zögerte lange, gab dann aber dem Drängen seiner Mutter nach und begab sich als einer der letzten zur Yeshivah. Am Tor fiel ihm sofort auf, wie viele deutsche Soldaten und litauische Freiwillige sich dort aufhielten, die die Gegend zu durchkämmen schienen. Mishelski ging zurück und versteckte sich auf dem Dachboden. Daniel dagegen ging mit meinem Bruder und 532 anderen weg. Am Abend erwarteten wir sie am Eingang des Ghettos, aber sie kehrten nicht zurück. Am anderen Morgen teilten die Deutschen mit, daß unsere Männer wegen der vielen Arbeit in der Stadt festgehalten worden seien. Sie kamen aber weder an diesem noch an den folgenden Tagen zurück. Sie waren von der Yeshivah direkt zum Fort IV gebracht worden, und nach ein paar Stunden war alles vorbei. Die Deutschen sind komisch; sie brachten Millionen von Menschen mit industriellen Methoden um, und dann stellten sie ab und zu einen Juden, weil er auf dem Schwarzmarkt Brot gekauft hatte, vor Gericht und bestraften ihn mit drei Tagen Haft. Im Fall der 534 jüdischen Intellektuellen schrieben sie in ihre Register, diese seien als ›Repressalie für eine Sabotagehandlung‹ bestraft worden.

Um mich kümmerten sich die Familienangehörigen Daniels, die noch übriggeblieben waren. Mit ihnen zusammen habe ich alle Schrecken des Ghettos durchlebt. Anfang Oktober 1941 beschlossen die Deutschen, den Teil des Ghettos aufzulösen, in dem sich das Zivilkrankenhaus mit der Entbindungsabteilung, das Seuchenkrankenhaus und das Kinderkrankenhaus befanden. Die Bewohner wurden teilweise in andere Teile des Ghettos umquartiert, teils zusammen mit den Kranken, von denen einige frisch operiert waren, ins Fort IX gebracht. Die meisten Kinder, einschließlich der Säuglinge, wurden zusammen mit ihren Kindermädchen auf einem großen Lastwagen ins Fort gebracht. [In dem Bericht des SS-Standartenführers Jäger heißt es dazu am 4. 10. 41: »315 Juden, 712 Jüdinnen, 818 J.-Kind. (Strafaktion weil im Ghetto auf einen deutsch. Polizisten geschossen wurde).«]

Seit einiger Zeit befanden sich im Seuchenkrankenhaus einige an Flecktyphus erkrankte Patienten. Im Ghetto mußten sechs bis acht Menschen in einem Raum leben. Unter diesen Umständen waren schon einige Ansteckungsfälle aufgetreten, die unsere Ärzte aus Angst vor einem eventuellem Eingreifen der Deutschen heimlich behandelt hatten. Anscheinend hatten diese aber dennoch davon erfahren. Auch das Gebäude für die Seuchenkranken war wie die meisten Häuser in Kaunas ein zweistöckiges Holzhaus, in dem sich an jenem Tag etwa siebzig Patienten, Ärzte und Krankenpfleger befanden, darunter auch einige Personen, die sich krank stellten, in der Hoffnung, auf diese Weise vor der drohenden Evakuierung in Sicherheit zu sein. Die Deutschen brachten die übriggebliebenen ungefähr 180 Kinder des nahen Kinderkrankenhauses zuerst mit Gewalt zu den Seuchenkranken, verrammelten die Türen und legten dann Feuer. Das Haus brannte bis zum nächsten Tag. [Der Buchhalter, dem die Aufgabe der Leitung des Einsatzkomandos 3A zugefallen war, notierte für diesen Tag: »412 Juden, 615 Jüdinnen, 581 J.-Kind. (Kranke u. Seuchenverdächtige)« und rechnete dann zusammen: »Übertrag: 66.159.«]

Wir lebten im Zustand vollkommener Verzweiflung. G_t allein wußte, wie es mit uns weitergehen würde. Im Morgengrauen eines Tages Ende Oktober [28. Oktober] mußte sich die gesamte Bevölkerung, einschließlich der Kinder und der Kranken auf Bahren, auf einer großen Wiese versammeln, die sie Demokratu-Platz nannten. Wer sich länger in den Häusern aufhielt, würde, so drohten die Plakate an, auf der Stelle erschossen. Es ist unmöglich, das Grauen dieser Stunden zu beschreiben, in denen wir nur darauf warteten, daß sich unser Schicksal vollendete. Es war eiskalt, einige weinten laut, andere beteten, und wieder andere schluchzten nur leise vor sich hin. Die Wiese wurde von deutschen Soldaten und von litauischen Milizionären mit Maschinengewehren bewacht. Am späten Vormittag verbreitete sich plötzlich das Gerücht, daß sie uns aussondern würden. Wofür aber? Wohin? Vor lauter Gedränge konnten wir nicht sehen, was vor sich ging.

Nach einer Weile hieß es, Rauca [der gefürchtete Unteroffizier der Gestapo, der in Kaunas für die Juden verantwortlich war] gebe von einem kleinen Erdhügel herab Anweisungen, um uns in Gruppen zu aufzuteilen. Im Verlauf der nächsten Stunden wurden wir einfach von der Menge vorwärts geschoben; ein alter Mann saß zusammengesunken auf einem Stuhl mit abgesägten Beinen, den man ihm von zu Hause mitgebracht hatte. Er war erforen. Ich betrachtete ihn entgeistert und ging genau wie die anderen um ihn herum. Dann sahen wir Rauca, der auf einem Erdhaufen stand. Er ließ die Leute in Grüppchen zu drei bis vier Personen an sich vorbeigehen, und dann zeigte er mit der Hand, für welche Seite des Platzes jeder bestimmt war. Die Gruppe auf der rechten Seite war nur ungefähr halb so groß wie die auf der linken; man ahnte, daß eine der beiden Gruppen die ›falsche‹ sein würde, aber man verstand nicht, welche. Brüder riefen nach ihren Schwestern, die auf der anderen Seite gelandet waren, Männer ihre Frauen und Eltern ihre Kinder, die ihnen entrissen worden waren. Stunden vergingen, und die Selektion dauerte immer noch an; einer warf sich am Fuß des Erdhaufens auf die Knie, ein anderer flehte den Unteroffizier an, seiner Frau folgen zu dürfen, wieder ein anderer, mit seinen Kindern zusammen zu sein… Kranke, die sich nicht auf den Beinen halten konnten, wurden von Deutschen und Litauern mit Füßen getreten. Mitten in diesem Durcheinander fuhr Rauca mit seiner Arbeit fort. ›Ab und an rauchte er eine Zigarette oder aß ein belegtes Brot, wobei er darauf achtete, sich nicht die Finger fettig zu machen‹, schrieb Rechtsanwalt Golub, der ihn aus der Nähe beobachten konnte. Ich blickte diesen Deutschen auf seinem Erdhaufen überhaupt nicht an. Er war mir egal, ich wollte mich nicht retten, es sollte nur schnell vorbei sein. An einem bestimmten Punkt drängte sich ein Freund von Daniel, ein ehemaliger Polizist, zu mir durch und schrie mich an, ich solle die Kapuze aus Seehundspelz abnehmen, mit der ich mich gegen die Kälte zu schützen versuchte, weil ich so ›wie eine alte Frau‹ aussähe. (Ich war neunzehn damals, und die Kapuze hatte zu meinem ersten richtigen Damenpelzmantel gehört, den mir Daniel geschenkt hatte. Der

Mantel war konfisziert worden.) Er packte mich am Arm, und ich folgte ihm wie in Trance. So erreichten wir meine Eltern, die schon fürchteten, mich verloren zu haben, und am Rande eines Nervenzusammenbruchs waren.

Jetzt nahm mich Samuel, der andere Bruder meines ermordeten Mannes, am Arm und zog mich vorwärts. Rauca machte ein Zeichen, daß wir nach links gehen sollten. Wir rannten los, aber als wir die Mitte des Platzes erreicht hatten, schrie Samuel plötzlich herzzerreißend: ›Vater!‹ Sein Vater Leopold [Karpus, der Bernsteinschneider] war durch Rauca von seiner Tochter Gretel und deren Mann getrennt und auf die rechte Seite geschickt worden. Benno und seine Schwester Nora, die so sehr mit Ruth befreundet und wie ich seit einigen Monaten Witwe war, weinten. Ich sah auch meinen Großvater langsam auf die rechte Gruppe zugehen, verstand aber nicht, was vor sich ging. Benno und Samuel dagegen hatten (was ich erst später erfahren habe), bevor sie an Rauca vorbeigingen, bemerkt, daß die Ausgesonderten, die versuchten, von der linken zur rechten Gruppe überzuwechseln, nicht daran gehindert wurden. Wer dagegen die umgekehrte Richtung einschlagen wollte, wurde von Litauern und Deutschen mit Gewehrkolben zurückgetrieben. Rauca schien vor allem große Familien mit Kindern und alten Leuten und anscheinend auch alleinstehende Männer und Frauen nach rechts zu schicken, und Daniels Brüder hatten erahnt, daß dies die Seite des Todes war. Deshalb hatten sie uns jeweils zu zweit und ihren Vater zusammen mit dem jüngsten Paar zur Selektion antreten lassen.

Nach Sonnenuntergang wurde ein zweites Zentrum für die Aussonderung eingerichtet, und die SS beendete die Aktion erst, als auf der rechten Seite mindestens zehntausend Menschen beisammenstanden. Am nächsten Morgen mußten sich die Zehntausend zu Fuß auf den Weg zum Fort IX machen. Golub schreibt, daß eine Frau versuchte, ihr Neugeborenes über die Mauer zu werfen, als sie am Ghetto vorübergingen. Das Kleine blieb jedoch im Stacheldraht hängen, und seine jammervollen Schreie wurden mit einigen Schüssen zum Verstummen gebracht. Von der anderen Seite der Mauer konnten wir beobachten, wie sich die Menschen langsam auf den Hügel des Forts zubewegten.

Ich habe es mir leichter vorgestellt, diese Dinge zu erzählen.

Nach einigen Tagen begannen die ersten Nachrichten durchzusickern: Bei ihrer Ankunft im eingezäunten Bereich des Forts wurden den Unglückseligen zuerst ihre Wertsachen und dann ihre Kleider abgenommen; sie mußten in große Gruben hinabsteigen, wo sie mit automatischen Waffen niedergemäht wurden. Häufig waren die einen noch nicht tot, bevor die nächsten ankamen, die sich dann auf die noch Lebenden legen mußten. Das Gemetzel zog sich einen ganzen Tag und eine ganze Nacht hin. [Wie gewöhnlich notiert Jäger sorgfältig: »29. 10. 41 – Kauen-Fort IX – 2.007 Juden, 2.920 Jüdinnen, 4.273 Judenkinder (Säuberung des Ghettos von überflüssigen Juden).« An anderer Stelle bezeichnet Jäger die Massenhinrichtungen in Kaunas im Vergleich zu den Schwierigkeiten andernorts als »Paradeschießen«.]

1983 wurde Rauca in Kanada aufgespürt, wo er unter falschem Namen gelebt hatte. Er wies jede Verantwortung für die Vernichtung der litauischen Juden von sich, leugnete, die Selektion auf dem Demokratu-Platz vorgenommen zu haben, und sagte unter Eid aus, zur damaligen Zeit in der Tschechoslowakei gewesen zu sein. Doch der damals fast achtzigjährige Anwalt Avraham Golub und meine Cousine Lucia Elstein Lavon, die 1941 seine Sekretärin war, konnten dem Richter das Original von Golubs Tagebuch vorlegen, das sie zusammen geschrieben hatten, und darüber hinaus einige Dokumente der Nazis mit Raucas Unterschrift. Der SS-Mann verlor die kanadische Staatsbürgerschaft und wurde nach Deutschland ausgeliefert, wo er aber kurze Zeit später starb. Wir glauben, er hat sich vergiftet.

Im Jahr nach der ›Aktion‹ auf dem Demokratu-Platz wurde den Frauen des Ghettos die Todesstrafe angedroht, bei denen eine

Schwangerschaft entdeckt würde. Es herrschten Hungersnot und Mangel am Lebensnotwendigsten. Immer wieder wurden einer, fünf oder zehn Menschen in das Fort gebracht, aber insgesamt war die Lage weniger schlimm als im Warschauer Ghetto. Bei uns erregte es noch Aufsehen, wenn eine ganze Familie erschossen wurde, weil einer der Angehörigen einen Sack Kartoffeln ins Ghetto geschmuggelt hatte. In Warschau erschossen die Deutschen die Juden einfach zum Zeitvertreib. In Kaunas hungerten wir, aber die Menschen verhungerten nicht auf der Straße. Wir lebten praktisch auf dem Land, und obwohl es lebensgefährlich war, schafften es unsere Männer immer, irgend etwas Eßbares bei den Bauern der Umgebung zu ergattern, wenn sie außerhalb des Judenviertels arbeiten mußten.

Ich heiratete Daniels älteren Bruder Benno 1943, als wir noch im Ghetto waren. Es gab kein Pergamentpapier, und die vorgedruckten Heiratsverträge, die Ketubbah, waren zerstört worden. Der Rabbiner schrieb den rituellen Text aus dem Gedächtnis auf ein Blatt aus einem Schreibheft.

Als die Sowjets im Juli 1944 auf dem Vormarsch waren, räumten die Nazis das Judenviertel und machten es dem Erdboden gleich. Ich wurde mit meinen Eltern ins Lager Stutthof gebracht, während es Benno gelang, aus dem Zug zu springen und sich im Wald zu verstecken, wo er sich trotz großer Schwierigkeiten bis zur Ankunft der Sowjets halten konnte.«

Bei ihrem Besuch in Haifa 1947 erfuhr Ruth, daß eine der wenigen überlebenden Cousinen, die sich zusammen mit ihrer sechzehnjährigen Tochter gerettet hatte, ebenfalls in Haifa wohnte. Ihr Ehemann und ihre Söhne waren in einem Konzentrationslager umgekommen. Als Ruth sie besuchte, redete Y unablässig, rutschte auf ihrem Stuhl hin und her, rang die Hände und wandte den Blick bald zu der Tür, durch die die Tochter auf dem Weg zur Schule den Raum gerade verlassen hatte, bald zum Fenster, durch das sie sie in einigen Stunden bei ihrer Rückkehr wieder sehen würde.

»Es war ein Inferno, du kannst es dir nicht vorstellen: Hunger, Tod und in der Luft dieser Gestank... Ich schwöre es dir: Ich habe ihr ›die da‹ nicht zugeführt, weil ich hoffte, daß wir uns so hätten retten können.«

Ruth wäre am liebsten im Erdboden versunken, denn bis zu diesem Augenblick hatte sie nichts über die Umstände gewußt, unter denen ihre Cousine und deren Tochter hatten überleben können. Kaum daß Y mit ihrem Bericht begonnen hatte, verstand sie jedoch: ihr Gegenüber dachte, sie sei von anderer Seite bereits informiert worden, und wollte nun schiefe Informationen zurechtrücken, wollte ihr sagen, wie es wirklich gewesen war.

»Ich war sicher, daß wir sterben mußten, doch bevor wir in den Verbrennungsöfen landeten, wollte ich, daß meine Tochter inmitten all dieser Schrecken noch etwas Schönes im Leben haben sollte. Ich brachte sie nur zu den menschlichen Aufsehern, die mir versprachen, gut zu ihr zu sein. Sie schenkten uns auch etwas zu essen, aber ich habe es nicht deshalb getan! Das mußt du mir glauben!«

XIII

Haifa 1991. Meine Mutter hatte sich den Anstrengungen einer solchen Reise nicht mehr gewachsen gefühlt.

»Ich glaube nicht«, hatte sie bei unserer Abreise gesagt, »daß ich meinen Bruder noch einmal wiedersehen werde. Fahrt ihr zu ihm und umarmt ihn an meiner Stelle.«

Ohne daß sie ihr Ärmchen auszustrecken wagt, zeigt Cecilia auf Sallys Hand, die von einer großen Narbe gezeichnet ist. »Onkel«, fragt sie, »tut dir das weh?«

»*Nein*«, antwortet Sally lächelnd auf Deutsch und streicht ihr über die Locken, denn er hat den Sinn des italienischen Satzes verstanden. »Die Wunde ist schon alt, sehr alt.«

Wir haben ihn in Haifa in seiner kleinen Wohnung besucht, in der er allein lebt, seit er vor einigen Jahren seine Frau verloren hat. Sally ist vor kurzem einundachtzig Jahre alt geworden, trägt kurze Hosen und eine Art weiße Fischermütze und besucht nach wie vor regelmäßig den blitzsauberen öffentlichen Badestrand von Haifa, wo Immigranten der letzten Einwanderungswelle aus der ehemaligen Sowjetunion den Sand auch von den allerkleinsten Verunreinigungen säubern. Ruths Bruder erhielt 1976 zusammen mit seiner Frau, seiner Tochter, deren Mann und deren beiden Kindern die Ausreiseerlaubnis aus der Sozialistischen Republik Litauen und lebt nun schon seit fünfzehn Jahren in Israel. Für uns hat er als kaltes Mittagessen geräucherte und eingelegte Heringe vorbereitet. Seine Tochter hat eine Schüssel mit den berühmten *Kröpchen* beigesteuert, den mit gekochtem Fleisch, Gänsefett und Zwiebeln gefüllten Teigtaschen, die, in Brühe gekocht, eine der aschkenasischen Spezialitäten in Ida Isaaks Küche waren.

»Wußten deine Schwestern 1947«, frage ich ihn, »was aus dir und Dina geworden war, nachdem ihr mit dem letzten Zug aus Panevėžys geflohen ward, bevor die Deutschen die Stadt vollkommen einschlossen?«

»Sie wußten nicht, daß wir 1941 in Usbekistan gelandet waren. Nach dem Krieg konnte meine Frau lediglich die Nachricht nach draußen gelangen lassen, daß sie und ihre Tochter sich in Wilna hatten niederlassen dürfen, während ich anderswo lebte.«

»Durfte sie sagen, wo?«

»Das hat sie nicht sagen können.«

»Und die Verletzung an der Hand?«

Sally setzt sein Glas ab, neigt den Kopf und läßt den Finger über eine andere bläuliche Narbe unter den dünnen weißen Haaren auf seinem braungebrannten Kopf streichen.

»Die habe ich zusammen mit der da bekommen. Du weißt ja, daß ich kein großer Erzähler bin.«

Sally legt uns geräucherte Heringe vor. »Sie kommen aus der Ostsee«, sagt er zufrieden. Ich schenke ihm ein Glas des Tocai del Collio aus Gorizia ein. »Was für eine herrliche Farbe!« ruft er aus und hält das Glas an die Nase. »Und was für ein wunderbarer Duft!«

»Eine meiner deutlichsten Kindheitserinnerungen ist mit den Briefen verbunden«, fange ich wieder an, »die du vor dem Ungarnaufstand 1956 an meine Mutter geschrieben hast. Mein Vater versuchte nämlich, die Stellen, die die sowjetische Zensur gestrichen hatte, wieder lesbar zu machen ... Erzähl, bitte.«

»Wenige Monate nach unserer Ankunft in Usbekistan und unmittelbar nach der Geburt unserer Tochter Silvia«, erzählt Sally stockend, »wurde ich in ein Bataillon litauischer Flüchtlinge der Roten Armee eingezogen.«

»Wurdest du gezwungen, oder hast du dich freiwillig gestellt?«

»Weder das eine noch das andere. Ich hatte keine genauen politischen Vorstellungen.«

»Das verstehe ich nicht.«

»Es war klar, daß die Russen von uns Flüchtlingen erwarteten, daß wir kämpfen würden.«

»Ja und?«

»Mir wurde bewußt, daß es sonst bedeuten würde, als Schmarotzer weiterzuleben, während die Russen auch für uns krepierten.«

»Wurdest du in ein Ausbildungslager geschickt?«

»Man könnte sagen, wir gingen direkt an die Front.«

»Die Deutschen standen schon vor Moskau…«

»Ja, schon…«

»Wie haben sie euch behandelt?«

»Das sowjetische Heer war nicht so wie das litauische, bei dem ich meinen Militärdienst gemacht hatte; zwischen Offizieren und Soldaten bestand eine gewisse Vertraulichkeit.«

»Und das Essen, die Kälte?«

»Angesichts der Lage war die Verpflegung ganz ordentlich, die Winterausrüstung gut. Man hatte den Eindruck, für etwas zu kämpfen. Bis auf einige kürzere Urlaube verbrachte ich eineinhalb Jahre an der Front. Ich bediente ein Maschinengewehr.«

»Und die Wunde?«

»Im Juni 1943 wurde unsere Stellung von einem Geschoß getroffen. Diese, glaube ich«, Sally hebt die Hand, »bekam ich von dem durch die Explosion nach hinten geschleuderten Maschinengewehr. Vor dem Splitter am Kopf bewahrten mich das Glück und mein Helm.«

»Und dann?«

»Im August 1943 lag ich noch in einem Krankenhaus in der Nähe von Moskau. Eines Tages kamen sie und machten mir eine Art von Prozeß: Sie behaupteten, ein Pole, der im selben Krankenhaus lag, habe mich denunziert, weil ich gesagt hätte, daß der Zigarettentabak in der Zarenzeit besser gewesen sei. Da hätten sie sich etwas Besseres einfallen lassen können, denn zur Zeit der russischen Revolution war ich erst sieben Jahre alt, und außerdem lebten wir Isaaks im Memelgebiet, das ja zu Ostpreußen gehörte! Sie verurteilten mich zu zehn Jahren Zwangsarbeit in Sibirien. Später habe ich entdeckt, daß alle Mitglieder meines Bataillons ›fremdstämmiger‹ Litauer das gleiche Schicksal ereilt hatte.«

»In Sibirien…«

»Darüber will ich lieber nicht sprechen«, schneidet mir Sally das Wort ab. »Wenn du den *Archipel Gulag* gelesen hast, kannst du es dir vorstellen. Die ersten zwei oder drei Jahre waren allerdings schlimmer als der Gulag. Wir mußten Bäume fällen, sie auf Züge laden und Straßen bauen. Fast täglich starb einer der Zwangsarbeiter. Ich glaube, daß ich nur durch das überlebt habe, was mir dein Großvater beigebracht hat. Sooft ich konnte, rieb ich mich morgens und abends mit Schnee ab. Während der ganzen Zeit hatte ich nicht einmal einen Schnupfen.«

»Wenn ich mich nicht irre, ließen sie dich erst 1953 nach Stalins Tod frei.«

»Stalins Tod hat damit nichts zu tun. Ich war um drei Uhr nachmittags an einem Tag im August 1943 verhaftet worden, und genau zehn Jahre später, um drei Uhr nachmittags, wurde ich in einen Zug Richtung Litauen gesetzt. Als meine Frau mich sah, erstarrte sie wie Lot zu einer Salzsäule. Unsere Silvia war schon zwölf Jahre alt, und ich hatte sie seit über elf Jahren nicht gesehen, nicht einmal ein Foto von ihr. Nach einiger Zeit bekam ich die Möglichkeit, meinen Verwandten im Ausland zu schreiben, aber sie ließen mich eigentlich nur sagen, daß es mir gutging und daß schönes Wetter war. Sätze wie ›draußen regnet es‹ oder ›bei uns ist es kalt‹ wurden als verdächtig betrachtet.«

»Wann erfuhr deine Frau, daß du noch am Leben warst und wo du warst?«

»Nach Kriegsende. Wie ich dir schon gesagt habe, war sie nach Wilna in Litauen zurückgekehrt. Sie arbeitete als Arzthelferin bei einem Arzt, der ein gutes Herz hatte. Über irgendwelche Kanäle kam er an meine Adresse und schaffte es sogar, mir ab und zu Lebensmittel zukommen zu lassen.«

»Ich weiß nicht, warum, aber in den fünfziger Jahren schickte dir Hermann seine Päckchen immer über Ruth. Ich erinnere mich, daß wir sie in Triest aufmachten, in neues Packpapier hüllten und neue Briefmarken darauf klebten, um sie dann nach Litauen zu schicken.«

»Fast die gesamte Post meines Bruders aus Kanada wurde beschlagnahmt.«

»Wie lebte man in Litauen?«

»Um ehrlich zu sein, lebten die Leute ganz ordentlich. Krankenhäuser und soziale Einrichtungen funktionierten ziemlich gut. Ich konnte meine Tochter studieren lassen. Es gab zwar keinen Studienplatz für Medizin, und sie mußte Biologie nehmen, dann aber hat sie gleich eine Stelle gefunden. Alles Überflüssige war unerschwinglich teuer oder gar nicht aufzutreiben, am Notwendigen aber war kein Mangel. Die menschlichen Beziehungen waren gut. Zwar konnte man nicht alles sagen und schreiben, was man dachte, aber das fiel nicht sehr ins Gewicht.«

»Warum bist du dann weggegangen?«

»Meine Tochter und mein Schwiegersohn, der Musiklehrer ist, haben mich überredet. Dina und ich haben beschlossen, mit ihnen zu gehen. Das größte Hindernis bestand darin, daß man, um ein Ausreisevisum zu bekommen, dem Staat die Ausbildungskosten für Silvia und ihren Mann zurückzahlen mußte. Das war eine Menge Geld, das wir natürlich nicht hatten.«

»Ruth hat mir erzählt, daß Hermann dir geholfen hat.«

»Ja, aber es war ziemlich kompliziert. Eines Tages bekam mein Bruder ein Touristenvisum für die UdSSR. Natürlich erlaubte man ihm nicht, wieder litauischen Boden zu betreten. Er durfte nur an einer organisierten Reise teilnehmen, so daß auch ich, um mit ihm zusammenzusein, mich der Gruppe anschließen mußte. Dazu brauchte man nur jemanden beim staatlichen Reisebüro zu schmieren. Wir mußten Moskau, den Kreml, die Galerie Tretjakow und das Kloster von, wie heißt es nochmal, Leningrad über uns ergehen lassen … Dafür entwickelten wir unseren Plan. Nach seiner Rückkehr schmuggelte Hermann ein Auto nach Litauen…«

»Ein Auto?«

»Diesmal brauchte man eine ganze Menge ›Schmiere‹, aber alles ging glatt. Ich fing als Taxifahrer an, natürlich schwarz, aber innerhalb weniger Jahre hatte ich so viel gespart, daß ich damit und mit dem Erlös aus dem Verkauf des Autos die Ausreisesteuer bezahlen konnte.«

»In Israel seid ihr nach dem Jom-Kippur-Krieg angekommen.«

»Silvia bekam eigentlich gleich eine Stelle im Krankenhaus von Haifa, und ihr Mann konnte beim israelischen Symphonieorchester anfangen. Ich dagegen hatte Mühe, mich zurechtzufinden. Weißt du, dieses hektische Leben, das Chaos, die viele Werbung…«

»Und wie geht's dir jetzt?« frage ich und schenke ihm ein weiteres Glas Tocai ein.

»Ausgezeichnet!« lächelt Sally zufrieden und macht eine ausladende Geste, als wollte er mir alles zeigen, was ihn umgibt. »Wie du siehst, habe ich eine schöne Wohnung bekommen, ruhig und im Grünen. Ich habe ein Auto ganz für mich [Sally hat von der Bundesrepublik Deutschland auch eine Wiedergutmachung erhalten]. Mir geht es sogar besser als meiner Tochter, denn du hast sicher gesehen, daß sie in ihrer Mietwohnung wenig Platz haben.«

»Sally, in dem Flüchtlingslager in Usbekistan, wo du nach der Flucht aus Panevėžys gelandet bist, waren doch auch dein Cousin Heini von Onkel Jacob und seine Frau. Erinnerst du dich? Leo machte immer Witze darüber, welche gute Partie Heini in Wilna gemacht habe, während du dich nicht entscheiden konntest … Ich weiß, daß sie im Lager an Typhus starben…«

Sally schließt die Augen, zieht die Lider fest zusammen und hebt den Kopf.

»Sag mir wenigstens, ob du der letzte warst, der Ida, Putti und Rosa im Juni '41 in Panevėžys gesehen hat…«

»Nein, bitte nicht…«

Tante Etta hat Federica, die Kinder und mich zum Essen in ihr schönes Haus inmitten der Pinien des Karmel eingeladen. Unsere noch nicht einmal vierjährige Ceci [Cecilia] scheint sich in ihrem schönen Kleidchen nicht besonders wohl zu fühlen. Sie hat sich gerade erst von dem Abenteuer erholt, im Hotelaufzug steckengeblieben zu sein. Von draußen hörten wir sie mit ihrer zarten Stimme flehentlich bitten: »Sesam, öffne dich!«

Wir treten ein: das Fenster, der Tisch, die Eckbank ... das Zimmer auf dem Foto von 1947! Mütterlich und bestimmt läßt uns Etta Platz nehmen. Der Raum ist ziemlich groß und geht in die Küche über. Die Einrichtung ist einfach: Möbel aus hellem Holz, Stühle mit gedrechselten Beinen. Im Vitrinenschrank sind hinter den gläsernen Schiebetüren Punchgläser in Metallhaltern aufgereiht, ein Teeservice aus den fünfziger Jahren, vielleicht Rosenthal, und andere typisch deutsche Gegenstände. Als Ziergeräte gibt es auf den Möbeln nur einen stilisierten dreiarmigen Leuchter aus Porzellan aus den fünfziger Jahren und einen Kranz aus getrockneten Blumen und Mohnknospen. Vor uns stehen Teller aus dünnem weißen Porzellan, daneben liegen dreieckig gefaltete Stoffservietten, die am Rand mit einer zweifachen Borte in dunklem Garn eingefaßt und mit Blümchen in Kreuzstichmuster bestickt sind. Mit einer silbernen Suppenkelle serviert uns die Tante *Frittatensuppe*, dünne Pfannkuchenstreifen in Brühe, mit Petersilie garniert. Alles wirkt sehr sauber, ordentlich, deutsch. Kein älterer Gegenstand aus Familienbesitz, kein ritueller jüdischer Leuchter, nur eine ganz kleine *Menora* wie eine Art Souvenir, aus Kupfer mit bunten Steinen aus den Bergwerken König Salomons. Ansonsten erinnert nichts, kein palästinensischer Stoff, keine Stickerei der Beduinen oder irgendein Stück des modernen israelischen Kunsthandwerks daran, daß wir uns im Gelobten Land befinden.

Wir unterhalten uns über unseren Ausflug nach Eilat. Etta zeigt sich sehr interessiert und bringt durch ausladende Gesten ihre Bewunderung dafür zum Ausdruck, daß unser sechsjähriger Lello [Filippo] mit Taucherbrille und Neoprenanzug in einer Art Meereszoo mit den Delfinen herumgeschwommen ist. Wir hätten gern einen Abstecher nach Jordanien gemacht, aber wer in seinem Paß den Einreisestempel für Israel hat und außerdem nicht die Taufurkunde der Eltern vorzeigen kann, hat keine Chance. Die Zeitungen berichten, daß eine Woche nach unserer Abreise einige Terroristen in Eilat an Land gegangen sind, nachdem sie mit Atmungsgeräten unter Wasser schwimmend den Golf von Akaba durchquert hatten. Sie kamen nahe dem Unterwasserobservatorium vor dem Korallenriff ans Ufer. Den Wächter des Observatoriums, einen Flüchtling aus der Tschechoslowakei, haben sie mit einer Maschinengewehrsalve getötet.

Ich berichte Etta darüber, was Onkel Boris über die Intifada denkt. Seiner Meinung nach wird deren Bedeutung von der internationalen Presse überschätzt, denn bisher seien mehr arabische »Verräter« umgebracht worden als Israelis oder Touristen. Ich dagegen bin der Ansicht, daß der Onkel unterschätzt, wie ernst die Lage ist, und will Etta fragen, was sie drüber denkt. Doch zuvor erzähle ich ihr, wie unwohl wir uns während unseres nachmittäglichen Spaziergangs durch die Gassen der Altstadt von Jerusalem gefühlt haben. Im Jahr 1970 war ich ganz begeistert gewesen von den Farben, den Gerüchen und den Klängen des arabischen Suk. Heute dagegen ... heruntergelassene Rolläden, bewaffnete israelische Patrouillen, einige mit Eisenstangen verrammelte Läden, bedeckt mit aufgesprühten arabischen Schriftzeichen und dem Symbol der PLO und der Hamas; die ängstliche Zurückhaltung des Händlers, der antike Münzen verkauft und am Vormittag europäisch gekleidet war, während er mich am Nachmittag in arabischer Kleidung mit der weißen *Kufija* auf dem Kopf empfängt. Nachdem er sich versichert hatte, daß niemand uns beobachtete, schloß er das Geschäft hinter uns ab. Unter den Münzen in einer Schachtel suchte ich nach einer, auf der eine Amphore mit Deckel zu sehen ist, wie sie während des Aufstands 73 n. Chr. geprägt wurden, der mit der Einnahme des letzten jüdischen Stützpunkts in der Festung Masada endete. Plötzlich wurde von draußen heftig gegen die Tür geschlagen. Der Kaufmann löschte sofort das Licht, und ich versteckte mich instinktiv hinter einem Schrank.« »Ich habe bemerkt«, füge ich hinzu, »daß die Geschäfte mit den Sprayaufschriften auch vormittags geschlossen bleiben. Trotz oder vielleicht wegen des arabischen Nummernschilds ist dem palästinensischen Taxifahrer, der uns von Jerusalem nach Tel Aviv gebracht hat, schon einmal die Windschutzscheibe mit Steinen eingeworfen worden. Seiner Meinung nach werden die Ladenbesitzer von oben angewiesen, geschlossen zu halten, und schaden sich nur selbst damit. Er träumt davon, mit seiner Familie auszuwandern, und hat uns gefragt, ob er nach Italien kommen könnte. Auch die Angestellte im Reisebüro hat uns gesagt, daß sie nach Frankreich zurückkehren müßte, wenn der Tourismus nicht endlich wieder in Gang komme. Es könnte sich noch als ein Segen erweisen, meinte sie, daß ihr Mann die doppelte Staatsbürgerschaft behalten hat.«

»Weder ich noch einer meiner Angehörigen hat jemals daran gedacht zurückzukehren«, unterbricht mich Etta. »Im letzten Jahr war eine unserer Bekannten in Litauen. Unser Haus existiert nicht mehr. Eures, das von Ruth, ist noch da, sie haben es nicht einmal neu gestrichen. Die Aufschrift ist ganz verblaßt und teilweise abgeplatzt, aber immer noch lesbar. Das Haus ist in kleine, dreckige und vernachlässigte Wohnungen unterteilt worden. Draußen hängt ein verrostetes, kaputtes Klingelschild mit vielen Namen, die alle früher im Memelgebiet völlig unbekannt waren. Das ist das Ergebnis der sich überkreuzenden Umsiedlungen unter Stalin. Als die Bewohner die neugierige ältere Fremde bemerkten, behandelten sie sie ziemlich unfreundlich.

1933 und 1935 waren wir so naiv! Wir dachten, wir würden mit den Arabern in Frieden leben und ihnen beibringen, nach westlichen Standards zu arbeiten... Ich habe gelernt, daß die islamische Mentalität für einen Europäer wie ein Buch mit sieben Siegeln ist.

Für sie hat das menschliche Leben einen anderen Wert. Für uns wäre es unvorstellbar, in einem Selbstmordattentat mit einer Autobombe ein Konsulat zu sprengen. [Auf diese Weise ist gerade die diplomatische Vertretung Israels in einem lateinamerikanischen Staat in die Luft gejagt worden.] *Arabs would never give in to reason.* [Bei diesem Satz ist mir nicht klar, ob das *would* einen Zweifel zum Ausdruck bringt, aber ich will Etta nicht unterbrechen.] Natürlich bin ich für einen Kompromiß mit ihnen, aber der wird nur auf dem Papier bestehen, genau wie der Friede mit Ägypten. Sobald sie wieder die Möglichkeit dazu haben, werden sie uns wieder angreifen. Nach fast sechzig hier verbrachten Jahren bin ich pessimistisch. Dennoch wird niemand von uns von hier weggehen. Wie kann ich dir das verständlich machen? So vielleicht: Du selbst hast mir erzählt, daß Großvater Judel Mendel klugerweise in Leo ›umgetauft‹ wurde. Sein einziger in Israel geborener Enkel dagegen, dein Cousin Ariel, der ein Mädchen, das in einem Lager geboren ist, geheiratet hat, gab seinem Sohn den Namen Israel. Wir sind frei, wir haben den einzigen demokratischen Staat des Nahen Ostens aufgebaut. Und dann ... an jedem anderen Ort könnte plötzlich wieder jemand auftauchen und uns Judenschweine nennen. Paradoxerweise ist hier der einzige Platz in der Welt, an dem wir vergessen können, Juden zu sein.«

»Auch Ruth ist es neulich passiert«, pflichte ich Etta bei. »Wegen einer Kleinigkeit verließ eine Bekannte, mit der sie gerade Bridge spielte, die Runde mit der Bemerkung: ›Euch Juden hätte man alle vergasen sollen!‹ Meine Mutter erlitt eine Art Kollaps und mußte im Taxi nach Hause gebracht werden. Sie wollte mir nie den Namen dieser Person sagen...«

Tante Etta lächelt auf die für sie typische Art und zündet sich eine Zigarette an.

»Der Antisemitismus«, fährt sie fort, und zum ersten Mal erscheint mir ihre Stimme müde, »ist jahrhundertelang und in so hohen Dosen verabreicht worden, daß man sich nicht einbilden darf,

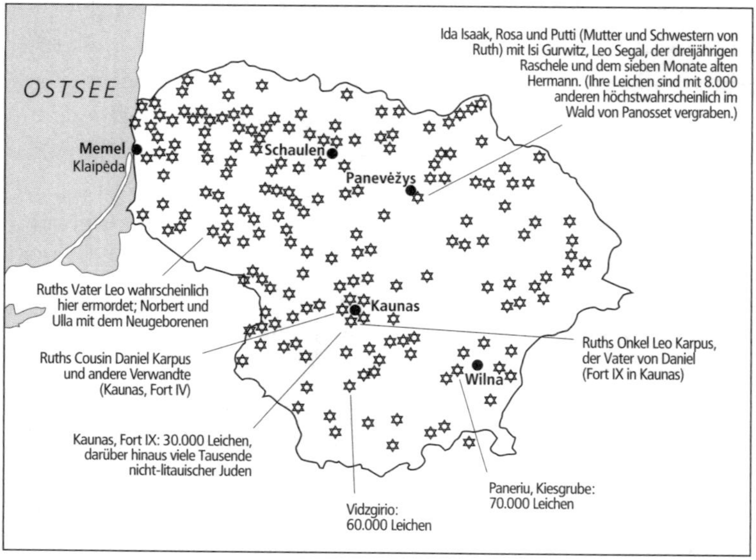

Zwischen 1941 und 1944 wurden ca. 90–95% der litauischen Juden ermordet. Die Davidsterne zeigen die Lage der Massengräber, die E. Jacovskis und L. Levinsonas 1991 gefunden haben. Das Original dieser Karte hängt im Jüdischen Museum von Wilna.

ihn mit einem Schlag beseitigen zu können. Die Geschichte, die du mir erzählt hast, bestätigt mir lediglich, daß die Shoah keineswegs dagegen immun gemacht hat. Denk nur daran, wie das Land im Herzen Europas unter aktiver oder passiver Beihilfe des größten Teils der Bevölkerung versucht hat, die mit industriellen Techniken betriebene Ausrottung der Juden hinter Worten verschwinden zu lassen. Holocaust wird interpretiert als Akt der Darbietung oder Selbstdarbietung von Opfern, als Tributzahlung oder Sühne für die Gottheit; der Holocaust betreffe Hitler, der sich, mit seinem Selbstmord im Bunker für seine ›Ideale‹ geopfert habe, nicht uns. Und was ist mit dem Begriff ›Kristallnacht‹, der bei den meisten Erinnerungen an Weihnachtslichter aufkommen läßt? Ja, Pogromnacht wäre ein zu kruder Ausdruck für das überaus zivilisierte Europa. Mehr als tausend Jahre christlicher Predigten, die an dem natürlichen menschlichen Mißtrauen gegen jeden, der anders ist, ansetzten ... Reine Verhaltensprägung, meinst du? Mag sein, darin scheinen die Menschen sich nicht von den Tieren zu unterscheiden, die ihre Artgenossen am Geruch erkennen. Unterwerfung unter den Leitwolf, Gehorsam, der die individuelle Verwantwortung aufhebt, das wünschen sich viele. Um in Ruhe zu leben, sagen sie. Ach ja, dazu kommt noch der Klassenhaß gegen die jüdischen Wucherer und Bankiers, wozu sie ja ausgerechnet von den christlichen Kirchen gemacht wurden. Der aber verbindet sich auf unerklärliche Weise mit dem Haß gegen die ›jüdisch-bolschewistische Revolution‹. Und heute übertragen die Jugendlichen, die mit dem Fernseher aufgewachsen sind, ihre Superman-Phantasien auf Hitler. Der dunkelhaarige Österreicher, der die blonden Germanen verherrlichte ... Man braucht sich nichts vorzumachen, der Antisemitismus wird wiederkommen.«

Während sie eine Locke ihrer weißen, noch mit blonden Strähnen durchzogenen Haare glattstreicht, die sich aus dem Knoten gelöst hat, schaut sie uns mit ihren unglaublichen grauen, blauen oder vielleicht grünen Augen an und gibt das Zeichen, sich von der Tafel zu erheben. Ich habe schon längst bemerkt, daß drüben ein Apfelstrudel bereitsteht. »Ist die Welt etwa nicht auf Nationalismus und Intoleranz aufgebaut?« fragt sie von der Küchentür her mit einem Lächeln wie auf den alten Fotos.

Epilog

Triest, 30. Dezember 1992, Gemeindefriedhof.
»Als gute jiddische Mame«, sagt der Mann, der vor einer Gruppe von Verwandten und Freunden am Grab steht, »hat Ruth mir Anweisungen für ihre Beerdigung gegeben, die praktisch nicht zu verwirklichen sind. Sie wollte verbrannt werden, um das Schicksal zu teilen mit...«, die Stimme wird brüchig, und der Mann versucht mit seinem Blick ein Stück blauen Himmels zu erfassen. »Dann wollte sie«, fährt er einen Augenblick später fort, »neben meinem Vater ruhen. Und schließlich sollte an ihrem Grab nach jüdischem Brauch das Kaddisch gesprochen werden. Sie ließ sich auch nicht von ihrer Meinung abbringen, als man ihr in der israelitischen Gemeinde erklärte, die jüdische Religion lasse die Verbrennung nicht zu, von einer Bestattung im nichtjüdischen Friedhof ganz zu schweigen. Deshalb glaube ich, war sie sich dessen bewußt, daß sie keine wirklich jüdische Beerdigung erhalten würde, und deshalb blieb mir nichts anderes übrig, als mein Bestes zu tun. Es steht geschrieben«, fährt der Mann fort und liest von einem Zettel ab, der von der Bora gebeutelt wird, »›unser Aufenthalt auf dieser Erde ist nur von kurzer Dauer. Wir können ein unmöglich zu erreichendes Ziel verfolgen oder aber so weise sein, uns mit dem zufriedenzugeben, was wir haben, und Hashem dafür dankbar zu sein, daß er es uns gewährt hat.‹ Ich weiß, daß meine Mutter mit diesem Begräbnis zufrieden sein wird.

Ich habe gelesen, daß der jüdische Ritus sehr einfach ist. Vor der Grablegung sieht die Tradition eine Leichenrede vor. Die Rabbiner schreiben, es sei erlaubt, ja geradezu geboten, die Verdienste des Verstorbenen zu übertreiben, ohne jedoch übers Ziel hinauszuschießen. Ich will dagegen über Ruth nur wenige Worte sagen. Für mich ging ihr Leben zu Ende, wie es begonnen hatte, in einem Märchen. Zu den frühesten Erinnerungen, die ich von ihr habe, gehören die phantastischen Geschichten von Schlitten und Pferden mit Glöckchen, die sie mir über das Land ihrer Herkunft erzählte. Zu dem Märchen an ihrem Ende möchte ich zuerst etwas erzählen, was auch ich erst vor drei Jahren aus einem wunderschönen Buch von Saul Friedländer erfahren habe. Das christliche Weihnachtsfest fällt mehr oder weniger mit dem jüdischen Channukka zusammen. Die Lichter und Kerzen, die alle israelitischen Familien acht Tage lang auf dem Fensterbrett aufstellen, erinnern an die Wiedereroberung des Tempels in Jerusalem im Jahr 164 v. Chr.: Unter den Trümmern des Tempels fanden die Juden eine kleine Ampulle mit einer winzigen Menge geweihten Öls, die wunderbarerweise ausreichte, um das Licht des Tempels acht Tage lang brennen zu lassen, bis neues zur Verfügung stand. In der jüdischen Welt, vor allem in Polen, Weißrußland und Litauen, wurde dieses ›Lichterfest‹ mit vielen phantastischen Inhalten und Träumen befrachtet: Hirschkälber, die in die Häuser kommen und unfruchtbaren Paaren Schwangerschaft bringen; blinde Kinder, die die Gedanken der Menschen lesen können; geheimnisvolle Gestalten, die aus der Vergangenheit auftauchen, um traurige Geschichten von Verfolgung oder schöne Liebesgeschichten mit glücklichem Ausgang zu erzählen; Märchen, die in der Abfolge der Chanukka-Kerzen bis zur achten Nacht immer phantastischer werden. Wenn die Leuchter mit den acht Lichtern in den Fenstern stehen, kommt es manchmal vor, daß ein armer Wanderer oder auch großer Herr in einem reichgeschmückten Schlitten mit Glöckchen am Pferdegeschirr aus dem dunklen Wald auftaucht, ohne Spuren im Schnee zu hinterlassen, und an die Tür eines Kranken klopft. Es ist der Prophet Elias, der dem Kranken Heilung schenkt. Warum nur diesem Kranken? Hiob weiß es nicht, aber er hat diesen Wanderer gesehen.

Nach ihrer Flucht aus Prökuls hat Ruth nie mehr Chanukka gefeiert. Achtundfünfzig Jahre lang hat sie versucht, das Schicksal ihrer Familie zu vergessen, und hat damit ihre ganze Vergangenheit begraben, auch die acht Lichter, die sie als Kind mit ihren Geschwistern in der Erwartung großer Wunder immer anzündete. Dennoch wollte sie Jüdin bleiben, auch wenn sie mit ihrem Litauen nur noch durch das ferne Echo der Glöckchen verbunden war.

Als ich das Buch las, von dem ich gerade gesprochen habe, keimte in mir der Gedanke auf, in meiner nichtjüdischen Familie neben den christlichen Festen einige jüdische Feste wieder oder besser neu einzuführen. Ich hatte jedoch keinen Leuchter und genierte mich, wie ein normaler Jude einen neuen zu kaufen. Im letzten Sommer fand ich auf einem Antiquitätenmarkt zwei solche silbernen Leuchter, und dachte, um sie zu kaufen, müßte ich nicht Jude sein. Ich ließ sie mir zeigen und tat so, als konzentriere ich mich auf die Punzarbeiten. Der erste trug einen Frauenkopf mit einer Inschrift in einem Vieleck, und der Händler zeigte mir in einem Katalog die Datierung: ›Ungarn in den Jahren unmittelbar nach 1937‹. Da mußte ich daran denken, wem dieser Leuchter gehört haben könnte und unter welchen Umständen er den Eigentümern entrissen worden sein mag. Der zweite trug einen Anker, einen Löwen mit aufgestelltem Schwanz und ein großes K mit der Datierung: ›Birmingham 1934‹. Er wurde zum Leuchter in unserem Haus, und als es Zeit wurde, haben wir Ruth zur Einweihung eingeladen. Sie war erstaunt und verwirrt. Doch ich erklärte ihr, daß ich meinen Kindern von Jugend an einen greifbaren Beweis unserer doppelten Wurzeln und ein Zeichen nicht nur für Toleranz, sondern für tiefes gegenseitiges Verständnis setzen wollte. Etwas zögernd entzündete sie mit uns die erste Kerze.

In diesem Jahr hat sie uns wenige Tage vor Weihnachten besucht, um zuzuschauen, wie ihre Enkel den Weihnachtsbaum schmücken und die Krippe aufbauen, und um wiederum gemeinsam mit uns die erste Kerze auf dem alten Leuchter zu entzünden. Sie hatte sich schon einige Tage nicht wohl gefühlt und machte sich Sorgen, ob sie in die Stadt würde gehen können, um ihre Weihnachtseinkäufe zu machen. Sie trug mir auf, welche Geschenke ich für Federica und die Kinder kaufen sollte, als sie sich plötzlich elend fühlte. Es war sofort klar, daß es sich um eine schwere linksseitige Parese handelte. Nacht um Nacht, Kerze um Kerze ging es Ruth immer schlechter. Sie hatte keine Schmerzen und war bei vollem Bewußtsein, aber sie schien wie schlafend, als ob sie immer tiefer in Schlaf sinke. Am Weihnachtsabend, bei der sechsten Kerze, untersuchte sie ein neuer Arzt.

Vor ihrer Zimmertür stehend, höre ich ihr mühsames Atmen, die Pumpgeräusche des Blutdruckmeßgeräts. Sehr laut, aber höflich fragt der Arzt sie nach Namen und Geburtsort.

›Ruth ... Litauen ... 14. Juni...‹, antwortet sie mit dünner Stimme, aber an ihr Geburtsjahr, 1915, kann sie sich nicht erinnern. Ich öffne die Zimmertür einen Augenblick und merke, daß der Arzt über ihren Zustand wirklich betroffen ist. Noch einmal stellt er ihr eine Frage.

›Frau Sirovich, hören Sie mir zu, wir befinden uns in einer besonderen Zeit des Jahres, welches Fest wird in diesen Tagen gefeiert?‹

Nach achtundfünfzig Jahren des Vergessens kommt Ruth nicht Weihnachten in den Sinn, sondern sie antwortet mit schwacher Stimme: ›Chanukka.‹

Der Arzt schüttelt ratlos den Kopf: ›Was sagen Sie? Was ist dieses ›Anuca‹? Nein, nein, Frau Sirovich, heute ist Weihnachten.‹

Nun trete ich ganz ins Zimmer, um das Mißverständnis aufzuklären. Lächelnd lobt der Arzt die Kranke für die richtige Antwort. Ruth hebt die rechte Hand und flüstert:

›Herr Doktor, mein Sohn fühlt sich mehr als Jude als ich.‹

Am Nachmittag des achten Tages scheint Ruth fast eingeschlafen zu sein; sie spricht nicht, sie kann nicht mehr schlucken, aber sie wirkt ruhig. Nachdem ich ihr etwas erzählt habe und nichts mehr zu sagen weiß, frage ich, ob ich ihr aus einem Buch von Isaac

Singer mit den Geschichten von Chanukka vorlesen soll, das Federica gerade für die Kinder gekauft hat. Sie nickt zustimmend. Ich beginne mit der Geschichte von dem reichen Herrn. Mitten in der Erzählung unterbreche ich, um zu fragen, ob ich fortfahren soll. Schwach nickt sie wiederum zustimmend mit den Kopf.

Der achte Tag von Chanukka war sehr windig. Die Bora fegte, stärker als der heftige Wind an der Ostsee, von Ungarn, von der Tschechoslowakei und vielleicht sogar von Weißrußland her in Böen mit einer Stärke von hundertzwanzig Stundenkilometern über die Stadt und ließ die Fensterscheiben des alten Krankenhauses erzittern. Die dünne Mondsichel leuchtete am sternenklaren Himmel, doch unerklärlicherweise gingen feine Schneeschauer nieder. Doch der Prophet Elias kam nicht des Wegs. Ruths Lebenslicht erlosch zusammen mit der achten Kerze für Chanukka zwei Stunden vor Sonnenaufgang.

Ich habe gelesen, daß der jüdische Beerdigungsritus die Lesung des Kaddisch vorsieht. Das Kaddisch ist kein Totengebet, wie man es im Christentum kennt, sondern eher eine Aufforderung an die Lebenden, den Namen Gottes zu heiligen, und ein Bekenntnis des Glaubens an das Kommen seines Reichs. Der Kern besteht aus der Anrufung: ›Sein großer Name sei gebenedeit in Ewigkeit und in der Ewigkeit der Ewigkeit.‹ Im Hebräischen sind es sieben Worte mit achtundzwanzig Buchstaben, dieselbe Kombination wie am Anfang der Genesis und in der Einleitung zu den zehn Geboten. Diese verborgene Entsprechung würde bedeuten, daß der in alle Ewigkeit gebenedeite Name des Herrn die Brücke bildet, auf der der Mensch mühevoll den unbekannten Raum zwischen der Erschaffung der wirklichen Welt und der Enthüllung der Thora, für die die zehn Gebote Symbol und Zusammenfassung sind, durchmessen kann.

Hier konnten heute nicht so viele Juden anwesend sein, wie als Mindestzahl vorgeschrieben sind, damit nach Ruths Wunsch das Kaddischgebet gesprochen werden könnte. Natürlich dürfte auch ein katholischer Priester auf einem protestantischen, muslimischen oder jüdischen Friedhof keine Totenmesse lesen. Das Schicksal gemischter Familien ist nach wie vor traurig: Im Leben sind sie vereint im Namen einer Toleranz, die alle wünschen, im Tod dagegen sind sie getrennt durch ihre Religionen, die doch die Liebe predigten. Regeln sind eben Regeln. An dieser Stelle möchte ich jedoch eine der am meisten zitierten Stellen der chassidischen Literatur erzählen. Eines Tages begab sich ein berühmter weißrussischer Talmudist zu Rabbi Levi Isaak aus Berditschev, dem Schüler und Verwandten des legendären Jakob Isaak, des ›Sehers‹ von Lublin, um mit ihm zu diskutieren. Nachdem er dem Rabbi vorgestellt worden war, las der Gast eine schwierige Stelle aus der Thora vor und gab sofort eine sehr gelehrte Auslegung dieser Stelle. ›Ist meine Auslegung die wahre Auslegung oder nicht?‹ fragte der Talmudist und sah Levi Isaak herausfordernd an. ›Mein Sohn‹, antwortete dieser, ›denk nur, vielleicht ist es die wahre.‹ In dem Wörtchen ›vielleicht‹ lag eine schreckliche Demütigung für den gelehrten Weißrussen.

Genau so hoffe ich, daß diese Feier, so sehr sie gegen die Regeln verstoßen mag, doch vielleicht ausreichend ist.

Es steht geschrieben, daß ›in der Dimension, die das Kaddisch entwirft, die Beziehung zwischen Gott und dem Menschen komplex ist, doppelgesichtig und verdoppelt in dem Raum zwischen Schöpfung und Erlösung, der die Geschichte bildet, in die wir hineingeworfen sind‹. Obwohl ich den katholischen Glauben, in dem ich seit meiner Geburt aufgezogen worden bin, auch formal aufgegeben habe, betrachten mich auf der einen Seite die Katholiken als einen der Ihren, weil sie sagen: ›Die Taufe kann man nicht rückgängig machen.‹ Auf der anderen Seite betrachten mich die Juden als einen der Ihren, weil ich Sohn einer jüdischen Mutter bin. Obwohl ich in keiner Weise die Absicht habe, einen neuen Glauben anzunehmen, empfinde ich in dieser Situation die Pflicht, die schizophrene Beziehung, die, glaube ich, jeder von uns zu Gott hat, voll und ganz zu akzeptieren. Im Judentum hat der männliche Erstgeborene bei der Beerdigung der Eltern eine herausragende Rolle, und ich bin Ruths einziger Sohn. Deshalb kann ich mich dieser Pflicht nicht nur nicht entziehen, sondern bin sogar stolz darauf, sie zu erfüllen. Deshalb werde ich die jüdische Hälfte meiner selbst benutzen, um auf dem Grab meiner Ruth mit den Glöckchen das Kaddisch zu lesen.«

Nachdem der Mann aus seinem Lodenmantel eine Kippah hervorgeholt hat, setzt er an, das letzte Blatt in seiner Hand zu lesen, hebt aber sofort wieder den Blick.

»Natürlich mußte ich mir eine phonetische Umschrift des hebräischen Textes geben lassen. Ihr werdet ihn ebensowenig verstehen wie ich und ebensowenig, wie ihn Ruth verstanden hätte. Aber spielt das eine Rolle?«

Während er mit der Linken die Kippah festhalten muß, weil die Bora sie ihm vom Kopf zu reißen droht, beginnt der Mann ›mit lauter Stimme, damit die anderen es hören‹ zu sprechen:

Jitgadal wejitkaddasch sch'me rabbá…

Anmerkung des Autors

Da ich katholisch erzogen wurde, wußte ich nicht, was Purim ist. Deshalb verstand ich es nicht, als ich in einem von Tante Putti unmittelbar nach dem Anschluß Österreichs geschriebenen Brief erstmals eine Anspielung auf den bösen Haman las. Darüber hinaus wird Haman mit einem »n« geschrieben, während meine Tante es mit zwei »n« schrieb, um damit, wie es nun in meinem Buch steht, auf den Mann H., also auf Hitler hinzuweisen. An einem bestimmten Punkt hat diese Gottheit des Bösen im Leben der Isaaks auf gewisse Weise in der Person des SS-Obersturmführers Joachim Hamann, der seine Todesschwadronen zwischen Ukmerge, Kaunas, Panevėžys und Rasainiai unermüdlich umhertrieb, reale Gestalt angenommen. Später las ich, daß das, was die Isaaks schon 1940 dachten, nämlich, daß Hitler eine Art Wiedergeburt von Haman-Amalek und damit des Bösen in Person sei, im jüdischen Glauben zu einer festen Überzeugung geworden ist. Hitler und seine antisemitischen Bonzen wie Streicher lehnten diesen Vergleich keineswegs ab oder glaubten sogar selbst daran: Anfang 1944 bezeichnete Hitler selbst eine Niederlage als »Purim-Sieg« für die Juden. Bei den Nürnberger Prozessen wurde Streicher zum Tod durch Erhängen verurteilt. Als einziger unter den Angeklagten hatte er den »Mut«, die Juden auch im Gerichtssaal zu schmähen, und als sich wie um Haman in Babylon die Schlinge um seinen Hals legte, rief er: »Purim 1946!«

Und Joachim Hamann? In den Akten von Nürnberg ist eine sowjetische Quelle erwähnt, aber nicht veröffentlicht, die die Hinrichtung eines ganz jungen Generals Hamann ohne Nennung des Vornamens erwähnt. Das Alter könnte stimmen, dennoch glaube ich, daß es nicht der Richtige ist, denn als Joachim noch Unterleutnant war, war jener schon Hauptmann.

Ich glaube, daß weder Hamann noch Haman bei Kriegsende gestorben sind.

In einem schönen, in Litauen in Deutsch, Englisch und Französisch herausgegebenen Bildband heißt es: *»Antisemitism was never encountered here.«* 1993 habe ich Wilna besucht und mit einem Dolmetscher die dortige Staatsbibliothek aufgesucht. Ich kannte ihn nicht, und er fragte mich nicht, warum ich bestimmte Zeitungen von Juni und Juli 1941 einsehen wollte, die damals, als sie sich beim Einmarsch der Deutschen gegen die Sowjets erhoben hatten, von den litauischen Patrioten herausgegeben wurden. Fangen wir an.

29. Juni 1941: »Das Judentum in seiner Gesamtheit bildete die Grundlage für den bolschewistischen Terror. Es wird aus dem politischen, kulturellen und ökonomischen Leben eliminiert werden.«

4. Juli, Schlagzeile auf der Titelseite des Organs der litauischen »Patrioten« von Wilna: »Litauen dank Adolf Hitler judenfrei«.

7. Juli: »Wer alt genug ist, muß gegen Juden und Bolschewisten zu den Waffen greifen.« Der Dolmetscher nimmt die Brille ab und murmelt, während er sich mit dem Taschentuch über die Augen wischt, ohne den Kopf zu heben: »Ich dachte, der litauische Antisemitismus sei nur Propaganda des KGB.«

»An dieser Stelle sind 4.000 Menschen verschiedener Nationalität begraben, die von den litauischen Faschisten umgebracht worden sind«, heißt es auf einem Gedenkstein, den die Sowjets in dem Wald aufgestellt haben, in dem vermutlich ein Teil von Ruths Familie begraben liegt. Während man heute in Wilna die Verantwortung vieler Litauer für die Massaker an Juden verheimlichen und vergessen machen will, haben die Russen umgekehrt in der Vergangenheit diese Verantwortung noch vergrößert, um jedes Streben nach nationaler Unabhängigkeit zu kriminalisieren, und sind sogar so weit gegangen, die Schuld der Nationalsozialisten dabei zu übergehen. Auf den Inschriften sprachen die Sowjets jedoch absichtlich von »Menschen« statt »Juden«, um zu vermeiden, daß die Erinnerung an eine Religion und eine Identität bewahrt würde, die im Land des real existierenden Sozialismus nur ein anachronistisches Element des Überbaus sein »mußte«. Diese Politik ging so weit, daß in Wilna das Gewerkschaftshaus an der Stelle des jüdischen Friedhofs errichtet wurde und die Grabsteine als Eingangsstufen verwendet wurden. In Panevėžys dagegen wurde der jüdische Friedhof eingeebnet und in eine Grünfläche verwandelt.

Der Ort, an dem diese Art von geologischer Schichtung aus einander entgegengesetzter Propaganda und Lüge am deutlichsten sichtbar wird, ist das berüchtigte Fort IX von Kaunas, wo am 29. Oktober 1941 ungefähr 10.000 Juden in den um die Befestigungen aus der Zarenzeit ausgehobenen Massengräbern umgebracht wurden. [Insgesamt fanden im Fort IX mindestens 20.000 Juden den Tod.] Nach langen Auseinandersetzungen und internationalem politischen Druck konnten überlebende litauische Juden in einigen Zellen des Forts eine kleine Ausstellung über die Shoah einrichten. Ob aufgrund eines offiziellen Verbots von seiten der Behörden oder durch Selbstzensur aufgrund verständlicher Befürchtungen, die Kuratoren der Ausstellung haben die Rolle der katholischen Litauer bei den Judenmorden übergangen. Daß man die Erinnerung an diese Tatsachen einfach negieren will, wird in dem Denkmal aus Stahlbeton neben Fort IX deutlich, in dem die Ausstellung vor dem Zusammenbruch der Sowjetunion ursprünglich untergebracht war. Die Litauer störten sich offensichtlich an den teilweise übertriebenen Anklagen der Sowjets, und deshalb wurden die Schautafeln nach 1990 »korrigiert«. Heute wird hier vor allem der Verfolgung der Litauer durch die Sowjets und der patriotischen Aufstände von 1941 und 1991 gedacht. Die Fotos, die nach 1990 geschossen wurden, verherrlichen die Kämpfer von 1941, die mit den Armbinden von damals von den politischen Würdenträgern der Nachsowjetzeit mit Orden geehrt werden. Es gibt auch eine Schautafel mit Bildern von Konzentrationslagern, den zu Skeletten abgemagerten Menschen, den Verbrennungsöfen usw... aber auch in diesem Fall taucht das Wort »Juden« nicht auf. Unter den Fotos der Shoah steht nur eine Liste von Namen katholischer Litauer, die ins Lager Stutthof deportiert wurden. Unter den bekannten Schnappschüssen aus Auschwitz, Sobibor und Treblinka finden sich nur die Registrierungskarten litauischer politischer Häftlinge mit Bild, Name und Nummer (solche Dokumente wurden für Juden auf dem Weg zur Vernichtung nicht einmal ausgestellt).

Bei diesem Teil meiner Reise begleiten mich der Historiker Marcello Pezzetti vom Centro di documentazione ebraica contemporanea di Milano (Zeitgeschichtliches jüdisches Dokumentationszentrum Mailand) und zwei Frauen, die das Ghetto von Kaunas überlebt haben. Die eine, die von ihren »arischen« Schulkameradinnen gerettet wurde, verliebte sich 1944 in einen nicht antisemitischen katholischen Litauer, mit dem sie seit fünfzig Jahren glücklich verheiratet ist. Vor den Vitrinen über die Feiern zum Jahrestag des Aufstands von 1941 zieht sich ihr Gesicht zusammen, sie bedeckt die Augen mit der Hand und stammelt: »Die da ... einige von denen mit der Armbinde erkenne ich; 1941 haben sie die Juden in unserem Viertel umgebracht.« Wir bleiben noch eine Weile vor der Tafel der inzwischen ergrauten litauischen »Patrioten« mit der Armbinde stehen. »Das da ist..., alle erinnern sich daran.« Die andere Überlebende sagt leise, halb auf Jiddisch, halb auf Deutsch: »Nach meiner Rückkehr von der Deportation nach Sibirien, im Jahr 1948, mußte ich bei einem litauischen Ehepaar zur Untermiete wohnen. Und zwar genau bei diesem da. Er trank, schlug seine Frau und beschimpfte sie aufs widerlichste. Er schrie sie an: ›Wie viele Juden hast du umgebracht? Sag's, wie viele?‹ Und sie entgegnete: ›Du Schwein! Du, ausgerechnet du, du hast ihnen doch die Finger abgeschnitten, um ihnen die Ringe abzunehmen!‹

Im Jahr 1991«, fährt die Dame fort, nachdem wir das Museum verlassen haben, »konnten wir durch die Unterstützung eines Überlebenden in Kanada eine Gedenktafel bei der Garage Lietukis anbringen, wo am 27. Juni 1941 eine Gruppe von Litauern sechzig Juden erschlagen hat. Natürlich wagten wir nicht zu schreiben, wer sie umgebracht hat [die Litauer]. Die Inschrift beschränkt sich darauf, an die Opfer zu erinnern. Sofort hat jedoch die Gemeinde von Kaunas eine zweite Gedenktafel in Erinnerung an den ›Völkermord an den Litauern durch die Sowjets‹ angebracht.« [An dieser Stelle wurde weder von den Russen noch von anderen je ein Litauer umgebracht.]

Nach der Besichtigung des Forts IX nehme ich mit dem litauischen Historischen Institut in Wilna Kontakt auf. Ich möchte herausfinden, ob die drei oder vier Historiker, die sich nach dem Fall der Berliner Mauer mit der Geschichte des Landes befaßt haben und von dem »patrotischen Aufstand« im Juni 1941 zur Besetzung durch die Sowjets übergehen, ohne im mindesten auf die Ausrottung der Juden einzugehen, die Ausnahme oder die Regel bilden.

»Ich habe gelesen, daß Sie im letzten Jahr ein Zentrum zur Erforschung des Völkermords eröffnet haben«, wende ich mich an den Verantwortlichen. »Wissen Sie, ich schreibe gerade ein Buch über eine Familie... Könnte ich mit jemandem sprechen, der sich mit der Ausrottung der *žydu* [Juden] beschäftigt?«

»Hier muß ein Irrtum vorliegen«, bekomme ich zur Antwort. »Wir dokumentieren den Völkermord, der an den Litauern begangen wurde.«

Die Beschreibung der Todesumstände meines Großvaters Leo Isaak in den Wäldern um Tauroggen (S. (208f.), ist, wenn auch wahrscheinlich, doch erfunden. Man weiß lediglich, daß er im Sommer oder Herbst 1941 umkam, über das Wie gibt es nur die Aussage von »Onkel« Isi Isaak: »Als Deutschland die Sowjetunion angriff, war dein Großvater wie wir in Tauroggen. Später erfuhren wir, daß er als einer der ersten von den Todeskommandos verschleppt worden ist.«

Die Idee zu diesem Buch für meine Kinder kam mir im Februar 1992 bei einer Skitour auf die Kreuzspitze.

Danksagung

Meine Frau Federica Scrimin, die für Ruth mehr als eine Tochter war, hat von ihr Dinge erfahren, die meine Mutter selbst mir nicht anvertraut hat. Sie hat die Briefe der Isaaks gefunden, und als Tochter einer Familie von Buchhändlern und unermüdliche Leseratte, die sie ist, hat sie mich immer dann beim Schreiben an die Kandare genommen, wenn die Feder mit mir durchzugehen drohte.

Meine lieben Freunde Galliano Fogar und Nuto Revelli haben sich als erste darum bemüht, das Buch veröffentlichen zu lassen. Ich bin froh, in ihrer Schuld zu stehen, denn ich betrachte beide als leuchtendes Vorbild hingebungsvoller historischer Forschung und echter Zivilcourage. In gleicher Weise bin ich Michele Sarfatti und Marcello Pezzetti vom Centro di documentazione ebraica contemporanea di Milano dankbar. Sie kennengelernt zu haben ist eines der große Geschenke, die dieses Buch mir gemacht hat. Das gilt auch für Riccardo Calimani (den ich nach so vielen Jahren wieder getroffen habe), Andrea Damascelli, Giorgio Pressburger, Giovanni Miccoli, Dozent für Geschichte in Triest, und Jonathan Steinberg, der in Cambridge lehrt, die mir alle mit Kritik und Informationen weitergeholfen haben.

Die Übersetzung des Briefwechsels der Isaaks ins Italienische wurde von Helga Pfeifer besorgt. Die Recherchen in den Londoner Militärarchiven hat Andrew Duncan übernommen. Russische, jüdische und litauische Quellen haben mir Mila Nortman und ihr Vater Shimon Girsh (Šiauliai-Jerusalem) zugänglich gemacht und übersetzt.

Ein besonderer Dank gilt den drei Überlebenden, zwei aus Panevėžys und einer aus Kaunas, die ich leider aus Vorsicht nicht beim Namen nennen will, ebenso wie meinen Dolmetscher in Wilna. Und Marco Vigevani natürlich.

Auswahl der benutzten Quellen und der Sekundärliteratur

[Soweit möglich sind die deutschen Übersetzungen bzw. die Originaltitel aufgeführt – A. d. Ü.]

Alessi, R., *La strada e la vita. Commenti ai fatti del giorno*, Mailand 1942.
Anonym, *Zeugnisse über den Tod der Juden von Panevėžys*, Wilna 1960 (litauisch).
Anonym, *Die Massaker an den Juden in Litauen*, Heft 1, Wilna 1965 (litauisch).
Anonym, *Regole ebraiche di lutto*, Rom 1980.
Arad, Y., *Concentration of Refugees in Vilna on the Eve of the Holocaust*, Yad Vashem Studies, IX, Jerusalem 1973, S. 201–14.
Ders., *The Final Solution in Lithuania in the Light of German Documentation*, Yad Vashem Studies, XI, Jerusalem 1976, S. 234–72.
Ders., *Ghetto in Flames. The Struggle and Destruction of the Jews in Vilna in the Holocaust*, hg. v. Yad Vashem-Anti-Defamation League, Jerusalem 1980.
Archivmaterial (privat), L. Sirovich, Triest; H. Cohn Isaac, Hamilton (Ontario), Kanada.
Bacon, G. C., *Danzig Jewry. A Short History*, in: *Danzig 1939. Treasures of a Destroyed Community*, hg. v. The Jewish Museum of New York, Detroit 1980, S. 25-36.
Blight, G., *The History of the Royal Berkshire Regiment, 1920–1947*, London 1953.
Bon Gherardi, S., *La persecuzione antiebraica a Trieste (1938–1945)*, Udine 1972.
De Felice, R., *Storia degli ebrei italiani sotto il fascismo*, Turin 1988.
Deutsches Konsulat, Triest, *Stellung des Judentums im Wirtschaftsleben der Provinz Triest. 1. September 1938*, German Foreign Ministry Records n. 2172/471298-307, London.
Di Segni, R., *Regole alimentari ebraiche*, Rom 1986.
Encyclopaedia Judaica, Jerusalem 1971.
Encyclopaedia of the Holocaust, New York-London 1990.
Frate, T., *I problemi del Baltico*, hg. v. Istituto Nazionale di Cultura Fascista, Rom 1940.

Gilbert, M., *The Holocaust. A History of the Jews of Europe during the Second World War*, New York 1987.
Ders., *Atlas of the Holocaust*, Toronto 1993.
Gordon, H., *The Shadow of Death. The Holocaust in Lithuania*, Lexington 1992.
Greenbaum, M., *The Jews of Lithuania*, New York 1995.
Hertzberg, A., *The Jews in America*, New York 1989.
Hilberg, R., *Die Vernichtung der europäischen Juden*, Berlin 1982.
Ders. (Hg.), *Documents of Destruction. Germany and Jewry 1933–1945*, London 1972.
Ders., *Täter, Opfer, Zuschauer*, Frankfurt am Main 1992
Hillgruber, A., *War in the East and the Extermination of the Jews*, Yad Vashem Studies XVII, Jerusalem 1985, S. 103–32.
»Islaisvintas Panevėžietis«, Presseorgan des Generalstabs zur Verteidigung von Panevėžys, Hefte 1–10, Juli–September 1941 (litauisch).
Jankus, G., *Prökuls, Kirchspiel und Marktort im Memelland*, Iserlohn 1984. [Ich danke Hilde Cohn Isaac für diesen Hinweis.]
Kaslas, B., *La Lithuanie et la Seconde Guerre Mondiale*, Paris 1981.
Klee, E., Dreßen W., Rieß, V. (Hg.), *»Schöne Zeiten«. Die Vernichtung der Juden aus der Sicht von Tätern und Gaffern*, Frankfurt 1988.
»Laisvas Zodis«, Zeitung der Front der litauischen Aktivisten in Kėdainiai, H. 1, 28. Juni 1941 (litauisch).
Levin, D., *The Jews and the Election Campaigns in Lithuania*, 1940–41, Soviet Jewish Affairs, 10, 1, 1980.
Ders., *The Jews in the Soviet Lithuanian Establishment*, Soviet Jewish Affairs, 10, 2, 1980.
Ders., *Between the Hammer and the Sickle. Baltic Jewry under Soviet rule during World War II*, Jerusalem 1983.
Ders., *Fighting Back. Lithuanian Jewry's Armed Resistance to the Nazis, 1941–1945*, New York 1985.
Maghid, B.-D., *Ich will berichten* (Zeugnis eines Überlebenden aus dem Ghetto Schaulen), Tel Aviv 1992 (jiddisch).
Mattenklott, G., *Über Juden in Deutschland*, Frankfurt/Main 1992.
Mendelsohn, E., *The Jews of East Central Europe Between the World Wars*, Bloomington 1983.

Michaelis, M., *Mussolini and the Jews. German-Italian Relations and the Jewish Question in Italy, 1922–1945*. London 1978.
Michelson, F., *I survived Rumbuli,* hg. v. Holocaust Library, New York 1979.
Mishell (Mishelski), W.W., *Kaddish for Kovno. Life and Death in a Lithuanian Ghetto, 1941–1945*, Chicago 1988.
Myllyniemi, S., *Die Neuordnung der Baltischen Länder, 1941–1944*, Helsinki 1973. [Ich danke Herrn Prof. Enzo Colotti für diesen Hinweis.]
»Naujoji Lietuva«, Presseorgan des Stadtkomitees Wilna, Nr. 1–25, Juni–Juli 1941 (litauisch).
»Mitteilungen des Roten Kreuzes Litauen«, Juli–September 1941 (litauisch).
Poliakov, L., *Brève histoire du génocide nazi*, Paris 1979.
Ders., *Geschichte des Antisemitismus,* Worms 1992.
Rauch, G. von, *Geschichte der Baltischen Staaten,* Stuttgart 1970.
Reitlinger, G., *Die Endlösung. Hitlers Versuch der Ausrottung der Juden Europas 1935–45*, Berlin 1956.
Sarfatti, M., *Mussolini contro gli ebrei. Cronaca dell'elaborazione delle leggi del 1938*, Turin 1994.
Schadewaldt, H. (Hg.), *Die polnischen Greueltaten an den Volksdeutschen in Polen*, hg. v. Außenministerium des Deutschen Reichs, Berlin 1940.
Schram, S. R., *L'Union Soviétique et les Etats Baltes,* in: Duroselle, J. B., *Les Frontières Européennes de l'U.R. S. S., 1917–1941*, Paris 1957.
Shirer, W. L., *Aufstieg und Fall des Dritten Reiches,* Köln/Berlin 1961.
Shohat, A., *The Beginnig of Anti-Semitism in Independent Lithuania,* Yad Vashem Studies II, Jerusalem 1985, S. 7–48.
Singer, I. B., *Massel und Schlamassel und andere Kindergeschichten*, München 1988.
Slavinas, A., *Der inszenierte Aufstand,* in: Die Zeit, Nr. 26, 15. Juni 1993.
Steinberg, J., *Deutsche, Italiener und Juden. Der italienische Widerstand gegen den Holocaust,* Göttingen 1992.
Taylor, T., *Die Nürnberger Prozesse. Hintergründe, Analysen und Erkenntnisse aus heutiger Sicht*, München 1994.
Thory, A., *Surviving the Holocaust. The Kovno Ghetto Diary,* Cambridge 1990. [Ich danke den Überlebenden des Ghettos in Kaunas, Sonja Karpus und Rechtsanwalt Avraham Tory, für diesen Hinweis.]

»Truženik«, Sowjetisch-litauische Tageszeitung in russischer Sprache, Ausgabe vom 22. Juni 1941.

Vardys, V. S., *Lithuania under the Soviets*, New York 1965.

West, D., *The Fighting Tenth. A Short History of the 10th Battalion Royal Berkshire Regiment, 1940–44*, London 1950.

Yerushalmi, E., *Pinkas Shavli* (Zeugnisse aus Šiauliai-Shavli-Schaulen), Jerusalem 1958 (hebräisch).

Ders., *Das Judentum in Litauen*, Bd. 4, *Die Ausrottung 1941–1945* (Zeugnisse aus verschiedenen Städten Litauens), Tel Aviv 1959 (hebräisch).

Zalkowitz, J., *Erinnerungen* (maschinenschriftl. Ausgabe für seine Kinder, Eigentum vom Samuel Zalkow, dem ich für die Erlaubnis des Teilabdrucks danke), Vancouver.

Nachweis der deutschen Originalzitate:

7: G. Mattenklott, Über Juden in Deutschland, Frankfurt/Main 1992, S. 108f.

7: Ebd., S. 131.

84: G. Reitlinger, Die Endlösung. Der Versuch der Ausrottung der Juden Europas 1935–1945, München 1964, S. 20.

115: »Der Stürmer«, Nr. 14, April 1937.

123: Deutsches Consulat, Triest. Die Stellung des Judentums im Wirtschaftsleben der Provinz Triest. 1. September 1938. German Foreign Ministry records N. 2172/471298-307, London (unveröff.).

137: Facsimile-Querschnitt durch das Schwarze Korps, hg. v. H. Heiber/H. von Kotze, München etc. 1968, S. 139.

140: W. Hofer (Hg.), Der Nationalsozialismus. Dokumente 1933–1945, Frankfurt/Main 1957, S. 277.

146: Ebd., S. 227.

156: Ebd., S. 234f.

156: W. L. Shirer, Aufstieg und Fall des Dritten Reiches, Köln, Berlin 1961, S. 607.

159: Nach der italienischen Ausgabe: Le atrocità polacche contro la minoranza tedesca in Polonia. Raccolta di materiale documentario, curata e pubblicata per incarico del Ministero degli Esteri del Reich (Die polnischen Greueltaten an den Volksdeutschen in Polen, hg. v. Hans Schadewaldt), Berlin 1940, 2. Aufl., S. 9ff.

184: Hofmann, a.a.O., S. 243

209: G. Jankus, Prökuls. Kirchspiel und Marktort im Memelland, Iserlohn 1984, S. 62ff. passim.

212: Klee, E., Dreßen W., Rieß, V. (Hg.), »Schöne Zeiten«. Die Vernichtung der Juden aus der Sicht von Tätern und Gaffern, Frankfurt/Main 1988, S. 35ff.

217: Ebd. S. 32.

220: T. Taylor, Die Nürnberger Prozesse. Hintergründe, Analysen und Erkenntnisse aus heutiger Sicht, München 1994, S. 534.

224: G. Schoenberner, Der gelbe Stern, Die Judenverfolgung in Europa 1933–1945, Frankfurt/Main 1982, S. 119f.

227: »Schöne Zeiten«, a.a.O., S. 61.

228: Ebd., S. 135ff.

230: Schoenberner, Der gelbe Stern, a.a.O., S. 121.

263ff.: »Schöne Zeiten«, a.a.O., S. 56ff.

Erste Auflage 2001

Die Originalausgabe erschien 1995 unter dem Titel *Cari, non scrivetemi tutto. Gli Isaak: Una familiglia in trappola tra Hitler e Stalin* bei Mondadori, Milano
Umschlaggestaltung: Michel Keller, München
Satz: Schuster & Junge, München
Druck & Bindung: Pustet, Regensburg
ISBN 3-88897-280-9